Michael Imhof

Andreas Metzing, Stephan Weyer-Menkhoff

Die Kirchen im Mittelrheintal

Führer zu den Bauten des UNESCO-Welterbes Mittelrhein

Michael Imhof Verlag

herausgegeben von

Herbert Gräff und Wolfgang Krammes

Katalogtexte und Fotos:
Michael Imhof

Historische Einführung:
Andreas Metzing

Einführung und Gedanken zu 4 Kirchen:
Stephan Weyer-Menkhoff

Tel. 0661/9628286; Fax 0661/63686

Bildnachweis: alle Abbildungen Michael Imhof Verlag
mit Ausnahme von S. 44 unten links, 45 Mitte: Herbert Gräff; S. 82 Mitte links: Toni Schwarz; S. 137 unten: Herr Karbach, Rhens/Spay; S. 138 rechts: Franz Krautkremer, Spay; S. 188: Zeichnung aus: Kunstdenkmale des Landes Hessen: Der Rheingau, 1965; S. 182: Abtei St. Hildegard, Eibingen; S. 220: Manfred Köhn, St. Goarshausen; S. 279 unten links: Ev. Kirchengemeinde Niederlahnstein.

Gestaltung und Reproduktion: Michael Imhof Verlag
Druck: Grafisches Centrum Cuno, Calbe

Printed in EU

ISBN 3-935590-64-4

INHALT

KATALOG

Linke Rheinseite von Bingen nach Koblenz

Rechte Rheinseite von Rüdesheim nach Koblenz

DEM, DER AM FLUSSE STEHT ...

von Herbert Jung, Pfarrer

Der Wasser schied vom Land *(vgl. Gen 1, 6–7)*,
und jedem Strom sein Bett gegeben,
ER segne dich,
der staunend schaut,
was Gottes Hände aus dem Nichts gebildet.

Und wenn dein Blick
jetzt wandert mit des Wassers Welle,
dann soll dein Auge Spuren sehen
von IHM, der sie geschrieben –
von frommen Menschen auch,
die lange vor der Zeit
SEIN Wort von Weite *(vgl. Ps 18, 20)*
hinaus gerufen in das enge Tal –
von Feen einst und fremden Göttern gern bewohnt.

Und wie das Wasser niemals steht in Stille,
so möge deine Seele weiter wachsen –
und jenem Tag entgegeneilen *(vgl. Hebr 13, 14)*,
da sie – wie Flüsse auch –
ins Unbekannte mündet.
Meer heißt es bei ihnen – Ewigkeit bei uns.

Amen

VORWORT DER HERAUSGEBER

„Ich weiß nicht, was soll es bedeuten, ...“ ist die Frage des Schiffers, der laut Heinrich Heine einst am Felsen der Loreley vorübergefahren ist. Doch nicht nur seine, es ist die Frage eines jeden Besuchers auf seiner Reise durch das Tal des Mittelrheins, jetzt Welterbe der Menschheit. Denn sie oder er möchten doch wissen:
Wie heißt jene Burg dort oben mit dem weißen Turm? Wer hat dort gewohnt, wo jetzt nur noch Falken hausen? Wie viele Krieger müssen versucht haben, jene Festung zu erobern, die heute noch als mächtige Ruine über St Goar trotzt?
Wer hat wohl jene Kirche gebaut, auf die Oberwesel noch heute so stolz ist? Wer hatte die Idee? Woher hat er das ganze Geld genommen? Wer waren die Baumeister und die Künstler? Warum stehen so viele Kirchen noch links und rechts neben ihr, ja ein ganzes Mittelrheintal voll, und prägen das Bild der Städte und Dörfer? Warum sind sie alle so verschieden und schon so uralt?
Ja warum gehe sogar ich noch hinein? Bin ich an der Geschichte interessiert oder an der Kunst? Gibt es gar ein Geheimnis, das ich nicht kenne? Wenn „Ja“ – gibt der Bau es preis?
Auf jeden Fall! Deswegen wurde er dorthin gestellt, vom Schweiß der Menschen getränkt und von ihrem Glauben zeugend.
Der Kirchbau will Ihnen erzählen von einem Kind in der Krippe, von einem Mann am Kreuz, von einem leeren Grab und davon, dass all diese Geschichten Antworten sein können auf Ihre Fragen an das Leben.
An der Verschiedenheit der Kirchen wird deutlich, wie unterschiedlich Gott die Welt geschaffen hat. Nicht nur das liebe Vieh und all die vielen Blumen, auch uns Menschen, unsere Gesichter und erst recht unsern freien Willen. Vielleicht sind Konfessionen deshalb nicht nur Last und Zeichen von Konflikt, sondern vielmehr Anreiz Gottes Unterschiede ernst zu nehmen – denn Gottes Geist weht, wo er will.
Schön wäre es, wenn das Geheimnis jeder Kirche Sie einfängt und nicht so schnell wieder loslässt, auch wenn Sie längst der Alltag wieder eingeholt hat.
Weil Christen auf der ganzen Erde in jeder Kirche zu Hause sind, laden wir Sie zu den Gottesdiensten ein, zum Mitfeiern der Feste, zum Mitgehen bei Prozessionen oder auch bei Wallfahrten.
Möge Sie Gottes Segen begleiten!

Dank sagen wir den vielen, die trotz und wegen aller Unterschiede diesen ökumenischen Kirchenführer auf den Weg gebracht haben:
Herr Dr. Imhof hatte die meiste Arbeit als Fotograf und Autor, und er nahm unseren Führer in sein Verlagsprogramm auf. Herr Prof. Dr. Weyer-Menkhoff beschreibt exemplarisch einige Kirchen aus kirchenpädagogischer Sicht und Herr Dr. Metzing führt in die Kirchengeschichte des Mittelrheintales ein. Herr Pfarrer Jung bereichert unser Buch durch ein Segensgebet.
Für die ideelle und finanzielle Unterstützung danken wir den Verantwortlichen in der Evangelischen Kirche im Rheinland, der Evangelischen Kirche in Hessen und Nassau und in den katholischen Bistümern Trier, Limburg und Mainz sowie der Firma Sebapharma.

Herbert Gräff
Katholischer Pfarrer,
Bacharach, Ober- & Niederheimbach

Wolfgang Krammes
Evangelischer Pfarrer,
St. Goar und Oberwesel

IN KIRCHEN ZU BESUCH

von Stephan Weyer-Menkhoff

Was ist zu beachten, wenn man eine Kirche besuchen will? Wie hat sich der Besucher zu verhalten? Was muss man wissen, was soll man lassen und was kann man tun, wenn man eine fremde Kirche auf sein Besuchsprogramm gesetzt hat? Diese Fragen drängen sich bei einer vorbereitenden Anleitung zum Kirchenbesuch auf. Sie sind aber zweitrangig. Die erste Frage ist nicht: Was soll der Besucher in der Kirche machen?, sondern es stellt sich vielmehr zuerst und vor allem die andere Frage: Was wird der Kirchenraum mit dem Besucher machen?

Werden Dunkel und Enge über dem Besucher hereinbrechen oder werden Helle und Weite ihn schwebend tragen? Kirchenräume überfallen den Besucher geradezu. Sie fallen über ihn her und machen etwas mit ihm. Dies zu wissen, macht die erwartungsvolle Spannung aus, wenn die Hand an die Klinke fasst, um im nächsten Moment die Tür zur Kirche aufzustoßen. Was wird der Kirchenraum mit mir machen? Dies ist viel spannender als die Frage, was ich in der Kirche machen werde. Was ich in der Kirche machen werde, wird sich finden. Zuerst aber und noch bevor ich irgend etwas machen werde, wird der Kirchenraum mit mir etwas gemacht haben. Nicht der Besucher handelt als erster, sondern der Kirchenraum. Der Kirchenraum handelt, ehe der Besucher es denkt.

Dies ist eine erste und grundlegende Feststellung für den Kirchenbesuch: Der Raum handelt, der Raum tut etwas aus sich heraus. Die Macht, selbst und als erster etwas zu machen, hat nicht der Besucher, sondern der Raum.

Damit ist klar, dass der Raum einer Kirche etwas anderes ist als der geometrische Begriff des Volumens: Länge mal Breite mal Höhe. Der Kirchenraum ist nicht ein Behälter, in dem man etwas hineinbringen oder herausholen, veranstalten oder besichtigen kann. Die Kirche ist kein Lagerraum, weder angefülltes Magazin noch freie Halle. Weder Museum noch Theater treffen das Charakteristische des Kirchenraums. Wäre der Raum nur ein Behälter für anderes, für Dinge oder für Veranstaltungen, so stellte sich unausweichlich die Frage, was man mit dem Behälter anfangen solle. Es finge dann eben nicht der Raum an, sondern der Besucher hätte irgendetwas mit dem Raum anzufangen. Als Behälter zu irgend etwas wird der geometrische Raum benutzt, nicht aber wird er besucht.

Bei Besuchen liegt die Freiheit und die Pflicht, etwas anzufangen, regelmäßig beim Gastgeber. Der Gastgeber hat die Macht und die Aufgabe, etwas zu machen. Der Gast hingegen fängt nichts an, sondern liefert sich mit dem Gastgeschenk der Macht des Gastgebers aus. Selbst wenn der Kirchenraum leer wäre, wäre er voller Macht. Es ist die Macht des gastgebenden Anderen.

Die zweite Feststellung zum Kirchenbesuch lautet daher: Die Kirche ist Gastgeber. Die Kirche hat einen anderen Namen als der Besucher. Sie ist nicht seine Kirche, sie gehört ihm nicht und wird ihm nicht gehören. Er ist Gast und bleibt Gast. Als Gast ist er verpflichtet, den Anderen, den Gastgeber zu ehren und zu achten. An der Tür sind die Füße abzutreten. Gelegentlich findet sich ein kleines Becken mit Wasser an der

Weihwasserbecken, ehem. Jesuitenkirche in Koblenz, um 1950 gefertigt unter Verwendung eines Renaissanceengels.

Tür. Einst standen im Vorhof jeder Kirche größere Brunnen, die der Reinigung dienten. In das Weihwasserbecken taucht der Besucher die Fingerspitzen der rechten Hand und berührt damit Stirn, Brust, linke und rechte Schulter. Auf diese Weise richtet er sich auf den gastgebenden Anderen als seinem Gegenüber aus: Ihm gilt der Besuch. Der Besucher ist nicht bei sich geblieben, sondern hat sich aufgemacht, anderes als sich selbst zu suchen: er besucht sein Gegenüber.

Als Gegenüber tut die Kirche etwas anderes, als was der Besucher von sich aus tun könnte. Eine Kirche zu besuchen ist folglich nicht die Fortsetzung dessen, was der Tourist immer schon tut. Der Besucher kann Kirchen sammeln, historische Daten lesen, Bilder aufnehmen und Kirchenführer erwerben. Er kann aber nicht das machen, was die Kirche mit ihm macht. Als erstes wird der Kirchenraum den Besucher aufnehmen und umfassen. Schon das kann der Besucher nicht. Kein Mensch kann sich selber aufnehmen und umfassen. Umso dringlicher stellt sich die Frage erneut: Was wird die Kirche mit mir, ihrem Besucher machen?

Weil diese Frage nur der Raum selbst beantworten kann, bleibt der Besucher eingangs stehen. Er hält seinen Schritt inne und wiederholt die Frage: Was wird die Kirche mit mir machen? Er wartet ab. Er wartet auf die Antwort und lässt währenddessen seine Augen sich an den Raum gewöhnen. Sie brauchen Zeit, bis sie sich auf die Lichtverhältnisse im Inneren der Kirche eingestellt haben. Sie müssen längere Zeit umherschweifen, ehe der Raum sich ihnen allmählich eröffnet. Nur langsam, bedeutend langsamer als die längste Belichtungszeit, entsteht in den Augen ein Bild. Die Kirche gibt sich nicht so schnell zu erkennen. Der Besucher kann zwar in Sekundenschnelle die optischen Daten des Innenraums mit Hilfe einer Kamera speichern, die Frage aber bliebe ohne Antwort: Was hat der Kirchenraum für eine Macht, was macht er mit mir? Bis der Raum den Besucher aufgenommen hat, dauert es erheblich länger, als es braucht, die Kirche mit der Kamera aufzunehmen.

Es braucht Zeit, bis der Besucher der Kirche inne wird. Ohne Zeit des Stillstandes kommt der Besucher in seinem Besuch nicht weiter. Stillstand ist hier, in der Kirche, nicht Rückschritt, sondern Fortschritt. Der Besucher käme ohne Abwarten nicht zum Gastgeber. Der Besucher könnte, wenn er nicht abwartet, nur machen, was er immer schon tut: Daten sammeln. Er würde nicht zum Besucher, sondern bliebe Jäger und Sammler von Daten. Aus Daten aber lässt sich die Kirche als Gastgeber nicht rekonstruieren. Aus angehäuften Fotos entsteht nicht der Raum der Kirche. – Wer nicht Besucher werden will, wer die Fremdheit des gastgebenden Raumes scheut, wer nicht ein Gegenüber finden will, der sollte schnell durch die Kirche eilen. Er wird dann bei sich bleiben und nichts besucht haben.

Der Besucher wartet am Eingang ab, bis er des Raumes inne wird. Irgendwann wird er gewahr, dass der Raum ihn einlädt. Der Raum, der den Besucher nun einlädt, hat ihn zum Gast gemacht. Der Besucher gehört nun dazu. Er ist nicht länger mehr dort, wo die Datensammler bleiben werden: Außen. Dem Gast wird vielmehr im Inneren der Kirche Platz gemacht.

Wohin leitet der einladende Raum seinen Gast? Wo findet der Gast seinen Platz? Die Antwort liegt in einer Bewegung. Der Besucher fängt an, dem Raum zu folgen. Der Gast kennt seinen Platz noch nicht und lässt sich darum vom Gastgeber führen. Der Besucher geht den Weg, den der Raum ihn führt. Indem er sich bewegt, lässt sich der Besucher auf den Raum ein. Im Gegenzug lässt sich der Raum auf den Besucher ein. Im Gleichmaß von dessen Bewegung beginnt der Raum sich zu bewegen und zu verändern. Mit jedem Schritt geht der Eingang zurück; das Innere kommt näher.

Es kann eine Wand sein, die näher kommt. Der Besucher läuft auf die Wand zu. Er wird sich wenden müssen, wie es ihm der Weg – meist im rechten Winkel – vorschreibt. Ohne Wendung geht der Weg nicht weiter. Der direkte Weg lässt ihn vor die Wand laufen, nur der Umweg führt weiter. Ist dieser Weg, den der Raum vorschreibt, nicht der ureigenste Weg des Besuchers? Wiederholt er hier, den Raum begehend, nicht den Weg seines Lebens? Der Raum verlangt eine neue Ausrichtung des Besuchers. Er soll sich mit seinen Schritten darauf einrichten, dass der Raum nicht die Fortsetzung des bisherigen Weges mit sich bringt, sondern eine Wendung zu Neuem gibt. Der bisherige Weg bleibt ohne Ziel. Als Ziel kommt mit der Wendung vielmehr Anderes in den Blick.

Manche Kirchen verzichten auf diese Wendung des Weges und führen den Besucher auf geradem Weg nach vorne. Auf solchem Weg aber führt der Raum den Besucher zu lauter Verlangsamungen und Rückschritten. Immer wieder gibt der Raum den Impuls, den Schritt anzuhalten. Während des Gehens treten regelmäßig rechts und links Pfeiler an die Seite des Besuchers. Sie halten für einen Moment seinen Schritt auf. Bisweilen sind es auch Figuren, die den Gehenden festhalten. Der gerade Weg geht nicht einfach weiter, sondern gerät ins Stocken. Es bedarf eines neuen Antriebes und Impulses, um wieder weiterzukommen. Aber kommt man so weiter? Fällt man mit solchen Aufhaltungen und Hemmungen nicht eher zurück? – Da zeigt sich, dass der ganze Weg direkt zurück führt. Er führt entgegen der Zeitrichtung nach Osten. Verläuft der lange und gerade Weg des Tageslaufes vom Sonnenaufgang im Osten zum Sonnenuntergang im Westen, so lässt der Kirchenraum eben diesen Weg zurückgehen. Im Kirchenraum läuft der Besucher nicht seinen Lebensweg, den Weg vom Anfang zum Ende, sondern geht umgekehrt einen Weg vom Ende her zum Anfang hin. Wen die Kirche als Gast aufgenommen hat, den führt sie einem Anfang und Ursprung entgegen. Nicht das Ende, sondern der Anfang steht dem vor Augen, der den Kirchenraum begeht.

Auf diese Weise bildet sich im Begehen des Kirchenraumes ein ganz eigener Raum. Es ist der Raum, in dem der Gast seinen Platz hat. Dieser Raum ist nicht von vornherein vorhanden, sondern ergibt sich erst in der Begehung. Er ist darum weder kunsthistorisch noch fotografisch erfassbar. Da er nur in der Begehung entsteht, lässt er sich auch nur in der Erinnerung dessen festhalten, der den Kirchenraum begeht. Dieser Raum, in dem der Gast seinen Platz findet, ist ein individueller Raum, der sich bei jedem Besucher und in jeder Begehung je anders herausbildet. Gleichwohl aber ist dieser Raum nicht ins Belieben des Besuchers gestellt. Er ist nicht etwa der Eigen- oder Innenraum des Besuchers. Vielmehr ist es der Raum, der sich erst aus dem Zusammenspiel des Kirchenraumes mit der Begehung des Besuchers ergibt. Der Besucher bleibt Gast und wird nicht Hausherr. Gast und Gastgeber fallen nicht in eins, sondern bleiben gegenüber. Der Kirchenraum bleibt Gastgeber und wird nicht Wohnzimmer. Wenn aber der Besucher sich in der Kirche bewegt, wenn er seinen leiblichen Eigenraum im Eigenraum der Kirche bewegt, dann entsteht jener eigentümliche Raum, der sich nicht fotografieren lässt. Es ist der Raum, in dem Gastgeber und Gast zusammenkommen. Hier ist der Gast ganz beim Gastgeber, und zugleich ist hier der Gastgeber ganz beim Gast. Der Gast ist mit seiner Welt, seinen Lebenserfahrungen und Alltagssorgen ganz auf den Gastgeber ausgerichtet, und zugleich ist hier der Gastgeber mit seiner Welt, seinem Anfang und seinen Verheißungen ganz auf den Gast eingerichtet. Es ist der Raum von Begegnung. Raum ist dabei nicht äußere Hülle, bloßes Dach für die Begegnung, sondern der sich mit der Begehung herstellende Raum stellt die Begegnung dar.

Weil sich hier Welten zusammenfügen, entsteht Geborgenheit: Des Gastes Welt mit seinen Lebenswegen wird aufgenommen, und des Gast-

Grabmal des Konrad von Kolbe († 1393) in der Karmeliterkirche in Boppard.

gebers Welt mit seiner Andersartigkeit, seinem Reich, Kraft und Herrlichkeit öffnet sich für den Gast. Darum lassen sich in der Kirche stets die verschiedenen Orte und Stationen von Welt wieder finden: Taufsteine und Grabplatten zeugen von Geburt und Tod; Heiligenfiguren von Glück und Unglück, Segen und Schuld; Malereien zeigen Oben und Unten, Hölle und Himmel; Kerzen lassen Licht und Dunkel auseinandertreten. All diese unterschiedlichen Orte begeht der Besucher. Er verweilt dort, wo es ihn aufhält. Auf diese Weise gestaltet sich die Verdichtung desjenigen Raumes, in welchem Gast und Gastgeber zusammenkommen.

Mit diesem Raum von Begegnung ist die Kirche das Haus Gottes. Die Kirche ist nicht an sich das Haus Gottes. Der Schöpfer Himmels und der Erden lässt sich nicht in Steinen festhalten. Aber insoweit Gott Gastgeber für Menschen ist, ist die Kirche Haus Gottes. Die Kirche ist nicht das Haus der Gemeinde, ist nicht das Dach für Veranstaltungen, sondern ist in ihrem innersten Raum das Haus Gottes, in dem der Gast seinen Platz findet. Die Kirche ist das Haus Gottes als des Gastgebers. Die Kirche ist darum stets das Haus Christi. Es gibt keine Kirche, die nicht den Leib Christi zeigte. Der Besucher wird ihn zu Gesicht bekommen im Zeichen des Kreuzes, im Korpus des Gekreuzigten, in der Hostie des Abendmahls. Bei seiner Begehung am Orte des Leibes Christi angekommen, wird der besuchende Gast des Ineinanders der gegensätzlichen Welten, der Begegnung des menschlichen Weges zum Ende und des göttlichen Weges zum Anfang endgültig gewahr. Damit ist er im Innersten angekommen.

Der Besucher hat seinen Platz im Haus Gottes, des Gastgebers gefunden. Es ist sein Platz. Der nicht fotografierbare Raum hat ihm Gastrecht gewährt. Die Begehung des Kirchenraums gibt ihm seinen eigenen Platz. Fortan kann ihm dieser Platz nicht mehr streitig gemacht werden.

Ein Blick genügt jedoch, um zu sehen, dass er nicht einziger Gast ist. Statuen, Bilder, Inschriften zeugen von anderen Menschen, die hier als Gäste aufgenommen sind. Die Kirche, das gastliche Haus Gottes, ist größer und weiter, als es dem eigenen Bedürfnis oder den Anforderungen der jetzigen Gemeinde entspricht. Im Haus Gottes sind weder der Besucher noch die Gemeinde je unter sich. Vielmehr gehört die lange

Kruzifixus, wohl um 1800, ehem. Feldkreuz, Pfarrkirche zur Kreuzerhöhung in Assmannshausen.

Reihe der anderen Gäste dazu, angefangen vom ersten Gast. Es ist die lange Reihe der Vorgänger, die die Kirche auf ihre Weise vorher begangen haben: bei ihrer Taufe, in ihrem Glück, mit ihrer Schuld, in ihrem Hoffen und Suchen, mit ihren Klagen und Fragen. Auch die, die längst schon gestorben sind, haben hier immer noch ihren Raum. In der Kirche leben auch die Toten als Gäste.

So hat, ehe er sich versieht, der Raum den Besucher in eine eigentümliche Gesellschaft hineingezogen. Dem Besucher ist das unheimlich. Denn mit Toten in Kontakt zu kommen, wird normalerweise konsequent vermieden. Außerhalb der Kirchenmauern bleibt jeder unter sich. Die Lebenden bei den Lebenden und die Toten bei den Toten. Es ist gerade diese strikte Ordnung, die die Räume der Alltagswelt so vertraut werden lässt. Wo man unter sich bleibt, da wird es heimelig. Die Kirche aber, die kein Wohnzimmer und auch nicht das Vereinsheim der Gemeinde ist, lässt es dem Besucher unheimlich werden. Die Kirche hat ihn in höchst ungewohnte Gesellschaft gebracht. Er, der den Tod noch vor sich hat, findet sich im Kirchenraum als einer wieder, der in der Gemeinschaft derer steht, die den Tod schon hinter sich haben. Beim Kruzifix wird das am deutlichsten. Christus ist auf den Tod festgenagelt. Der Gekreuzigte hat den Tod sichtbar hinter sich und ist so zum lebendigen Grund- und Eckstein der Kirche geworden. Dies ist ein Wunder vor den Augen des Besuchers. Es ist vom anderen her geschehen, vom Gastgeber her gemacht. Der Kirchenraum stellt den Besucher in eine Gemeinschaft, die heilig ist, weil sie vom Tode nicht mehr getrennt werden kann. Es ist die Gemeinschaft der Heiligen im Hause Gottes. Der erste von ihnen ist der Patron der Kirche, von dem die Kirche ihren Namen hat.

Der Patron gibt seinen Namen für die Gastlichkeit der Kirche. Sein Name sagt, dass er mit dem Gastgeber zusammengehört. Seine Geschichte erzählt in Worten und Bildern, wie er zum bleibenden Gast wurde. Der Besucher wird herausfinden, ob er sich mit seiner Geschichte, mit seinen Befürchtungen und Hoffnungen in dieser Gesellschaft, in der Gemeinschaft dieses Heiligen aufgehoben weiß. Er könnte dann eine Kerze anzünden. Sie wird noch brennen, wenn er die Kirche wieder verlassen haben wird. So hat er sich auf länger eingebracht in den Raum, der ihn aufgenommen hat. Sein Platz in der Gemeinschaft der Heiligen, der Gäste im Hause Gottes bleibt ihm erhalten. So ist der Besucher durch den Kirchenraum zum jüngsten unter den Heiligen geworden. Der Besucher nimmt wahr, dass ihn der Raum bleibend zum Gast gemacht hat.

Nun kann er gehen. Erst wenn er bleiben kann, ist der Zeitpunkt zum Gehen gekommen. Der Besucher wendet sich. Er nimmt wieder die normale Lebensrichtung ein und geht dem Ausgang entgegen. Gehend richtet sich der Besucher auf den Sonnenuntergang im Westen aus. Er geht auf das Ende zu. Aber im Rücken hat er nun den Anfang, der ihm bleibendes Gastrecht eingeräumt hat. Der Anfang geht mit. Damit sieht der Ausgang anders aus als zuvor. Über dem Ausgang erhebt sich die eingangs nicht zu sehende Orgel. Harmonie bestimmt den Ausgang. Himmlischer Klang begleitet jetzt den irdischen Gang.

Mit dieser Stimmung fällt der Abschied leicht. Die Enge unter der Orgel vor dem Portal lässt kurz innehalten. Ein Blick zurück wird zum Gruß und geht anders als der mühsam umherirrende erste Blick beim Hineinkommen im Raum auf. Raum und Besucher stimmen überein.

Die Bekreuzigung mit Weihwasser verstärkt diese in der Kirche entstandene Übereinstimmung, während der Besucher sich anschickt, durch die Tür in das Alltagsleben vor der Kirche hinauszugehen. Hat er nicht schon anfangs sein Gastgeschenk in den Opferstock gegeben, so tut er es jetzt: Es ist nicht der Gemeinde, nicht dem Pfarramt, nicht einem guten Zweck gegeben, sondern dem Gastgeber, seinem Gastgeber: dem Raum, der ihm seinen Platz eingeräumt hat.

Draußen angekommen, legt der Besucher eine Pause ein. Irgendwo wird auch einer der örtlichen Weine zu trinken sein. Dem Leib gebührt jetzt nicht nur Ruhe und Pause, sondern auch Stärkung und Genuss. Es war schließlich der Leib, der mit seiner Bewegung den Raum erschlossen hat. Der Fotoapparat kann nur Daten aufnehmen, der Leib aber kann, vom Raume geführt, Gast- und Bleiberecht ergehen. Jetzt wird der Besucher versuchen, auf die Frage vom Beginn eine bündige Antwort zu finden. Was hat der Raum mit mir gemacht? Er wird die Antwort im Nachklingen der Erinnerung suchen, einem anderen Menschen erzählen, auf eine Postkarte schreiben oder auf sonst eine Weise seine Stimmung festzuhalten versuchen: die in der Begehung entstandene Übereinstimmung mit dem Raum, der ihn als bleibenden Gast aufgenommen hat.

KIRCHE UND KIRCHEN IN DER GESCHICHTE DES MITTELRHEINTALS

von Andreas Metzing

Keine andere Landschaft hat in der deutschen Geschichte über die Jahrhunderte hinweg eine ähnlich zentrale Rolle gespielt wie das Rheintal. Von der Römerzeit an, als der Rhein die Grenze zwischen den Germanen und dem Römischen Reich bildete, über das gesamte Mittelalter, das den Mittelrhein als königsnahes Kerngebiet des Sacrum Imperium sah, bis in die Neuzeit hinein, die vor allem durch die Nähe zu Frankreich und die daraus erwachsenen Konflikte bestimmt war – stets fokussierten sich entscheidende historische Prozesse am Rhein. Die bewegten Zeitläufe dieser Kernlandschaft der deutschen Geschichte erfuhren eine entscheidende Prägung durch die Kirche, wie umgekehrt auch das kirchliche Leben seinerseits von diesen historischen Prozessen berührt und verändert wurde.

Nachdem die Römer im ersten vorchristlichen Jahrhundert bis an den Rhein vorgedrungen waren, kam mit ihnen auch der christliche Glaube ins damals noch heidnische Germanien. Die Stadt Trier war bereits in der Mitte des 3. Jahrhunderts Sitz einer christlichen Gemeinde; am Mittelrhein hingegen dürften in dieser Zeit noch die heidnischen Kulte vorgeherrscht haben, die auch nach der Christianisierung des Römischen Reichs im Jahr 313 ein beachtliches Beharrungsvermögen aufwiesen. Wie sich der Übergang von den heidnischen Religionen zum christlichen Glauben am Mittelrhein konkret vollzogen hat, lässt sich mangels überlieferter Quellen nicht mehr nachvollziehen, doch wird es dabei wohl kaum zu gewalttätigen Auseinandersetzungen gekommen sein. Zumindest kennen wir keine christliche Kirche, die auf den Trümmern heidnischer Tempel errichtet worden wäre.

Kirche und Herrschaft – Eine geschichtsmächtige Verbindung

Ende des 5. Jahrhunderts eroberten die Franken unter dem Merowingerkönig Chlodwig I. das Mittelrheingebiet. In Verbindung mit der Taufe Chlodwigs um 497/498 stellt diese Zeit eine der zentralen Zäsuren in der Geschichte des Mittelrheins, ja in der des Abendlandes insgesamt dar. Hier begann die enge Verbindung von germanischer Herrschafts- und Sozialordnung und lateinisch-kirchlicher Glaubenswelt, hier finden wir erstmals die für das Mittelalter so prägende Symbiose von weltlicher und geistlicher Herrschaft. In dieser frühfränkischen Zeit war die Existenz von Kirchengebäuden zunächst noch ein städtisches Phänomen, fast nur dort anzutreffen, wo die romanische Bevölkerung ihre Siedlungsschwerpunkte gehabt hatte: in den Städten und Kastellen. Auf dem Land, in den Dörfern, gab es hingegen nur wenig Kirchen. Das uns heute so vertraute Bild des Dorfs, in dem sich die Häuser um die Kirche scharen, ist erst das Ergebnis einer zunehmenden Verwurzelung christlicher Traditionen im beginnenden Mittelalter. Etwa ab dem 7. Jahrhundert bestattete man die Toten nicht mehr in Reihengräbern außerhalb der Siedlungen, sondern die Menschen verspürten in zunehmendem Maße das Bedürfnis, den Ort der Bestattung auch als Ort des Gebets und der Gottesverehrung zu nutzen. Auf Betreiben der potenten Grundherren entstanden nun Kirchen inmitten der dörflichen Siedlungen, in deren Schatten die Bevölkerung jetzt auch die Toten beerdigte.

Aus der Merowingerzeit sind die ersten nachrömischen Spuren christlicher Kirchengebäude am Mittelrhein überliefert, die die enge Verbindung von Kirche und Herrscherhaus dokumentieren: Unter der heutigen Koblenzer Liebfrauenkirche fanden sich Reste eines christlichen Oratoriums aus dem 5./6. Jahrhundert, das ver-

Hl. Goar mit dem Wappen der Grafen von Katzenelnbogen, Gewölbemalerei in der Stiftskirche von St. Goar.

mutlich einmal als Kapelle der dortigen Königspfalz gedient hat. 40 Kilometer rheinaufwärts war in merowingischer Zeit ebenfalls eine Kapelle entstanden. Etwa um die Mitte des 6. Jahrhunderts ließ sich hier der aus dem schon seit längerer Zeit christianisierten Westen des Frankenreichs stammende Einsiedler Goar nieder und wirkte segensreich bei den Fischern und Schiffern auf dem Rhein. Schon bald nach seinem Tod wurde Goar als Heiliger verehrt; die Kapelle war von nun an ein beliebtes Wallfahrtsziel am Mittelrhein. In karolingischer Zeit entstand hier eine Klerikergemeinschaft, weshalb St. Goar bis heute als das älteste Stift Deutschlands gilt. Bauelemente aus dem frühen Mittelalter sind an der Stiftskirche jedoch nicht mehr vorhanden.

Entscheidende Grundlagen für die hervorragende Bedeutung, die die Kirche während fast eines ganzen Jahrtausends spielen sollte, schufen die Herrscher aus dem Haus der Karolinger in den zwei Jahrhunderten zwischen 700 und 900. Karl der Große stellte die bereits in der Römerzeit eingeführte, zwischenzeitlich aber in Verfall geratene Metropolitanverfassung wieder her, also die Zusammenfassung mehrerer Bistümer zu einer Kirchenprovinz mit einem Erzbischof als Metropoliten an der Spitze. Das Mittelrheintal gehörte kirchlich von Breisig bis Bacharach zur Trierer, oberhalb Bacharachs zur Mainzer Kirchenprovinz. Damit waren kirchliche Grenzen gezogen, die im Wesentlichen bis ins 19. Jahrhundert ihre Gültigkeit behalten haben.

Die Neuordnung der Kirchenverfassung in karolingischer Zeit war also kein genuin kirchlicher Akt, sondern ein Werk der Königsherrschaft. Kirche und Herrschaft waren einander in enger Wechselwirkung verbunden, denn die uns seit der Aufklärung so geläufige Trennung von weltlicher und geistlicher Sphäre war dem mittelalterlichen Denken fremd. Mittelalterlicher Königsherrschaft wohnte immer auch eine sakrale Dimension inne, wie umgekehrt geistliche Würdenträger ganz selbstverständlich politische Ämter übernahmen. Auch die Kirchengebäude nutzte man für politische Zwecke. Im Stift Sankt Kastor in Koblenz mit seiner 836 geweihten Kirche fanden mehrfach Reichsversammlungen statt, in denen die Großen des Karolingischen Reichs wichtige politische Fragen beratschlagten. 842 trafen sich hier die Enkel Karls des Großen, um über eine Teilung des Reichs ihres Großvaters zu verhandeln, die sie im Jahr darauf auch durchführten.

Diese Gespräche im Koblenzer Kastorstift setzten einen mehrere Jahrzehnte andauernden Grenzverschiebungsprozess in Gang, der gerade auf das Mittelrheintal nicht ohne Auswirkungen blieb. Die in Verdun beschlossene Reichsteilung von 843 machte den Mittelrhein zum Grenzfluss zwischen dem Ostfrankenreich, aus dem sich später das deutsche Reich entwickelte, und dem sich westlich anschließenden Mittelreich Lotharingien. Als Lotharingien 870 zwischen dem West- und dem Ostfrankenreich aufgeteilt wurde und der Rhein nun komplett zum Ostreich gehörte, blieb der mittlere Stromabschnitt im entstehenden Deutschen Reich die Grenze zwischen dem Herzogtum Oberlothringen und dem Kernland Franken.

In diesen Jahrzehnten trat mithin zum ersten Mal die Spannung auf, die in den kommenden tausend Jahren immer wieder die Geschichte des Mittelrheintals prägen sollte: die Spannung nämlich zwischen der geistig und kulturell verbindenden Funktion des Stroms auf der einen Seite und seinem Charakter als politische Grenze auf der anderen. Dabei darf freilich nicht übersehen werden, dass bis ins Zeitalter der Französischen Revolution hinein die verbindende Funktion eindeutig überwog. Nach Auflösung der hochmittelalterlichen Herzogtumsstruktur im 13. Jahrhundert waren bis zur Französischen Revolution alle an den oberen Mittelrhein grenzenden Territorien – Kurmainz, Kurpfalz, Kurtrier und Katzenelnbogen – sowohl links- wie rechtsrheinisch begütert (einzige Ausnahme bildet die kurkölnische Exklave Rhens, die aber bis 1629 an Katzenelnbogen bzw. dessen Erben Hessen-Kassel verpfändet war). Nur an wenigen Abschnitten in unserem Gebiet war der Strom zugleich auch Landesgrenze. Erst das 19. Jahrhundert machte den Rhein im Abschnitt zwischen den Mündungen von Main und Lahn durchgehend zum Grenzfluss zwischen dem Königreich Preußen und dem Herzogtum Nassau; er verlor diese Funktion aber schon 1866 wieder, als Nassau zu einem Teil Preußens wurde.

Nach den Teilungen der späten Karolingerzeit, die mit einer Schwächung der Königsgewalt einhergingen, gehörte das linke Ufer am oberen Mittelrhein zum Herzogtum Oberlothringen. Gegenüber einem ab dem 10. Jahrhundert wieder erstarkenden Königtum konnten sich die oberlothringischen Herzöge aber auf Dauer nicht behaupten.

Im 10., 11. und frühen 12. Jahrhundert, unter den Ottonen und Saliern, war das Mittelrheintal eine zentrale, königsnahe Landschaft des Reichs. Die Gebiete links und rechts des Stroms gehörten zum Reichsgut, waren also Königsland, das die Herrscher nach ihrem Gutdünken an ihnen verbundene Getreue vergeben konnten. Um die Macht der Herzöge einzudämmen betrieben die ottonischen und salischen Könige eine gezielte Förderung der geistlichen Fürsten, des niederen Adels und der Städte. Da die wichtigste Stütze der ottonischen und salischen Könige gegen die Machtansprüche des mächtigen Reichsadels die Kirche war, vergaben die Herrscher die Lande am Mittelrhein in diesen Jahrhunderten nach und nach an verschiedene geistliche Würdenträger.

Koblenz, ehem. Stiftskirche St. Kastor, Mittelschiffwand mit Scheinemporen in Gestalt von Biforien, um 1200 auf den karolingischen Fundamenten des Gründungsbaus errichtet.

Die bis zur Französischen Revolution andauernde dominierende Stellung der Kirchenfürsten am Mittelrhein hat hier ihren Ursprung. Ihre Förderung durch die Ottonen und Salier sollte der Stärkung der Reichsgewalt am Rhein dienen und erfüllte diesen Zweck zunächst durchaus. Doch als nach dem Aussterben der Staufer seit der Mitte des 13. Jahrhunderts keine starke Königsgewalt mehr existierte, entwickelten sich aus den ursprünglich königlichen Lehensgebieten die vielen einzelnen Landesherrschaften, die der politischen Landkarte Südwestdeutschlands ihre bis zur Französischen Revolution so charakteristische buntscheckige Färbung gaben. Die ursprünglich einmal vom König belehnten Erzbistümer Mainz und Trier wurden zu einflussreichen geistlichen Staaten. Weniger mächtige kirchliche Institutionen, etwa Abteien, konnten dagegen dem Druck des aufstrebenden Adels vielfach nicht standhalten und mussten die wirtschaftlich ertragreichen Gebiete den weltlichen Herren, die ehemals ihre Schutzvögte gewesen waren, überlassen.

Eine historische Rheinreise im Spätmittelalter

Begeben wir uns nun ins späte Mittelalter und machen eine historische Reise auf dem linken Rheinufer flussaufwärts von Koblenz bis Bingen und von dort aus auf der rechten Seite rheinabwärts wieder zurück zum Ehrenbreitstein.
Koblenz war seit der Merowingerzeit Sitz eines wichtigen Königshofs und Zentrum eines als Fiskus bezeichneten ausgedehnten Reichsgutbezirks. 1018 schenkte Kaiser Heinrich II. den Fiskus Koblenz dem Erzbischof von Trier. Mit dem Übergang dieses wirtschaftlich wie strategisch bedeutsamen Platzes in das Trierer Herrschaftsgebiet begann die Herrschaft der Erzbischöfe am Rhein, die bis zur Französischen Revolution andauern sollte. Beim Übergang der Stadt an den Erzbischof bestanden bereits die beiden Stifte St. Kastor und St. Florin. Im 15. Jahrhundert sollte von diesen Klerikergemeinschaften eine herausragende geistige Ausstrahlungskraft ausgehen, als mit Winand von Steeg in St. Kastor und Nikolaus von Kues in St. Florin Gelehrte von nationaler, ja europäischer Bedeutung tätig waren.
Etwas weiter stromaufwärts erreichen wir Rhens. Diesen Reichsgutbezirk hatten schon die Merowinger im 7. Jahrhundert den Erzbischöfen von Köln überlassen. Lange Zeit neben Andernach ein wichtiger Stützpunkt Kurkölns am Mittelrhein, verpfändeten die Erzbischöfe Rhens vom 15. Jahrhundert bis ins 17. Jahrhundert an die Grafen von Katzenelnbogen und später an deren Erben, die Landgrafen von Hessen. Erst im Zuge der konfessionellen Auseinandersetzungen im Dreißigjährigen Krieg löste Kurköln die Pfandschaft wieder ein. Die überregionale historische Bedeutung von Rhens liegt in seiner Funktion als Versammlungsort der Kurfürsten. Hier, wo die Gebiete der Erzbischöfe von Köln, Trier und – mit dem auf der anderen Rheinseite gelegenen Oberlahnstein – Mainz aneinander grenzten, kamen seit dem 13. Jahrhundert die Königswähler zusammen um über die Geschicke des Reichs zu verhandeln. Im 15. Jahrhundert bestiegen die in Frankfurt gewählten Könige auf ihrer Reise zum Krönungsort Aachen in Rhens den Königstuhl, um in einem förmlichen Akt vom Reich Besitz zu ergreifen.
Südlich an den Rhenser Reichsgutbezirk grenzte der Fiskus Boppard, der bedeutendste Stützpunkt der Ottonenkönige am Mittelrhein. Mehrfach hielten sie sich in Boppard auf. Die 1225 geweihte reich ausgestattete Severuskirche zeugt von der Bedeutung dieser Stadt im hohen Mittelalter, die von der Förderung durch das Königtum kräftig profitierte. Nach dem Aussterben der Staufer und dem Ende der starken Königsgewalt im 13. Jahrhundert gelang es der Stadt Boppard zwar zunächst auch weiterhin, ihre unabhängige Stellung als Reichsstadt zu wahren. Anfang des 14. Jahrhundert aber, als der mächtige Trierer Erzbischof Balduin mit aller Macht an den Ausbau seiner Einflusssphäre ging, konnte sich Boppard diesem Druck nicht mehr entziehen und wurde 1312 an Kurtrier verpfändet. Trotz verschiedener Versuche, die alte Reichsunmittelbarkeit wieder herzustellen, blieb Boppard bis zum Ende des 18. Jahrhunderts eine kurtrierische Landstadt.
Folgen wir dem Rhein weiter flussaufwärts, so kommen wir nach St. Goar. Die dortige Klerikergemeinschaft war von Karls des Großen Vater Pippin dem Abt des Klosters Prüm in der Eifel geschenkt worden. Die vom fernen Prüm zum Schutz der mittelrheinischen Besitzungen und zur Ausübung der weltlichen Gerichtsbarkeit eingesetzten Vögte – zunächst die Herren von Arnstein, nach deren Aussterben 1185 die Grafen von Katzenelnbogen – schwangen sich immer mehr zu den eigentlichen Herren über St. Goar auf, bis die geschäftstüchtigen Katzenelnboger die Prümer Rechte in einem Kaufvertrag förmlich erwarben. Sie bauten St. Goar mit dem ertragreichen Rheinzoll zum Zentrum ihrer bis weit in Hunsrück und Taunus reichenden Niedergrafschaft aus und errichteten mit der Burg Rheinfels die mächtigste Festungsanlage am Mittelrhein. St. Goar und Rheinfels wurden dank der katzenelnbogischen Politik aber auch zu einem kulturellen Zentrum. Glanzvolles Zeugnis dieser Epoche ist der Neubau des Schiffs der im 11. Jahrhundert erbauten Stiftskirche, der eine weitgespannte, lichtdurchflutete Emporenhalle entstehen ließ. Nach dem Aussterben der Katzenelnboger im Jahr 1479 traten hier wie schon in Rhens die Landgrafen von Hessen ihre Nachfolge an.

Rhens, Königstuhl, wohl auf Veranlassung Kaiser Karls IV. († 1378) errichtet, 1804/05 von den Franzosen zerstört, 1842 von Joh. C. von Lassaulx wiederaufgebaut, 1929 an die heutige Stelle versetzt.

Unser nächster Etappenort, Oberwesel, ebenfalls Zentrum eines königlichen Fiskus, teilte im Mittelalter in vielfacher Hinsicht die Geschicke Boppards. Zwar gab Kaiser Otto I. im Jahr 966 auch Oberwesel in kirchliche Hand – er schenkte es dem Mauritiusstift in seiner sächsischen Heimat Magdeburg –, doch fiel die Stadt nach verschiedenen Herrschaftswechseln zwischen Magdeburg und dem Erzbischof von Mainz im 13. Jahrhundert wieder zurück an das Reich und entwickelte sich wie das mit ihm eng verbündete Boppard zur Reichsstadt. Aber wie die Schwesterstadt musste es sich 1312 dem Druck Erzbischof Balduins von Trier beugen und blieb fortan eine kurtrierische Landstadt. Der Niedergang der reichsstädtischen Freiheiten Oberwesels ging jedoch mit einer kulturellen Blüte einher, denn die ersten Jahrzehnte der trierischen Herrschaft waren zugleich die Baujahre der Liebfrauenkirche, eines Kleinods der mittelrheinischen Gotik.

Gänzlich anders als in Oberwesel verlief die mittelalterliche Geschichte im nur wenige Kilometer rheinaufwärts gelegenen Bacharach. Wie alle Fiskalgebiete am Mittelrhein war der Ort vom Kaiser zunächst einem kirchlichen Würdenträger verliehen worden, nämlich dem Erzbischof von Köln. Ähnlich wie in St. Goar drängten jedoch auch hier die als Gerichtsherren eingesetzten Vögte, die Grafen von Stahleck, den geistlichen Oberherrn immer weiter zurück. Als König Friedrich Barbarossa im Jahr 1142 Hermann von Stahleck zum rheinischen Pfalzgrafen erhob, war das sogenannte Viertälergebiet mit Bacharach, Steeg, Oberdiebach und Manubach der kurkölnischen Herrschaft schon so weit entfremdet, dass es als fester Bestandteil in die „Pfalzgrafschaft bei Rhein" einging, die im späten Mittelalter und der Frühen Neuzeit als Kurpfalz eines der wichtigsten Territorien im Deutschen Reich werden sollte. Das Bacharacher Gebiet bildete seinen nördlichsten Vorposten.

Neben der Pfarrkirche St. Peter sind hier vor allem die Reste der gotischen Wernerkapelle von historischem Interesse. Einer Legende nach soll im Jahr 1287 in Oberwesel ein Knabe namens Werner von Juden ermordet worden sein. Sein Leichnam wurde anschließend nach Bacharach überführt und dort bestattet. Am Ort der Beisetzung entstand seit dem Ende des 13. Jahrhunderts eine Kapelle, die aber erst im 15. Jahrhundert dank des energischen Wirkens von Bacharachs berühmtesten Pfarrer vollendet werden konnte, dem Frühhumanisten Winand von Steeg, den wir bereits als späteren Dechanten des Stifts St. Kastor in Koblenz kennen gelernt haben. Die Wernerlegende führte im mittelalterlichen Bacharach zu einem regen Wallfahrtsleben, aber auch zu blutigen Pogromen, denen viele Juden am Mittelrhein zum Opfer fielen.

Unmittelbar südlich des Viertälergebiets verlief die Grenze zwischen den Einflussbereichen der Erzbischöfe von Trier und von Mainz. Schon Niederheimbach lag im Mainzer Sprengel. Auch dieses Gebiet war ursprüngliches Königsgut, das an einen geistlichen Würdenträger verliehen war, nämlich an den Abt von Kornelimünster bei Aachen. Kaiser Ludwig der Fromme, der Sohn Karls des Großen, hatte dieses Kloster 815 gegründet und ihm das Niederheimbacher Gebiet als Ausstattung mitgegeben. Die Verbindungen in den niederrheinischen Raum waren aber nicht nur politischer Natur, sondern schlugen sich auch in kulturellen Einflüssen nieder. So gilt die ehemalige Pfarrkirche St. Clemens auf dem Friedhof in Trechtingshausen als das südlichste Bauwerk der niederrheinischen Romanik. Die Abtei Kornelimünster sah sich im hohen Mittelalter den immer drängender werdenden Machtansprüchen der auf den Burgen Reichenstein und Sooneck sitzenden Vögte ausgesetzt, die eigentlich zum Schutz des klösterlichen Besitzes eingesetzt waren, und war deshalb immer weniger in der Lage, ihre Herrschaftsrechte auszuüben. Aus diesem Grund verkaufte das Kloster 1270 seinen mittelrheinischen Besitz um Niederheimbach und Trechtingshausen zu gleichen Teilen an den Erzbischof von Mainz, das Mainzer Domstift und das Mariagredenstift – eine deutliche Stärkung der Mainzer Position am Mittelrhein. Die dichte Folge von Burgen – Hohneck, Sooneck, Reichenstein – in diesem Grenzgebiet von Kurpfalz und Kurmainz zeigt, wie heftig umkämpft es zwischen den mächtigen Reichsfürsten war.

Schon vor der Erwerbung von Niederheimbach und Trechtingshausen waren die Erzbischöfe von Mainz im Besitz des alten Reichsfiskus Bingen gewesen, den Kaiser Otto II. 983 dem Mainzer Erzbischof Willigis übertragen hatte. Willigis war das Musterbeispiel eines politisch einflussreichen mittelalterlichen Bischofs. Zunächst als Kanzler Ottos II., später als Regent für den jungen Otto III. hat er über Jahrzehnte hinweg die Reichspolitik entscheidend mitbestimmt. Die Stadt Bingen entwickelte sich im 12. Jahrhundert zu einem Zentrum mystischer Frömmigkeit, als die heilige Hildegard 1146 die Frauenklause des an der mittleren Nahe gelegenen Klosters Disibodenberg auf den Rupertsberg verlegte und 1165 auch das Kloster Eibingen auf der gegenüberliegenden Rheinseite erwarb. Auch dieses rechtsrheinische Gebiet gehörte zum Territorium des Erzbischofs von Mainz.

Wenden wir uns auf unserer historischen Rheinreise nun auf dem Ostufer gegen Norden, so befinden wir uns noch bis Lorch – mit dem prachtvollen Hochaltar in der Pfarrkirche St. Martin – und Lorchhausen auf Mainzer Territorium. Auch die anderen Territorien, die wir auf dem Weg bis nach Ehrenbreitstein durchqueren werden, gehörten seit dem Hochmittelalter den gleichen Landesherren, die wir schon auf dem linken Ufer kennen gelernt haben. Hier wird deutlich, in welch geringem Maße der Rhein in der Zeit vor 1800 eine Grenze war – alle Territorien am oberen Mittelrhein erstreckten sich sattelartig quer über den Fluss.

Nördlich von Lorchhausen begann bereits wieder kurpfälzisches Gebiet, hier lagen die rechtsrheinischen Teile des Amtes Bacharach mit Kaub und seiner spätgotischen Pfarrkirche St. Nikolaus als Zentrum. Die sich flussabwärts anschließende, von St. Goar und der Burg Rheinfels aus verwaltete und seit 1479 hessische Niedergrafschaft Katzenelnbogen hatte sogar ihren territorialen Schwerpunkt auf dem rechten Rheinufer. Von St. Goarshausen und der Burg Katz aus reichte dieses Gebiet bis tief in den Taunus hinein und stieß weiter im Norden mit Braubach und der Marksburg noch einmal an den Rhein. Eingeklammert zwischen diesen katzenelnbogischen bzw. hessischen Rheinzollstationen St. Goarshausen und Braubach lagen mit Wellmich, Kamp-Bornhofen, Filsen und Osterspai die rechtsrheinischen Teile des Amts Boppard, also kurtrierisches Gebiet. Im späten 14. und frühen 15. Jahrhundert hielten sich – in der Hoffnung, ihr rechtsrheinisches Territorium weiter ausbauen zu können – mehrfach die Trierer Erzbischöfe in Wellmich auf und verhalfen dem kleinen Ort zu einer kurzen kulturellen Blüte, von der noch die Pfarrkirche St. Martin mit ihren beeindruckenden Wandmalereien zeugt.

Auch das weiter nördlich gelegene Bornhofen mit seiner Wallfahrtskirche aus dem 15. Jahrhundert, die ein spätmittelalterliches Gnadenbild sowie das Grabdenkmal des 1693 gestorbenen Landgrafen Ernst von Hessen-Rheinfels – eines zum Katholizismus konvertierten Protestanten – in ihren Mauern beherbergt, erfreute sich im Mittelalter und in Früher Neuzeit einer regen Förderung durch die Trierer Erzbischöfe.

Ähnlich wie in Wellmich so deutet auch das Martinspatrozinium der Kirche im katzenelnbogischen und später hessischen Braubach, die heute als Friedhofskapelle genutzt wird, auf eine alte fränkische Gründung. Die Kirche gehörte zu einem fränkischen Königshof und bezeugt damit die schon frühmittelalterliche Bedeutung der Stadt. Als Braubach vor allem unter der Herrschaft der Grafen von Katzenelnbogen seit dem späten 13. Jahrhundert einen enormen Aufschwung erlebte, entstand im Zuge der Stadterweiterung die heute evangelische Pfarrkirche St. Barbara sowie die dem Evangelisten Markus geweihte Kapelle auf der Burg hoch über der Stadt, von der der Name Marksburg herrührt.

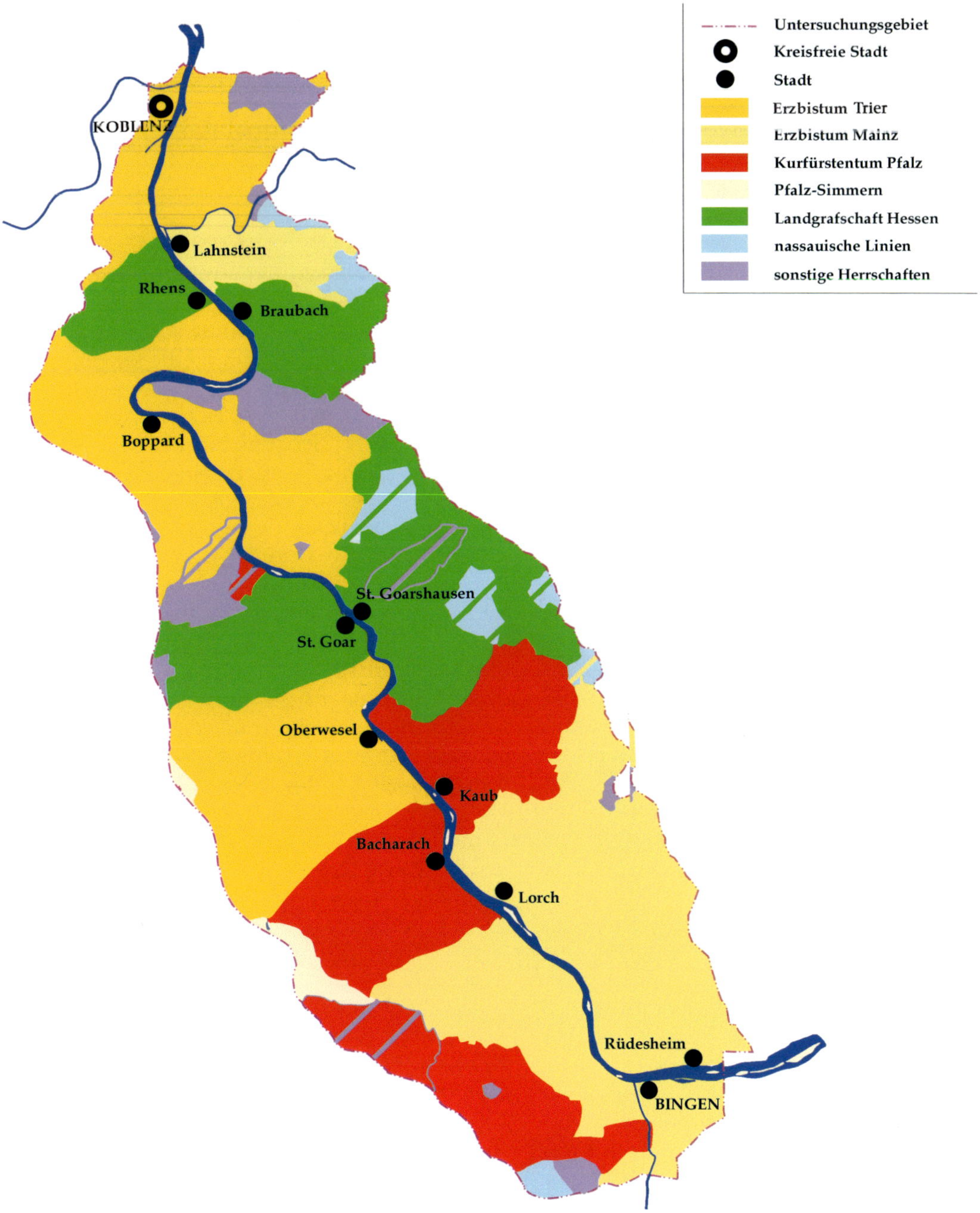

Territorialverhältnisse am Ende des 15. Jahrhunderts, Grundlage: Geschichtlicher Atlas der Rheinlande 1982ff.

Das nördlich von Braubach gelegene Oberlahnstein weist in seiner frühmittelalterlichen Geschichte einige Parallelen zu Braubach auf. Auch hier befand sich ein fränkischer Königshof und auch hier ist die älteste Kirche dem fränkischen Stammesheiligen Martin geweiht. Doch während es in Braubach den lokalen Adeligen gelang, den kirchlichen Einfluss zurückzudrängen, konnte sich in Oberlahnstein das Erzstift Mainz, das hier bereits seit spätkarolingischer Zeit begütert war, im Hochmittelalter als allein dominierende Macht etablieren. Im Spät-

mittelalter wurde in Oberlahnstein mehrfach Reichspolitik gemacht. 1338 fiel hier der epochale, etwas später in Rhens verkündete Beschluss, dass ein rechtmäßig gewählter deutscher König auch ohne Krönung durch den Papst als Kaiser gelten dürfe – ein wichtiger Schritt bei der Zurückdrängung des kirchlichen Einflusses auf die Reichspolitik. Einige Jahrzehnte später, im Jahr 1400, wurde bei der heute so genannten Wenzelskapelle König Wenzel abgesetzt. Der gegen ihn auf den Schild gehobene Ruprecht von der Pfalz zählt zu den wenigen deutschen Königen, die auf dem Königsstuhl in Rhens gewählt worden waren.
Ähnlich wie die Mainzer Erzbischöfe in Oberlahnstein konnten sich auch die Erzbischöfe von Trier, denen das nördlich der Lahn gelegene Reichsgut übertragen worden war, gegen die weltlichen Vögte behaupten und das Rheinufer von Niederlahnstein bis Vallendar in ihrem Besitz halten. Ehrenbreitstein war vom Ende des Dreißigjährigen Krieges bis 1786 die Residenz der Trierer Kurfürsten, die hier im 18. Jahrhundert ein galantes höfisches Leben entfalteten. Als dann das Koblenzer Schloss fertiggestellt war – drei Jahre vor Ausbruch der Französischen Revolution – kehrte der letzte Trierer Kurfürst dem Ehrenbreitstein den Rücken und siedelte auf das linke Rheinufer über.

Damit sind wir wieder am Ausgangspunkt unserer historischen Reise durch das spätmittelalterliche und frühneuzeitliche Mittelrheintal angelangt. Wir haben die Region dabei als eine zutiefst von der Kirche, ihren Würdenträgern und auch ihren Bauten geprägte Kernlandschaft des alten deutschen Reichs kennen gelernt, als ein ursprünglich vor allem aus Reichsgut bestehendes Gebiet, das die früh- und hochmittelalterlichen Könige nach und nach an kirchliche Würdenträger vergaben, die dem Mittelrheintal Jahrhunderte lang ihren Stempel aufdrückten. Teils gelang es ihnen, ihre Macht am Rhein bis zur Französischen Revolution zu behaupten, teils konnten sie dem im Spätmittelalter einsetzenden Prozess der Ausbildung weltlicher Landesherrschaften nicht standhalten. So erklärt es sich, dass wir auf der spätmittelalterlichen Landkarte des oberen Mittelrheintals inmitten der dominierenden geistlichen Fürstentümer Kurtrier im Norden und Kurmainz im Süden auch Gebiete der weltlichen Staaten Hessen (mit St. Goar, St. Goarshausen und Braubach) und Kurpfalz (mit Bacharach und Kaub) finden.

Die Reformation und das kriegerische 17. Jahrhundert

Die historische Bedeutung dieser Entwicklung zeigte sich vollends im 16. Jahrhundert, als der Landgraf von Hessen 1527 und der Kurfürst von der Pfalz 1556 in ihren Ländern die Reformation durchführten, die damit auch am Mittelrhein Einzug hielt. Hessen und die Kurpfalz entwickelten sich rasch zu den führenden protestantischen Mächten im Reich, was zur Folge hatte, dass im 17. Jahrhundert der Dreißigjährige Krieg, der ja nicht zuletzt eine konfessionelle Auseinandersetzung war, auch in dieser Gegend wütete. Kaiserliche, schwedische, spanische und französische Truppen wechselten sich als Besatzer von St. Goar, Bacharach und Kaub ab, und stets waren diese Herrschaftswechsel mit unsäglichem Leid und Elend für die Bevölkerung verbunden. Die katholischen Gebiete wurden nicht minder in Mitleidenschaft gezogen. So zerstörten im Jahr 1632 schwedische Truppen das Kloster der Hildegard von Bingen auf dem Rupertsberg; die Nonnen siedelten daraufhin in das ebenfalls von Hildegard gegründete Kloster Eibingen im Rheingau über. Die hessischen Gebiete hatten in der Endphase des Dreißigjährigen Krieges zudem noch unter dem blutigen Bruderkrieg zwischen dem reformierten Hessen-Kassel und dem lutherischen Hessen-Darmstadt um die Herrschaft über die mittelrheinischen Besitzungen zu leiden. Schwer geprüft wurde der Mittelrhein dann noch einmal im Pfälzischen Krieg Ludwigs XIV. von Frankreich (1688–97). Koblenz wurde 1688 fast völlig zerstört, auch Bacharach und Bingen gingen in Flammen auf, und in allen von den Kriegsereignissen betroffenen Orten litten auch die Kirchen. Erinnert sei an dieser Stelle nur an die Zerstörung der mittelalterlichen Turmhelme der Koblenzer Liebfrauenkirche, die Ruinierung der Bacharacher Wernerkapelle und die Plünderung der Rochuskapelle bei Bingen. Die Binger Pfarrkirche St. Martin hingegen überstand wie durch ein Wunder die Einäscherung der Stadt.
Waren die Feldzüge Ludwigs XIV. vor allem machtpolitisch motiviert, so hatten sie doch auch eine konfessionelle Komponente, denn in

allen besetzten evangelischen Orten forcierten die Franzosen die Bildung von katholischen Gemeinden. In der Kurpfalz hatte dieser Prozess schon vor dem Pfälzischen Krieg eingesetzt, als 1685 eine katholische Linie des Herrscherhauses an die Macht gekommen war. In den hessischen, seit 1527 evangelischen Gebieten am Mittelrhein waren sogar schon kurz nach dem Dreißigjährigen Krieg wieder katholische Gemeinden gegründet worden, nachdem Landgraf Ernst von Hessen-Rheinfels 1652 zum Katholizismus konvertiert war. Das frühneuzeitliche Ideal eines konfessionell einheitlichen Staatswesens – „cuius regio eius religio" – war aufgrund der politisch-dynastischen Entwicklung in den hessischen und pfälzischen Gebieten am Mittelrhein also nicht verwirklicht. Vielmehr entstanden in den mehrheitlich evangelischen Orten St. Goar, Bacharach und Kaub nun auch wieder katholische Gemeinden und Kirchen. Die Kauber Nikolauskirche wurde zur von Katholiken und Protestanten genutzten Simultankirche, während die nach dem Dreißigjährigen Krieg gegründete katholische Gemeinde in St. Goar 1660 einen Kirchenneubau erhielt. Die Characher katholische Gemeinde, die sich nach dem Herrschaftsantritt der katholischen Linie Pfalz-Neuburg in der zweiten Hälfte des 17. Jahrhunderts neu konstituierte, nutzte die Gebäude des Kapuzinerklosters am Rand der Stadt. In Bacharach und St. Goar gab es zudem sowohl eine reformierte wie auch eine lutherische Gemeinde, die jeweils die gleiche Kirche benutzten.

In den katholischen Gebieten Kurtriers, Kurmainz' und Kurkölns war man dagegen streng auf konfessionelle Einheit bedacht. Besonders deutlich wird das am Beispiel Rhens. Hier sind das 16. und 17. Jahrhundert von tiefen konfessionellen Zäsuren gekennzeichnet. Im seit 1445 von Kurköln an die Grafen von Katzenelnbogen bzw. ab 1479 an die Landgrafen von Hessen verpfändeten Rhens, hielt wie in den ebenfalls hessischen Orten St. Goar, St. Goarshausen und Braubach seit 1527 die Reformation Einzug. Nachdem jedoch Kurköln 1629 die Pfandschaft eingelöst hatte, setzte eine allmähliche Rekatholisierung ein, bis 1685 die letzten Protestanten die Stadt verließen. Erst gegen Ende des 18. Jahrhunderts durften sich in den geistlichen

Rheinansicht von Kaub mit Simultankirche, ev. Kirche im westlichen Gebäudeteil und kath. Pfarrkirche im östlichen Gebäudeteil.

Territorien am Mittelrhein wieder evangelische Christen niederlassen. Entsprangen diese Maßnahmen vor allem einem ökonomischem Kalkül – die Protestanten galten als tüchtige Geschäftsleute –, so schlug sich hier doch auch der Einfluss des aufklärerischen Toleranzgedankens nieder. Die geistigen Vorboten der Französischen Revolution hatten den Mittelrhein erreicht.

Auf dem Weg in die Moderne

Das Zeitalter der Französischen Revolution überwand die territoriale Zersplitterung am Mittelrhein, machte aber den Rhein zugleich zum Grenzfluss, denn das linke Rheinufer war zum Bestandteil Frankreichs geworden. Auch noch nach dem Ende der französischen Herrschaft 1814 markierte der obere Mittelrhein eine Staatsgrenze, nun aber zwischen zwei deutschen Bundesstaaten: das linke Rheinufer war dem Königreich Preußen zugeschlagen worden, das rechte von Niederlahnstein an rheinaufwärts dem Herzogtum Nassau. Im kirchlichen Bereich leben diese 1815 auf dem Wiener Kongress geschaffenen Territorialverhältnisse bis heute fort, markiert doch der Rhein nach wie vor die Grenze zwischen den Bistümern Trier und Limburg bzw. zwischen der Evangelischen Kirche im Rheinland und der Evangelischen Kirche in Hessen und Nassau.

Mit den neuen politischen Verhältnissen des 19. Jahrhunderts kam auch die Bevölkerung am Mittelrhein in den Genuss der modernen Grundsätze der konfessionellen Parität und der religiösen Neutralität des Staates. Erstmals konnten sich nun Protestanten völlig unbehelligt in bisher rein katholischen Gegenden niederlassen und umgekehrt. Diese neuen rechtlichen Rahmenbedingungen führten in der zweiten Hälfte des 19. Jahrhunderts zum Bau vieler Kirchen in der Diaspora. Der preußische Staat und seine Herrscher förderten vor allem den Bau evangelischer Kirchen in katholischen Städten, etwa der Christuskirche in Boppard. Beispiele aus dem nicht preußischen Teil des Mittelrheintals sind die evangelischen Kirchen in Rüdesheim und Bingen.

In beiden Konfessionen sorgte das Bevölkerungswachstum des 19. Jahrhunderts besonders in den Städten für eine verstärkte Nachfrage nach Gotteshäusern. In Koblenz stehen die katholische Herz-Jesu-Kirche und die evangelische Christuskirche für diese Entwicklung, doch auch in kleineren Ortschaften wie Rhens, Spay, Bad Salzig, St. Goar, Trechtingshausen oder Braubach war das 19. und frühe 20. Jahrhundert eine Zeit des Kirchenneubaus sowohl auf evangelischer wie auf katholischer Seite. In St. Goarshausen stand der Kirchenneubau sogar in unmittelbarem Zusammenhang mit der für das 19. Jahrhundert typischen stürmischen technischen Entwicklung. Im Zuge des Eisenbahnbaus musste nämlich die alte evangelische Kirche nach 1857 abgerissen werden; ein Neubau an anderer Stelle entstand zu Beginn der 1860er Jahre.

Politisch ist die Zeit seit dem letzten Drittel des 19. Jahrhunderts am Mittelrhein von einem allmählichen Abbau des ohnehin erst 1798 bzw. 1815 geschaffenen Grenzcharakters des Flusses geprägt. Im preußisch-österreichischen Krieg von 1866 stand Nassau auf Seiten Österreichs und musste die Niederlage mit der Annexion durch Preußen bezahlen. Der Mittelrhein markierte nun keine Landesgrenze mehr, sondern nur noch die Grenze zwischen zwei preußischen Provinzen, nämlich Rheinland und Hessen-Nassau. Seit nach dem Zweiten Weltkrieg die südliche Rheinprovinz und der ehemals nassauische Loreley-Kreis zu Teilen des neu gebildeten Landes Rheinland-Pfalz wurden, ist der obere Mittelrhein – zumindest ab Kaub – seines Grenzcharakters völlig enthoben. Er hat nun wieder seine alte, Menschen und Kulturen verbindende Funktion, die den größeren Teil seiner wechselhaften Geschichte geprägt hat. Bis heute sichtbare Zeugen dieses reichen historisch-kulturellen Erbes sind die Kirchen am Mittelrhein.

BINGEN, BINGERBRÜCK, WEILER

Südlichste Orte des Welterbes Mittelrheintal bilden die Stadt Bingen mit dem Rochusberg, der Stadtteil Bingerbrück sowie Weiler bei Bingen. Bingen zeichnet sich durch seine Lage an der Mündung der Nahe in den Rhein aus. Daher bestand hier bereits in römischer Zeit ein Kastell, in fränkischer Zeit ein Königsgut. Zeugnisse aus frühchristlicher Zeit haben sich erhalten. 983 wurde Bingen durch Kaiser Otto II. dem Erzstift Mainz überlassen, das seinen Besitz durch den Bau der Burg Klopp sicherte. Bingen wurde häufig von Kriegen, Stadtbränden und zuletzt von „Stadtsanierungsmaßnahmen" heimgesucht. Daher bietet sich ein inhomogenes Stadtbild, das von der Martinskirche und der Rochuskapelle geprägt wird.

Bingen, St. Martin, 15. Jh.
oben: Fassade, im Kern wohl noch frühromanisch (11. Jh.), sonst 1. H. 15. Jh., schmuckreiche Maßwerkbrüstung von Max Meckel, 1897.

unten: Fassadenansicht der Martinskirche, 15. Jh., und Burg Klopp, im Kern romanisch, große Teile 1875–79.

BINGEN: KATH. PFARRKIRCHE UND BASILIKA ST. MARTIN, EHEM. STIFTSKIRCHE

Unter der Martinskirche wurden die Reste eines 406 zerstörten römischen Merkurtempels gefunden. Auf ihm entstand die erste Kirche, die dem hl. Laurentius geweiht war, eine der ältesten Pfarrkirchen am Rhein. Der Grabstein des Priesters Aetherius in St. Martin verweist noch auf die christliche Bevölkerung des 5. Jahrhunderts in Bingen. 793 wird die Pfarrkirche St. Martin erstmals schriftlich genannt. Dies bestätigt das hohe Alter der Vorgängerbauten. Erzbischof Willigis von Mainz (975–1011) verlieh St. Martin den Rang einer Stiftskirche mit Kanonikern. Das Stift Bingen wurde im 16. Jahrhundert jedoch aufgegeben. Die Stiftsgebäude brach man 1819 ab.

Ältester erhaltener Bauteil ist die Krypta, die von der frühromanischen Basilika des 2. Viertels des 11. Jahrhunderts stammt. Die Krypta besteht

Beweinung Christi, 1. Viertel 15. Jh., neu gefasst, hohe Qualität, bedeutsam aufgrund der individuellen Mimiken.

Bingen, St. Martin, frühromanische Hallenkrypta, 2. Viertel 11. Jh., ältester sakraler Bauteil im Welterbengebiet Mittelrheintal.

unten: Grabstein des Priesters Aetherius, 5. Jh., aus einem römischen Werkstück mit der lateinischen Inschrift (Übersetzung): „Der Priester Aetherius wird von diesem Hügel bedeckt, von allen ob seiner Sitten und seiner Güte geliebt, am meisten Christus nahe durch seinen Glauben und seine Frömmigkeit.“

oben: Zweischiffiges nördliches Seitenschiff, sog. Barbarabau, 1502–05.

aus einer quadratischen Halle für die Gläubigen und einen im Westen gelegenen schmalen Raum, in dem das Grab eines Heiligen oder kostbare Reliquien aufbewahrt wurden.

Die frühromanische Kirche wurde nach einem Stadtbrand von 1403 durch den heutigen gotischen Kirchenbau – zunächst einschiffigen Bau – ersetzt, dessen Chor 1416 geweiht werden konnte und die ältere Krypta mit einbezog. Das Langhaus wurde wenig später um zwei Seitenschiffe zu einer dreischiffigen Kirche erweitert. Das nördliche Seitenschiff ersetzte man 1502–05 durch den heutigen

Thronende Madonna, bedeutendes Werk der mittelrheinischen Plastik um 1310 mit alter Fassung. An den Seiten des Throns zwei weibliche Köpfe.

zweischiffigen Barbarabau, der als Pfarrkirche genutzt wurde. Geprägt wird die Kirche heute gleichfalls durch die Sanierungs- und Erweiterungsmaßnahmen unter Max Meckel, der auch die Rochuskapelle in Bingen entwarf. Meckel ließ 1885–97 am Südseitenschiff die Kapelle und die Sakristei sowie die Maßwerkgalerien der Westfassade im Stil der Spätgotik anbringen. Dadurch erhielt die Kirche eine bewegte, asymmetrische Baukörpergruppierung, die dem damaligen Geschmack nach malerischer Gestaltung entsprach.
Die Innenausstattung birgt bedeutende Werke vom 5. bis 20. Jahrhundert

Bingen, St. Martin, Ansicht von Südosten.
oben: Die malerische Baukörpergruppierung entsteht nicht zuletzt durch die Baumaßnahmen unter Max Meckel, der die Kapelle, die Sakristei und Treppentürmchen Ende des 19. Jhs. anfügte. Der Chor und das Mittelschiff stammen aus dem frühen 15. Jh. Das Seitenschiff ist etwas jünger. Der Turm des 15. Jhs. besitzt wohl erhebliche Bauteile des 11. Jhs.
links: Figur des hl. Papstes Urban I., um 1490, Schutzheiliger der Winzer.

Bingen, St. Martin, auferstandener Christus, 15. Jh.

Kreuzigung, Wandmalerei, 15. Jh.

oben: Marienaltar, 1579, mit Darstellungen aus dem Leben Mariens, ursprünglich in der Utrechter Marienkirche, manieristische Gemälde des Delfter Malers Antonis von Montfort, genannt Blocklandt, geöffneter Altar mit der Verkündigungsszene links, der Himmelfahrt Mariens auf der Mitteltafel und dem Weihnachtsthema auf dem rechten Flügel.
rechts: Grundriss vor dem Umbau 1885 (nach Dehio).
unten: Tonfiguren, um 1420, der hll. Barbara (unten links) und Katharina (unten, Mittelfigur), qualitätvolle Arbeiten einer auf Ton spezialisierten Bildhauerwerkstatt, die auch die Madonnenfiguren aus Eberbach (heute Louvre), aus Dromersheim (heute Berlin) und in Hallgarten im Rheingau schuf.

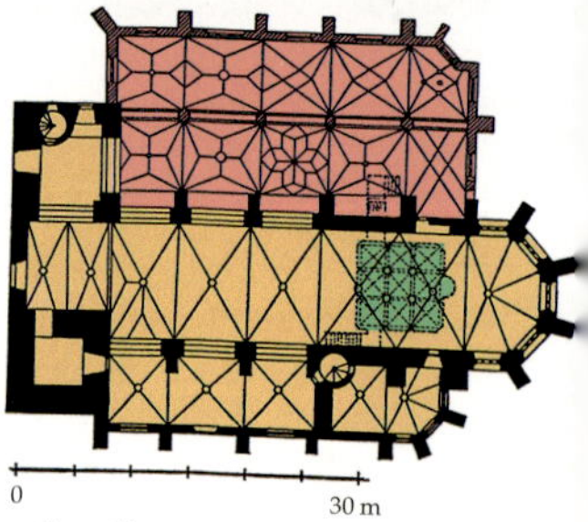

grün = Krypta, 2. Viertel 11. Jh.
orange = 1. Hälfte 15. Jh.
rot = frühes 16. Jh. (Barbarabau)

Bingen, St. Martin, Hauptschiff nach Osten. Kreuzrippengewölbe mit Konsolen und im Hauptchor mit Diensten. Spitzbogenarkaden erst nach Errichtung der Seitenschiffe in das ehemalige einschiffige Langhaus eingebrochen. Hochaltar als Ziborienaltar nach Entwurf des Architekten Johann Peter Jäger, ausgeführt durch den Mainzer Hofbildhauer Peter Heinrich Hencke, gestiftet 1768. Anstelle des kriegszerstörten barocken Gemäldes befindet sich seit 1957/58 eine Kreuzigungsgruppe des 17. Jhs. vor dem mittleren Fenster. Kanzel von 1681 mit Figuren der vier Kirchenväter und der Kardinaltugenden, auf dem Schalldeckel steht der auferstandene Christus.

BINGEN: EV. KIRCHE

Oberhalb der Mainzer Straße steht die 1858–60 nach Plänen des Bingener Kreisbaumeisters Köhler errichtete ev. Kirche, die im neoromanischen bzw. Rundbogenstil erbaut wurde. Es handelt sich um einen Saalbau mit rippengewölbtem Chor und vorgestelltem Westturm mit Rundbogenportal und achteckigem Turmobergeschoss.

Bingen, ev. Kirche, 1858–60, Chor (oben), Ansicht von Süden (rechts), Innenraum mit Kassettendecke (unten rechts), Christus-Fenster von 1902 (unten), Paulus- und Johannes-Fenster im Chor nach Kriegszerstörung 1949 erneuert.

Bingen, ev. Kirche, Glasfenster unter der Empore, 1959, Entwurf von Architekt Oberbaurat Jakob, Darstellung der Verheißung des Kreuzes, das sich auf leuchtendem Hügel erhebt, und Zerstörung und bittere Not des Krieges. Vor dem linken (nördlichen) Fenster liegt ein Gedenkbuch von 1959 für die Toten des 2. Weltkriegs, geschrieben vom Grafiker Karl Horst Passets aus Groß-Gerau.

BINGEN: KATH. KAPUZINERKIRCHE ST. LAURENTIUS

Am Ende der heutigen Fußgängerzone steht in der Kapuzinerstraße die Kapuzinerkirche St. Laurentius, an die sich das Heilig-Geist-Hopital rückwärtig anschließt. Ursprünglich war die Kirche Teil des Kapuzinerklosters, das 1640 gegründet wurde und 1655–58 ihren ersten Kirchenbau erhielt. Nachdem die Klosterkirche 1689 durch Brand zerstört worden war, erfolgte bis 1698 der Wiederaufbau in den heutigen Formen. 1746 fügte man im Westen die Loreto-Kapelle hinzu. Das Kloster wurde 1802 säkularisiert. Die Klostergebäude wurden 1902 abgebrochen. Nach Kriegszerstörungen 1944 stellte man das Innere verändert wieder her.

unten: Bingen, kath. Kapuzinerkirche St. Laurentius, 1658–98, Straßenportal mit steinerner Nischenfigur der Muttergottes, um 1700, und Ansicht der Fassade mit dem 1884 erneuerten Turmaufsatz und der Loretokapelle von 1746, in der sich ein Barockaltar erhalten hat.

Bingen, St. Rochuskapelle, 1891–95, Ansicht vom Rheintal. Die Wallfahrtskirche auf dem Rochusberg südöstlich von Bingen ist auf Fernwirkung ausgerichtet.

rechts: Kuppel der am Hang vorgelagerten Bethlehemskapelle (Maria-Schnee-Kapelle), 1895. Sie ist über einem achteckigen Grundriss ausgeführt.

unten: Inneres der Betlehemskapelle mit der Geburtsstele Jesu von Josef Welling in Koblenz, 1988 (Darstellungen der Verkündigung, Geburt, Anbetung, Flucht nach Ägypten).
unten rechts: Fassade und dekorative Kuppel der vorgelagerten Betlehemskapelle, 1895.

BINGEN: KATH. ST. ROCHUSKAPELLE

Zu den bedeutenden Wallfahrtsorten im Welterbegebiet Mittelrheintal gehört die St. Rochus-Kapelle. Sie geht auf das Pestjahr 1666 zurück, als die Mitglieder des Binger Rats gelobten, eine Rochuskapelle zur „Abwendung crassirendter Seuchtt“ zu errichten und eine jährliche Bittprozession abzuhalten. Die bereits ein Jahr später erbaute Kapelle wurde 1689 im pfälzischen Erbfolgekrieg verwüstet und wiederaufgebaut. Als 1795 im Rahmen der deutsch-französischen Auseinandersetzung um den Besitz der Stadt Mainz Turm und Dach zerstört wurden, verblieb die Kapelle als Ruine. 1813 forderte das Fleckfieber in Bingen und Umgebung viele Todesopfer, und die Bürger erinnerten sich an ihr Versprechung von 1666. Deshalb wurde die Kapelle umgehend bis 1814 wiederhergestellt. Als noch während einer Restaurierung der Kapelle ab 1887 diese durch Blitzschlag 1889 zerstört wurde, entschloss man sich zu einem repräsentativen Neubau, mit dem Max Meckel beauftragt wurde. Er führte von 1891–95 einen der attraktivsten neugotischen Kirchbauten in schmuckreichen spätgotischen Bau-

Büsten der hll. Berta und Rochus.

links und unten links: Malerische Baukörpergruppierung der Anlage mit Wallfahrtskirche, giebelständigen Seitenkapellen, hohem Chorflankenturm mit steinernem Turmhelm und querhausartigem, offenem Baldachin. Darin steht ein Außenaltar mit einer Kopie einer Kreuzigung von Hans Backofen (St. Ignaz/Mainz, 1519). Sie wurden ebenso wie die anderen weiß gefassten Kreuzwegstationen (vgl. Grablege, Abb. unten links) und Figuren am Außenbau von J. Rotermundt in Nürnberg 1898 gefertigt.

unten: Wallfahrtskirche, Marienaltar, neugotischer Flügelaltar von Jakob Busch, Figuren um 1510 mit Ausnahme der Muttergottes aus Bruchhausen bei Linz am Rhein mit den Darstellungen des Evangelisten Johannes, der Maria Magdalena, der hl. Katharina und der hl. Barbara.

formen und mit betonter Silhouettenwirkung in landschaftlich exponierter Lage über dem Rheintal aus. Es entstanden die Wallfahrtskirche, Betlehemskapelle und ein angebautes Wärterhaus.

Bingen, St. Rochuskapelle, 1891–95, einschiffiger Saalbau mit Netzgewölbe und Ausstattung des 15.–19. Jhs.: neugotischer Hochaltar mit Rochusstatue von 1720, Hildegard-Altar von 1898 (linker Seitenaltar), Marienaltar mit spätgotischen Figuren (rechter Seitenaltar), Kreuz im Chorbogen (Kopie von Josef Fink, Köln, nach einem Kreuz in St. Ursula in Köln). Bedeutsam sind neben weiteren spätgotischen Altären die neugotischen Glasfenster, wie z. B. das 1898 gefertigte Fenster „Begegnung in Emmaus" aus der Werkstatt von Fritz Geiges aus Freiburg i. Br. (Abb. unten).

rechts: Detail aus dem Hildegard-Altar, 1898, mit den Darstellungen: Hildegard schaut als Kind ein geheimnisvolles Licht und Hildegard wird von ihren Eltern zu Jutta in die Klause auf dem Disibodenberg gebracht.

Bingen, St. Rochuskapelle, 1891–95, oben: Pestaltar, Relief um 1520, Sebastian- und Rochusgemälde sowie Gehäuse 1902. rechts: Hildegard-Altar, 1898, Bildhauerwerkstatt Jakob Busch in Steinheim, mit Darstellung der hl. Hildegard von Bingen und acht Stationen (4 auf den Seitenflügeln) aus dem Leben der Benediktinerin: Hildegard schaut als Kind ein geheimnisvolles Licht; sie wird von ihren Eltern zu Jutta in die Klause auf dem Disibodenberg gebracht; dort schreibt sie ihr Werk Scivias; Erzbischof Heinrich von Mainz legt 1147 auf dem Konzil von Trier Papst Eugen III. und Bernhard von Clairvaux ihre Schriften vor; sie begegnet Bernhard von Clairvaux (historisch falsch); Kaiser Barbarossa empfängt sie 1155 in Ingelheim; sie predigt vor Klerus und Volk; ihr Tod auf dem Rupertsberg 1179.

BINGERBRÜCK: RUPERTSBERG

Die hl. Hildegard von Bingen gründete 1147 das ehem. Benediktinerinnenkloster Rupertsberg, dessen Kirche 1151 geweiht werden konnte. 1632 wurde das Kloster durch schwedische Truppen zerstört. Die Nonnen flohen über Köln und Mainz nach Rüdesheim-Eibingen auf der anderen Rheinseite, wo sie sich 1641 mit den Reliquien der hl. Hildegard von Bingen und einigen Handschriften niederließen. Das Kloster Ruppertsberg verfiel. Die eindrucksvollen Ruinen wurden 1858 abgebrochen. 1975 legte man Reste der Klosterkirche im Keller der ehem. Villa Herter (Am Rupertsberg 16) frei. Hier steht auch ein spätgotisches Klosterportal (Ende 15. Jahrhundert).

Bingerbrück, Rupertsberg, Zustand Herbst 2003 (oben) und ehem. Benediktinerinnenkloster Rupertsberg, Gründung der hl. Hildegard von Bingen 1147, an gleicher Stelle.

Bingerbrück, St. Rupert und St. Hildegard, Pieta, wohl 15. Jh.

unten: Fassade.

BINGERBRÜCK: KATH. PFARRKIRCHE ST. RUPERT UND ST. HILDEGARD

Die Hildegard-Gedächtnis-Kirche steht an der Hauptstraße von Bingerbrück, wendet ihr jedoch die Apsis zu, während die mächtige Doppelturmfassade städtebaulich kaum in Erscheinung tritt. Der große Baukörper aus sichtbarem Bruchstein in Form einer Basilika mit Querhaus wurde 1890–92 nach Plänen von Carl Rüdell und Richard Odenthal aus Köln errichtet. In Anlehnung an die Klosterkirche des von der hl. Hildegard von Bingen gegründeten und 1632 zerstörten Rupertklosters führte man die Kirche in romanischen Bauformen aus. Vorbilder waren die spätromanischen Kirchen des Rheinlandes, von denen die Großformen Querhaus, Doppelturmfassade, dekorative Ostapsis mit Zwerggalerie und achteckigen Chorflankentürmen übernommen wurden. In den Details (Fenstergestaltung, Form der Turmhelme) zeigen sich von den romanischen Vorbildern abweichende, typisch historistische Bauformen. Nach Kriegsschäden 1944 wölbte man das Mittelschiff 1950 nicht wieder ein, sondern versah es mit einer Flachdecke. Die ursprüngliche Malerei ist einer Farbgestaltung gewichen, die gegenwärtig bei mittelalterlichen Kirchen verbreitet ist. Der heutige, sparsam ausgestattete Innenraum beeindruckt durch seine Größe und seine Bauplastik mit figürlichen Darstellungen, u. a. an den Säulenbasen.

oben: Sog. Hildegardisorgel, 1958, und Fenster mit Darstellung der hl. Caecilia mit Orgelpfeifen, um 1950.
unten: Nördliche Turmkapelle mit Hildegard-Figur und Schrein mit Reliquien der hll. Rupertus und Hildegard.

Bingerbrück, St. Rupert und St. Hildegard, 1890–92; Ansicht von Süden und Hildegard-Figur, 20. Jh.
unten: Innenraum nach Osten mit Kopie des romanischen Taufsteins der Liebfrauenkirche in Andernach.

BINGERBRÜCK: EV. GUSTAV-ADOLPH-GEDÄCHTNISKIRCHE

Bingerbrück, Martin Luther-Darstellung am Seniorenheim Martin-Luther-Stift, 1952.

Die Gustav-Adolph-Gedächtnis-Kirche von 1894/95 ist eine von mehreren qualitätvollen neugotischen Kirchen im Mittelrheintal und zeichnet sich – wie die ev. Kirche in Nochern – durch ihre offene hölzerne Dachstuhlkonstruktion aus. Sie liegt an der Hauptstraße nach St. Goar. Nach Norden schließt sich das Seniorenheim „Martin-Luther-Stift", ein gelungener Bau im Heimatstil von 1952, an.

Der Bau einer ev. Kirche war nötig geworden, nachdem sich Bingerbrück von einem Weiler von ca. 10 Einwohnern Mitte des 19. Jahrhunderts zu einer Ortschaft mit 1200 Personen, davon 450 evangelische, im Jahr 1886 entwickelt hatte.

Die Kirche ist ein harmonischer und schmuckvoll wirkender Bau in den typisch neugotischen Bauformen der Erbauungszeit von 1894/95. Der Außenbau hat seine wesentlichen Stilmerkmale bewahrt, wenngleich die Eckfilialen des Turmobergeschosses, der Dachreiter und die schmiedeeisernen Kreuze auf den Giebeln nicht mehr bestehen. Um der Forderung

Bingerbrück, ev. Pfarrkirche, 1894/95.
oben: Inneres nach Nordosten mit offenem Dachstuhl und Querschiff.
links: Ansicht von Osten.
unten: Ansicht mit Einturmfassade.

nach Materialgerechtigkeit – einer Forderung der Neugotiker – nachzukommen, wurde der Bruch- und Werkstein nicht verputzt, sondern sichtbar belassen. Die Details sprechen für eine hervorragende Kenntnis des Architekten über die gotische Bauweise, die rezipiert wurde.

Der Grundriss – breiter Saalraum mit Querschiff – ist charakteristisch für das ausgehende 19. Jahrhundert. Die Verbindung von griechischem Kreuz als Grundriss und Einturmfassade entsprach den Empfehlungen des Eisenacher Regulativs. Die alte Raumfassung wurde 1986 wiederhergestellt.

Bingerbrück, ev. Kirche, 1894/95, Ansicht nach Osten mit rippengewölbtem Chor und offenem Dachstuhl.

Bingerbrück/Bingen: Mäuseturm, Burg Ehrenfels, Gustav-Adolph-Gedächtniskirche, St. Ruppert-Kirche und St. Martin-Kirche.

WEILER BEI BINGEN: KATH. PFARRKIRCHE ST. MARIA MAGDALENA

In der eng bebauten Ortsmitte von Weiler steht die große Maria Magdalena-Kirche von 1865/66. Das Äußere zeigt sich als mächtiger, schmuckloser, neugotischer Sicht-Backsteinbau mit kleinem, achteckigem Turm an der Westfassade. Das dreischiffige Innere mit schlanken Oktogon-Pfeilern überrascht durch seine Weite, Hellig- und Großzügigkeit. Es handelt sich um eine beachtenswerte, die süddeutschen gotischen Backsteinhallenkirchen in Landshut und München rezipierende Architektur, die nur wenige Entsprechungen im 19. Jahrhundert findet (z. B. ehem. Kirche im Nachbarort Waldalgesheim). Ergänzt wird der ansprechende Gesamteindruck durch die Farbfassung mit Gewölbe-Rankenmalereien. Interessant ist die Anordnung der neugotischen Heiligenfiguren an den Diensten der Außenmauern.

Weiler bei Bingen, St. Maria Magdalena, 1865/66, dreischiffige, gewölbte neugotische Hallenkirche. oben: Blick zur Orgelempore.

unten: Inneres nach Osten.

oben: Nördliches Seitenschiff mit qualitätvollen neugotischen Heiligenfiguren. rechts: Blick vom südlichen Seitenschiff in das Mittelschiff. An der Ostwand des südlichen Seitenschiffs ist ein Sakramentshaus aus der 1. Hälfte des 15. Jahrhunderts eingebaut.

TRECHTINGSHAUSEN, NIEDER- UND OBERHEIMBACH

Trechtingshausen, alte Pfarrkirche St. Clemens, 2. Viertel 13. Jh., malerischer Bau mit wiederhergestellter Farbigkeit, südlichstes und jüngstes Beispiel der sogenannten „niederrheinischen Romanik" (rechte Seite).
oben: Ansicht von Nordosten.
unten: Friedhofsbezirk mit Michaelskapelle, 1. Hälfte 15. Jh., und alter Pfarrkirche.

TRECHTINGSHAUSEN: ALTE PFARRKIRCHE ST. CLEMENS

Die alte Pfarrkirche St. Clemens, 1212 erstmals genannt, liegt südlich der heutigen Ortschaft, unmittelbar am Rhein, innerhalb des alten, noch bestehenden Friedhofareals. Die heutige Kirche wurde im 2. Viertel des 13. Jahrhunderts am Standort römischer und vorromanischer Vorgängerbauten errichtet. Die spätromanische Pfeilerbasilika besteht aus einem flachgedeckten Langhaus, einem rippengewölbten Querhaus und einem Apsischor. Der sich aus dem westlichen

oben: Fassade; links: Ansicht von Nordosten mit der Apsis und dem Querhaus, das nicht über die Breite des Seitenschiffs hinausragt; unten: Grundriss (nach Dehio).

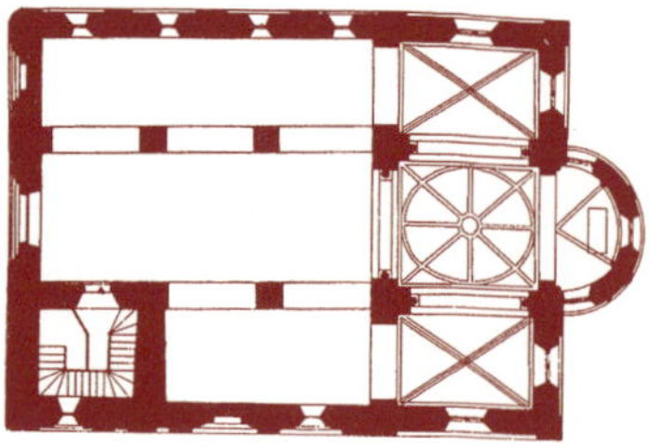

Trechtingshausen, alte Pfarrkirche St. Clemens, 2. Viertel 13. Jh.
oben links: Säule mit Knospenkapitell.
oben Mitte: Chorgestühl, Details mit figürlichen Schnitzereien, Anfang 16. Jh.
unten: Hll. Clemens und Nikolaus, Glasfenster, 1898, in der Apsis.

oben: Ansicht nach Osten, Basilika, flachgedecktes Langhaus, gewölbtes Querhaus, gewölbte Apsis mit Resten einer Wandmalerei, 14. Jh.

Joch des Südseitenschiffs entwickelnde Turm ist achteckig und schließt mit einem verschieferten Glockengeschoss und Helmdach ab. Die Außenwände besitzen eine asymmetrische Gliederung mit Lisenen, Bogenfriesen und Bogenblenden.

Die Kirche zeigt eine rekonstruierte Farbigkeit, die den aus Schieferbruchsteinen und Tuffwerksteinen hergestellten Bau aufwertet. Bemerkenswert ist der Vierungsbereich, der von einer längsovalen Kuppel mit Scheitelring und acht Rippen überfangen wird und durch Fensterchen eine indirekte Belichtung vom Dachstuhl her erhält. Über dem Gewölbe hat man Ansätze eines wohl geplanten Achteckturms festgestellt. Reste von Wandmalereien des 14. Jahrhunderts finden sich in der Apsis (Deesis) und im nördlichen Seitenschiff (Passion).

Neben der alten Pfarrkirche steht die St. Michaelskapelle, ein Kapellenkarner aus der 1. Hälfte des 15. Jahrhunderts, den man im 19. Jahrhundert veränderte – ein längsrechteckiges, zweiachsiges Gebäude ohne Apsis und mit kreuzrippengewölbtem Kapellenobergeschoss.

unten rechts und links: Trechtingshausen, St. Michaelskapelle neben der alten Pfarrkirche St. Clemens, 1. Hälfte 15. Jh., Ostseite und Fenster 19. Jh.

TRECHTINGSHAUSEN: KATH. PFARRKIRCHE ST. CLEMENT

Im eng bebauten Ortskern nimmt die Kirche das größte Bauvolumen ein. Dennoch ragt sie nur gelegentlich mit ihrem Turm und ihrer Kuppel aus dem Häusergewirr hervor. Vorgängerbau war eine für das Mittelalter bezeugte Cornelius- und Cyprianus-Kapelle. Ältester Bauteil ist der mittelalterliche Turm (romanisch ?) mit barocker Haube (1. Hälfte 18. Jh.). Der Chor des klassizistischen Kirchenbaus (1823–25) von Karl Maeber wurde für den heutigen großen Kuppelbau von 1922/23 nach Entwurf des Architekten Josef Mockenhaupt übernommen. Diese weit gespannte Kuppel, die dem kreuzförmigen Kirchensaal mit Langhaus, kurzem Querschiff, Hauptchor und zwei Seitenchören, Tendenzen eines Zentralbaus verleiht, hebt sich am Außenbau als gestufte und geschweifte Neobarock-Kuppel ab.

Trechtingshausen, neue Pfarrkirche St. Clemens, 1922/23 und älter.
links: Vierungskuppel.
oben: Hildegard-Fenster, 1923, Ausführung durch die Trierer Firma Binsfeld.
links: Hll. Valentin und Clemens mit Anker, spätgotische Figuren, Ende 15. Jh., aus Alt-St. Clemens.
links außen: Außenansichten mit mittelalterlichem Turm und barocker Zwiebelhaube sowie neobarockem Vierungsturm.
unten: Innenraum nach Osten, Ausstattung von 1923 durch Ferdinand Nebel.

NIEDERHEIMBACH: KATH. PFARRKIRCHE MARIA HIMMELFAHRT

Niederheimbach, Pfarrkirche, 1915–21, Nordfassade mit Totenleuchte von 1516 (oben) und Ansicht vom Rhein (unten), Turm (13. Jh.) mit späterer Aufstockung und Spitzhelm mit Ecktürmchen (17. Jh.), Langhaus 1915–21.

Unmittelbar an der Rheinuferstraße und unterhalb der Heimburg steht die Pfarrkirche von Niederheimbach, die bis 1750 das Nikolaus-Patrozinium inne hatte. Anhand der Architektur lässt sich die vielfältige Baugeschichte ablesen. Sie wird vor allem dadurch geprägt, dass 1915–21 nach Entwürfen von Peter Marx aus Trier ein neues Langhaus im Stil der Spätgotik erbaut wurde. Wie in Bad Salzig wurden große Teile der alten Kirche, die in Ost-West-Richtung angelegt ist, als Querbau erhalten und das in Form einer Basilika erbaute Langhaus in Nord-Süd-Richtung über das alte Langhaus gebaut. Damit erhielt der zuvor als Chor genutzte Bauteil die Funktion einer Seitenkapelle. In Niederheimbach ist die Baugeschichte allerdings noch komplizierter, da der älteste erhaltene Bauteil zu einer Kirche des 2.

Neugotischer Beichtstuhl.

oben: Mittelschiff, 1915–21, mit neogotischem Netzgewölbe, Schlusssteine mit der Darstellung der zwölf Sternzeichen, im Altarraum mit der eucharistischen Symbolik; Kanzel von 1765.
links: Flügelaltaraufsatz mit neugotisch gefassten Reliefs aus einer Mainzer Werkstatt, 2. Viertel 16. Jh., Mittelbild: Der Einsiedler Paulus von Theben besucht Antonius den Einsiedler. Seitenflügel: hll. Rochus und Sebastian mit Stifterfigur.
unten links: Pieta des Niederheimbacher Bildhauers Heilmann, Anfang 20. Jh.
links: Thronende Madonna, Mitte 14. Jh.
rechts: Neugotisches Kreuz mit Evangelistensymbolen, Anfang 20. Jh.

Viertels des 13. Jahrhunderts gehört. Es handelt sich um die unteren Geschosse des Ostturms, der gleichzeitig als Chor und somit als ehem. Chorturm diente. Im 14. Jahrhundert wurde an den Turm im Norden eine Seitenkapelle (heute Eingangshalle) und 1516 vor den Turm die ehem. Sakristei (heute Kapelle) angebaut. Mitte des 18. Jahrhunderts westete man die Kirche, indem an das alte Langhaus im Westen ein Chor (heute Werktagskapelle) mit Spiegeldecke von 1750 angefügt wurde.

Niederheimbach, Pfarrkirche Maria Himmelfahrt.

links oben: Engel, 2. Hälfte 16. Jh., und westliches Chorfenster, um 1920, mit den Darstellungen der Hochzeit zu Kana (Weinwunder, oben) und Aussendung des Geistes zu Pfingsten (unten).

links: Rundbogennischen im Chor, 1915–21, mit Kredenz.

unten links: Ehem. Westchor, kurz vor 1750, mit barocker Stuckdekoration und einem Nikolaus-Gemälde, Mitte 18. Jh.

rechts oben: Fenster, um 1920, im linken Seitenschiff mit der Darstellung des hl. Goar und dem Spruch „Selig die Friedfertigen".

rechts: Fenster, um 1920, im linken Seitenschiff mit der Bergpredigt Jesu, gerahmt von den hll. Berta und Hildegard.

unten rechts: Taufbecken, 1656, mit Beschlagwerkornamentik, aus der Peterskirche in Bacharach stammend.

OBERHEIMBACH: KATH. PFARRKIRCHE ST. MARGARETHA

In der Ortsmitte am Dorfplatz steht die Pfarrkirche St. Margaretha. Sie wirkt zunächst nicht außergewöhnlich, beherbergt aber eine ganze Reihe außerordentlicher Ausstattungsstücke.

Die frühgotische, flachgedeckte Pfeilerbasilika stammt aus der Mitte des 13. Jahrhunderts (Weihedatum 1256). Sie wurde im 14. Jahrhundert um die rechteckigen Seitenchöre ergänzt. Außerdem fügte man das Rippengewölbe im polygonalen Hauptchor ein. Die Sakristei wurde im 15. Jh., die Michaelskapelle Anfang des 17. Jahrhunderts an die Nordseite angebaut. Der Westturm mit seinem mehrfach gestuften Haubendach geht auf eine Baumaßnahme von 1766 (Inschrift auf dem Schlussstein des Durchgangsbogens) zurück, dürfte aber im Kern älter sein.

Kreuzigungsszene, Wandmalerei an der südlichen Außenwand, 16. Jh.
unten: Fresko, 14. Jh., am Kanzelaufgang.

links: Romanischer Kruzifixus (Viernagelkreuz), um 1100, Bronzeguss, Holzkreuz mit Email, um 1100. Das Kreuz ist in der Wand links neben dem Hauptaltar aufgestellt.

Oberheimbach, Pfarrkirche St. Margaretha, Pfeilerbasilika, Mitte 13. Jh.
oben: Ansicht von Süden, Turm, 1766, mit Glocke des 14. Jhs.
rechts: Ansicht von Nordwesten.
unten: Nördliche Außenwand mit der hl. Apollonia, 17. Jh., in der Nische, einer spätgotischen Kirchhoflaterne, 15. Jh., und dem Epitaph des Amtmanns Ulrich Rayner und seiner Ehefrau Appolonia, 1544.

Besuch in St. Margaretha zu Oberheimbach von Stephan Weyer-Menkoff

Wer auf dem Marktplatz in Oberheimbach ankommt, dem zeigt sich die Margarethen-Kirche mit ihrer Längsseite, während die drei anderen Seiten dicht von Häusern umstellt zu sein scheinen. Die Kirche gehört sichtlich eng ins dörfliche Leben und überragt es dennoch an Höhe und Breite.

Vielgestaltig und keineswegs leicht überschaubar steht das Gebäude in einiger Entfernung vor dem Besucher. Die verschiedenen und zum Teil gegenläufigen An- und Aufbauten geben ihr das Gesicht. Warm und leicht rötlich ist die Außenhaut der Wände, anthrazit-dunkelbläulich die Bedachung. Zahlreiche Fenster schauen aus roten Laibungen. Der Besucher fühlt sich angesprochen, das Kirchengebäude sieht ihn freundlich an.

Derart begrüßt geht der Besucher auf die Kirche zu. Auf seinem Weg nähert sich eine Mauer, die ihm zunächst den Blick raubt. Erst als er um eine Ecke biegt und den Weg bergan auf den Kirchturm zu nimmt, gibt die Mauer den Blick wieder frei. Grüner Rasen liegt breit vor den Augen und lässt im Kontrast eine steinerne Heiligenfigur an der Wand hervorspringen, eine steinerne Grabplatte, eine steinerne Laterne, einen steinernen Altar mit steinernem Kruzifix.

Unwillkürlich bleibt er stehen und schaut länger über die Mauer. So breit der Rasen auch wächst, es ist doch vieles versteinert. Hier ist Leben verwittert. Über das verwitterte Leben wachen die steinernen Figuren. Sie stehen schon lange dort und werden noch lange dort stehen. Sie stehen für die Ewigkeit. Kurzfristigen Besuch nehmen sie erst gar nicht wahr. Dass die Mauer ihn von dem grünsteinernen Friedhof trennt, nimmt er wohltuend wahr. Irgendwie taucht das Wort „Auf Wiedersehen" auf. Ist das nicht doppeldeutig? Eindeutig ist jetzt der Aufbruch, Blick und leicht steigenden Gang auf den Turm auszurichten.

Der sich massiv in den Weg stellende Turm öffnet einen Durchgang, der geradlinig wieder ins Freie hinausführt. Das von der anderen Seite durchscheinende Sonnenlicht überzeugt den im Torbogen angekommenen Besucher, dass der Turm nicht erdrücken und erniedrigen wird. Unter dem schweren Turm eingetreten, fühlt sich der Besucher deutlich erhoben. Erhaben schreitet er unter dem gegenüber liegenden Torbogen wieder heraus auf einen hell gepflasterten Platz. Hier sieht er nur die Sonne sowie einige Wohnhäuser, die Kirche aber ist verschwunden. Sie liegt in seinem Rücken. Mit der Kirche im Rücken findet sich der Besucher zu erhabener Größe aufgerichtet im Licht stehend wieder. Der Durchgang unter dem himmelwärtigen Turm und die im Rücken liegende Kirche geben Raum zum aufrechten Leben.

Die Taufe bringt sich in Erinnerung. Sie war doch auch so ein Durchgang durch die Schwere des Wassers zu der Höhe des Lichtes. Hat der Getaufte seitdem nicht die Kirche hinter sich? Die Taufe ist eine Passage. Der Passant bemerkt die Mehrdeutigkeit: vor langer Zeit getauft, hat er die Kirche längst hinter sich; – und so stärkt die Kirche ihm den Rücken, ohne dass er es merkt. Der auf dem Platz stehende Passant hat die Kirche nicht mehr vor Augen. Was ihn aufrichtet und hält, steht nicht vor Augen, liegt nicht vor der Hand und wird auch nicht mehr geradewegs im Schritt vorwärts erreicht. Das ihn Erhebende liegt vielmehr hinter ihm. Er muss sich umdrehen, um die Kirche mit ihrem aufrichtenden Turmdurchgang wieder in den Blick zu bekommen. Wieder zeigt sie sich in vielgestaltigem Aussehen. Wieder sieht sie ihn mit ihrem rötlich-anthrazitfarbenen Gesicht freundlich an. Es ist jetzt leicht, ihrer Einladung zu folgen.

Zum Torbogen, durch den er eben noch aufgestiegen ist, geht er jetzt herab. Was dem aufrechten Gang Halt und Grund gibt, liegt tiefer. Der Turm wurzelt mit seinem Torbogen in der Tiefe. In sie tritt der Besucher von oben durch den Torbogen kommend ein. Es ist dunkler als vorhin, das Licht scheint nicht mehr entgegen. Im Schatten ist zu erkennen, was zuvor übersehen war. Im breiten Tordurchgang zeigt sich seitwärts eine nicht sehr große, dunkle Tür. In der Tür ist ein kleines vergittertes Fenster eingelassen . Aber auch dies ist mit dem dunkelgrünen Holz der Tür unterlegt und verschlossen. Sollte die Kirche womöglich weder Eintritt noch Einsicht gewähren wollen? Sie hatte doch so freundlich ausgesehen, warum gibt sie sich aus der Nähe so abweisend? Es ist zu überlegen, ob der letzte Schritt noch gegangen, die Klinke ergriffen und betätigt werden soll, nur um dann als ein von der Kirche Abgewiesener und Ausgeschlossener dazustehen. Vielleicht hätte die Kirche sogar recht mit solch einer Abweisung. Andererseits ist man nun schon einmal bis hierher gekommen. Und längst schon, seit dem ersten Blick der Augen auf dem Marktplatz ist man in das Spiel der Kirche hineingezogen. Also soll das Spiel nun weitergehen. Man ist gespannt.

Die Kirchentür geht auf. Der Eintretende kommt aber doch nicht recht weiter. Ein schwerer, auf den

Oberheimbach, Pfarrkirche St. Margaretha, Pfeilerbasilika, Mitte 13. Jh.
oben: Inneres nach Westen mit Spitzbogenarkaden, Flachdecke, neogotischer Orgel, 1864, der Sulzbacher Orgelbauerfamilie Stumm, barocker Holzempore im Westjoch des Mittelschiffs und im südlichen Seitenschiff.

unten: Hochaltar, Aufsatz, 1618, von Eberhard von Schönburg, Reitergeneral im Heere des Feldherrn Tilly, für seine Frau gestiftet, ehemals in der Michaels-Kapelle, darin hl. Anna-Selbdritt, um 1500, hl. Nikolaus und Moses, wohl 19. Jh.

oben: Innenansicht noch Osten mit einer gotischen Holzkanzel von 1517.
unten rechts: Schlafender Jünger, 15. Jh.
unten links: Christus am Ölberg, 15. Jh.

Boden reichender, wiederum dunkelgrüner Vorhang versperrt den Durchgang. Nur in der Mitte, die der geteilte Vorhang einen Spalt breit freigibt, geht der Blick hindurch. So zeigt sich das Innere der Kirche als ein Bild, das von Vorhängen gerahmt wird. Der Besucher denkt schon lange nicht mehr an seinen Apparat, mit dem er die Kirche zu Bildern machen könnte. Nicht er macht die Kirche zum Bild, sondern sie gibt sich ihm als ein Bild.

Das Bild ist übervoll. Es ist bunt. Voller Farben, Linien und Figuren ist das Bild der Kirche. Warme und helle Töne regieren oben und an den Seiten, unten und dazwischen mischt sich das starke Braun massiven Holzes. Nach hinten nehmen Rot und Goldgelb deutlich zu, lassen in ihrer Mitte aber einen sperrig kantigen Bereich dunkel. Spannung entsteht zwischen leuchtender Anziehung und dunkler Sperrung. Wie soll der Besucher sich da entscheiden?

Entschlossen, sich ins Bild zu setzen, schiebt er den Vorhang beiseite und tritt ein. Schnell bleibt der Schritt jedoch wieder stehen. Zwei dunkelbraune hölzerne Säulen halten ihn unter der von ihnen getragenen Holzdecke fest. Zwar ziehen ihn parallel gestellte Arkaden; vorne aber, das ist überdeutlich zu sehen, wird er mit ebensolcher Macht wieder zurückgehalten werden. Ein rötlicher Steinblock versperrt den weiteren Weg in den dahinter liegenden rötlich-goldgelben, etwas niedrigeren runden und gewölbten Raum. So weit, wie ich wollte, käme ich nicht.

Den Blick durch die Arkaden schweifen lassend, bieten sich andere Räume in Menge. Noch unter der niedrigen Holzdecke wende ich mich, gehe einige Schritte nach links und schaue nach einer weiteren Drehung durch einen langen, quer laufenden, mit Spitzbögen unterteilten Gang. Ganz vorne leuchtet eine bunte Fensterwand in tiefem Blau, davor ziehen brennende Kerzen die Augen an. Auf sie muss zugegangen werde, aber da öffnet sich linker Hand ein fast quadratischer Raum, in dem die Bewegung zur Ruhe kommt.

Eine Bank an der Seite nimmt mich auf. In der Mitte steht ein kleines Taufbecken. An der Wand hängt ein Kreuz, das den Gekreuzigten festhält; gegenüber halten zwei goldene Figuren in je einer Hand einen langen Kreuzstab. Sind deren Kreuze so überragend, weil der Christus gegenüber am Kreuz hängt? In der anderen Hand hält die eine Figur ein Lamm und die andere ein Schwert. Versöhnendes Opferlamm und strikte Schwertgewalt verbinden sich hier. Dagegen sind alle anderen machtlos: ein Teufel liegt vom Kreuzstab durchbohrt am Boden und wird im nächsten Moment vom Schwert getroffen. Dies ist der Schutz, den die Taufe auf den Namen Christi gibt. Ist der hier Sitzende ein Getaufter?

Beim Aufstehen ist hinter der Bank an der Wand ein Bild zu entdecken: Petrus und der Hahn. Den Namen Christi verleugnet: ist die Taufe nun ungültig und kraftlos geworden? – Unbeweglich bleiben die beiden Kreuzträger stehen. Sie bleiben unberührt von diesen Überlegungen und schauen wachend über die Taufe, den Verrat des Petrus längst im Auge habend. So ist hier für den Getauften alles wohl besorgt. Unbesorgt kann er weiter gehen.

Die gegenüber liegende Seite der Kirche ist schon länger ins Auge gefallen. Es geht den Seitengang zurück, unter der Empore am Mittelgang vorbei und biegt in den anderen Seitengang ein. Ganz vorne leuchtet wieder das tiefe Blau eines Glasbildes. Aber kein Gang führt dorthin; vielmehr gruppiert sich eine Abfolge von vier unterschiedlich hohen und verschieden schmalen Räumen.

In einem dieser Räume werde ich meinen Platz finden. Langsam taste ich mich voran, bis ich plötzlich in eine der Bänke eintrete und mich neben einem Pfeiler niederlasse. Ich habe meinen Platz gefunden. Zur Seite ist die Kanzel zu sehen; schräg nach vorne lassen die Arkaden einen schmalen Durchblick auf den Hochaltar im Chorraum zu; geradeaus blickend aber bin ich mit mir allein. Es ist ein guter Platz. Würde jetzt hier ein Pfarrer agieren, könnte ich bei allem mitmachen und wäre doch nicht vereinnahmt. Unbefragt meines Bekenntnisses und meiner Kirchentreue wäre ich hier dabei.

Allein hier zu Besuch sitzend, sind viele andere mit dabei, wie ich allmählich merke. Zahlreiche Figuren stehen an allen möglichen Ecken, auf Sockeln und Simsen. Keine derselben beachtet mich; jede hat ihre eigene Blickrichtung, genauso wie ich mit meinen verschiedenen Blickrichtungen. Hier ist offenbar Raum für Einzelgänger. Es sind unübersehbar viele Räume, die sich ineinander und aneinander fügen. Die zahlreichen Räume überkreuzen sich geradezu. Auf diese Weise aber bilden sie ein spürbares Ganzes: mit ihren Räumen erstellt die Kirche ein Gebäude des Kreuzes. Der Blick fängt sich an einem im großen Querbogen vor den Chorraum schwebenden Kruzifix. Dunkle Kreuzbalken präsentieren einen weißen Korpus. Der Gekreuzigte ist dort oben ganz für sich. Mit seinen ausgestreckten Armen kommt er nicht störend in die Quere. Auch er hat seinen Raum. Aber segnet er dort nicht in der Majestät des Aufgefahrenen

das ganze Raumgefüge? Dann aber erhielten alle sich verschachtelnden Einzelräume im Kreuz ihr Ganzes; die Spannung des gesamten Kirchenbaus fände im schwebenden Kruzifix ihr Ziel; die verschiedenen Gegenläufigkeiten im Leben des hier Sitzenden wären unter den Armen des Kruzifixus zusammengehalten. Stellte dann aber nicht die Lebenswelt mit ihren widersprechenden Ansprüchen draußen einen verborgenen Ort des Kruzifixus dar, wie umgekehrt innen die Kirche mit ihren vielen Kammern deutlich sichtbar das Schatzhaus eben dieses Kruzifixus darstellt?
Die Entdeckung des in der Schatzkammer der Kirche aufbewahrten und des im Lebensraum verborgenen Schatzes erhebt und bewegt. Mit dem Höhepunkt beginnt die Bewegung zum Ausgang. Sie läßt aus der Bank heraustreten, geht über die Seite zurück und führt wieder an den Mittelgang der Kirche. Dort scheint es geboten, sich noch einmal den vielen Räumen in ihrer Gesamtheit zuzuwenden. Eine neue Perspektive, ein neuer Durchblick bietet sich dem Scheidenden: ihm ist das vorn im Triumphbogen hängende Kruzifix mit ganzer Front zugewandt. Den schräg nach oben gerichteten Blick ergänzt er daraufhin: den Kruzifixus weiterhin mit den Augen fixierend, berührt er mit einem Knie den Boden. Jetzt ist die Diagonale vollkommen. In der Kniebeuge ist er dem Gekreuzigten am nächsten. Der Gekreuzigte ist ihm zum Nächsten geworden. Ein langer Blick noch, dann richtet er sich auf. Dabei bemerkt er in den Augenwinkeln, wie in derselben Bewegung seiner Aufrichtung die Figuren und Arkadenbögen zu beiden Seiten sich leicht senken. Haben sie ihn zum Abschied gegrüßt? Haben sie ihn aufgenommen in ihre Mitte?
Der Besucher wendet sich um, hinterlegt ein Dankopfer, öffnet die Kirchentür und tritt – noch nicht ins Freie, sondern in den Turmdurchgang. Er verlässt ihn nach der aufsteigenden Seite hin, biegt dann aber scharf auf die neben den Turm abwärts führende Gasse ein und gelangt geradewegs in die dörfliche Gaststube eines Bäcker- und Winzermeisters. Während er sich hier Brot und Wein schmecken lässt, klingt die begangene Kirche, deren Gesicht er jetzt durchs Fenster sieht, mit ihren Innenräumen in seinem Inneren nach. So befindet er sich im Einklang mit der „Perle" von Oberheimbach, auf griechisch „Margaretha". Die Gretchenfrage ist beantwortet: In Oberheimbach hält es der Besucher nicht mit der Religion; in Oberheimbach hält die Kirche St. Margaretha die christliche Religion; sie hält sie für den Passanten fest.

Oberheimbach, Pfarrkirche St. Margaretha.
oben: Kruzifix, um 1300, Kreuzbalken im Jahr 2000 aus einem Schiffsmast gefertigt.
unten rechts: Erzengel Michael, 1. Hälfte 15. Jh.
unten links: Johannes der Täufer, um 1500.

Oberheimbach, Pfarrkirche St. Margaretha; oben: Christus-Corpus für das Heilige Grab; links: Barockfigur der hl. Katharina von Alexandrien, 18. Jh.

OBERHEIMBACH: KREUZKAPELLE

Am westlichen Dorfende, zugleich Sackgasse, steht die im Kern noch gotische oder nachgotische Kreuzkapelle. Ihr Vorgängerbau wird für das 11./12. Jahrhundert angenommen. Der Saalbau besitzt einen 5/8-Chorschluss mit Strebepfeilern. Das heutige Erscheinungsbild mit neugotischem Dachreiter über dem Eingang erhielt die Kirche 1886. An der Westwand hängt im Innern das vergoldete hölzerne Barockkreuz – das Heilige Kreuz.

unten: Oberheimbach, Kreuzkapelle.
unten rechts und links: Außenansichten, Strebepfeilern im Chorbereich.

oben: Neugotischer Altar, 1904.

OBERDIEBACH, MANUBACH

Oberdiebach und Manubach gehören neben Steeg und Bacharach sowie den Burgen Stahleck, Stahlberg und Fürstenberg zum sogenannten Viertäler-Gebiet, in dem Pfalzgraf Friedrich II. 1548 die Reformation einführte.

OBERDIEBACH: EV. KIRCHE ST. MAURITIUS

Die ev. Kirche mit dem ehem. Mauritius-Patrozinium besitzt eine lange Tradition, da unter dem Schieferboden des romanischen Vorgängerbaus eine brunnenähnliche Anlage gefunden wurde, die möglicherweise mit einem frühchristlichen Taufbecken in Verbindung zu bringen ist (vgl. St. Severus in Boppard, 5. Jahrhundert). Die Kirche steht auf einem früher umwehrten Plateau mit ehemaligem Friedhof. Von der romanischen, 1258 erstmals genannten Pfeilerbasilika sind die zwei unteren Geschosse des Glockenturms und vielleicht das vorletzte östliche Stützenpaar erhalten. Anfang des 14. Jahrhunderts verlängerte man die Kirche nach Osten um ein Joch und baute den heutigen Chor. Dieser Bauteil hebt sich vom jüngeren westlichen Langhaus durch die kämpferlosen Rechteckpfeiler, das Kreuzrippengewölbe und schlichte Maßwerkfenster ab. Die aufwendigeren drei westlichen Joche wurden um 1470/80 unter Beibehaltung der alten Schiffsbreiten jedoch als spätgotische Halle mit gleich hohen Schiffen er-

Oberdiebach, ev. Kirche, Ostteile Anfang 14. Jh., westl. Langhaus um 1470/80, Turmuntergeschosse 11./12. Jh. oben: Südl. Langhauswand mit Hauptportal. unten: Ansicht von Südwesten mit ehem. Friedhofsbereich.

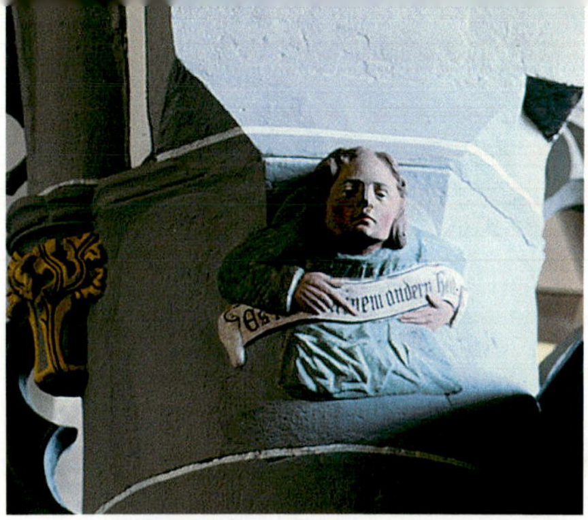

Oberdiebach, ev. Kirche.
oben: Bauplastik, um 1470/80.
Mitte links: Engel mit Wandbehang (Teppich), Wandmalerei in der Chornische, Ende 15. Jh.
Mitte rechts: Evangelistensymbole, Deckenmalerei, 15. Jh.
unten links: Ansicht nach Westen, Langhaus um 1470/80, Westempore mit Maßwerkbrüstung 1481.
unten rechts: Kluge Jungfrauen, Wandmalerei am linken östlichen Pfeiler, 15. Jh.

richtet. Diese dreischiffige Halle besitzt ein Netzgewölbe über Rundpfeilern mit Laubkapitellen und figürlichen Konsolen in hoher Qualität. Die Fenster haben zumeist Fischbla-

senmaßwerk. Die relativ genaue Datierung ergibt sich anhand der Jahreszahlen an der südlichen Portalvorhalle (1474) und der massiven Westempore (1481). Die Turmobergeschosse wurden 1848 abgebrochen. Das verschieferte Glockengeschoss stammt von 1964.

Bedeutsam ist die Ausstattung der Kirche einschließlich Wandmalereien.

Oberdiebach, ev. Kirche, Ansicht nach Osten mit schmiedeeiserner spätgotischer Kanzel und Renaissance-Schalldecke.

Oberdiebach, ev. Kirche; oben und unten links: Chorgestühl von Erhart Falckener, 1508. oben Mitte: Kreuzigungsszene, Glasfenster aus dem Chor, Ende 19. Jh. unten rechts: Hll. Katharina, Elisabeth, Dorothea, Wandmalerei, 15. Jh.

oben: Höllenrachen, um 1470/80.

MANUBACH: EV. KIRCHE ST. OSWALD

Am Ende des malerischen Gailsbachtals liegt Manubach, das ein gut erhaltenes Ortsbild mit gepflegten historischen Häusern, darunter Fachwerkbauten des 16. bis 19. Jahrhunderts, besitzt.
In der Ortsmitte liegt an einem steilen Hang die Pfarrkirche St. Oswald. Sie wendet ihre Südseite, die mit ihren dekorativen Kleeblattfriesen zugleich die Schmuckseite bildet, zur Hauptstraße. Die spätromanische Kirche aus dem 2. Viertel des 13. Jahrhunderts ist ein chorloser, langgestreckter, flachgedeckter Saalbau, der 1285 erstmals genannt wird. Gut erhalten sind der schmucklose Westturm, die südliche und östliche Saalwand mit den Kleeblattfriesen. Wäh-

Manubach, ev. Kirche, 2. Viertel 13. Jh.
oben links: Ansicht von Südwesten mit dem Westturm.
oben rechts: Ansicht von Osten mit chorlosem Abschluss.
unten: Ansicht von Süden, Südwand mit Kleeblattbogenfriesen.

Manubach, ev. Kirche, 2. Viertel 13. Jh.
links: Südwand mit spätromanischen Kleeblattfriesen, barocken Rundbogenfenstern und Barocktüren, 18. Jh.
oben: Turmerdgeschoss mit spätromanischem Kreuzgewölbe mit Wulstrippen.
unten: Spätgotische (?) Malerei der Emporendecke und spätgotische Bankwangen, 1524.

unten links u. Mitte: Herrschaftssitz von Falckener, 1493.
unten rechts: Kirchbänke, beschnitzte Wangen, 1524.

rend der Barockzeit wurde das Langhaus nach Norden vergrößert.
Der Innenraum birgt einige bedeutende Ausstattungsstücke. Hervorzuheben ist der spätgotische Herrschaftssitz von 1493 unter der Südempore mit Blendmaßwerk von Erhart Falckener von Abensberg in Bayern – vgl. Oberdiebach (s. Abb. S. 54), Bechtolsheim/Rheinhessen und Kiedrich. Die Bankwangen mit spätgotischen Ranken-, Bänder- und Wappen-Schnitzereien von 1524 sind vielleicht aus dessen Werkstatt.

Manubach, ev. Kirche, 2. Viertel 13. Jh. links: Innenraum nach Osten mit Empore, Orgel und Kanzel, 18. Jh. unten: Grabplatte, um 1595, im Turmerdgeschoss.

BREITSCHEID, HENSCHHAUSEN, MEDENSCHEID: EV. KIRCHEN

Die zur heutigen evangelischen Gemeinde Bacharach-Steeg gehörenden Dörfer Breitscheid, Henschhausen und Medenscheid besitzen kleine Kirchengebäude, die trotz ihrer geringen Größe zu den ortsprägenden Gebäuden gehören. Die Dörfer sind Teil des sogenannten Viertäler-Gebiets, in dem 1558 offiziell die Reformation eingeführt wurde, nachdem ein Vertrag des Kurfürsten Ottheinrich mit den Vertretern des für die Bacharacher Peterskirche maßgeblichen Kölner Andreasstifts geschlossen worden war.

Breitscheid, ev. Kirche, 1954–57, im Ortszentrum, traditionelle, am Heimatstil orientierte Architektur.

unten links: Henschhausen, ev. Kirche, 1958, am Ortsrand Richtung Bacharach gelegen. unten rechts: Medenscheid, ev. Kirche, 19. Jh., Fachwerkbau in der Ortsmitte am Dorfplatz.

Seite 59: Bacharach, ev. Kirche St. Peter, um 1230/40. Spätromanischer Westturm, um 1240, in den Westteil der Kirche integriert, das obere spätgotische Geschoss 1478 nachträglich aufgesetzt, dabei wurde zur Wahrung des einheitlichen Erscheinungsbildes das romanische Rundbogenfries-Motiv wiederholt.

BACHARACH, STEEG

Die malerisch gelegene Kleinstadt an der Einmündung des Steeger Tals ins Rheintal gelangte im 7. Jahrhundert in den Besitz der Kölner Erzbischöfe, die die Dienstmannenburg Stahleck über dem Ort errichteten. Im 12. Jahrhundert emanzipierten sich die erzbischöflichen Vögte mit Ihrer Burg und machten Bacharach zu ihrem Herrschaftszentrum. 1214 fiel die Pfalzgrafschaft an die Wittelsbacher. Im 13. Jahrhunderts setzte die Werner-Wallfahrt ein, in dessen Zusammenhang die Wernerkapelle errichtet wurde. Bacharach gelangte im Mittelalter als Umschlags-, Handels- und Stapelplatz für Wein und Holz zu Bedeutung, da die Stadt hinter den gefährlichen Stromschnellen des Rheins lag und nur die kleinen Schiffe das Binger Lochs passieren konnten. Deshalb fuhren die größeren Schiffe, die in Bacharach umgeladen werden mussten, erst ab hier rheinabwärts.
1545 führte Pfalzgraf Friedrich II. die Reformation ein. Wenig später (1558) verkaufte das Kölner St. Andreas-Stift seine Pfarrrechte und das Recht auf den der Kirche zustehenden Zehnt dem Landesherrn und die Kirchen St. Peter wurde evangelisch.

BACHARACH: EV. KIRCHE ST. PETER

unten: Bacharach mit Burg Stahleck, der Werner-Kapelle und der ev. Kirche St. Peter.

In der Ortsmitte am Markt steht die kunsthistorisch bedeutende Kirche. Aufgrund ihrer Lage am Steilhang wirkt sie gedrungen und vergleichsweise kurz, aufgrund ihrer Türmchen und Giebel jedoch auch malerisch. Die reiche Bauornamentik, die den Wohlstand und das Selbstbewußtsein der zur Erbauungszeit wichtigen Stadt veranschaulicht, wird durch die am mittelalterlichen Befund orientierte Farbigkeit betont. Zugleich wirkt die Farbfassung vereinheitlichend auf das Erscheinungsbild, das durch die romanische Architektur und geringen insbesondere gotischen Veränderungen geprägt ist.
Das Patrozinium St. Peter verweist auf die frühe Existenz einer Kirche an diesem Ort, aber auch auf die engen Beziehungen bzw. Abhängigkeiten Bacharachs zu Köln, da auch der Kölner Dom das Patrozinium St. Peter aufweist. Von 1194 bis zur Reformation war die Pfarrkirche zugleich Stiftskirche und gehörte zum Kölner Andreas-Stift, das den Pfarrer stellte und die kirchliche Gerichtsbarkeit im Viertälergebiet ausübte. 1558 gelangten die Pfarrechte an den evangelischen Landesherrn, den pfälzischen Kurfürsten Ottheinrich von der Pfalz. Seitdem ist St. Peter evangelisch.

Bacharach, ev. Kirche St. Peter, spätromanische, dreigschossige, hoch aufragende Halbkreisapsis, um 1230, spätes Beispiel eines rheinischen Etagenchors mit Zwerggalerie, gotische Maßwerkfenster 14. Jh., ursprünglich kleinere Rundbogenfenster, runde Chorflankentürmchen rahmen die Apsis.

unten links: Grundriss.

unten rechts: Detail der Emporenzone mit Knospenkapitellen, Säulchen, Wulstringen und einer figürlichen Konsole.

Die heutige gewölbte, dreischiffige Emporenbasilika mit Querschiff wurde um 1230/40 erbaut. Teile des östlichen Mauerwerks stammen vom Vorgängerbau des frühen 12. Jahrhunderts. Anhand des Baubestandes ist erkennbar, dass ursprünglich das Mittelschiff ebenso hoch wie das Querhaus werden sollte. Dann entschloss man sich nach Vollendung der Apsis und des Querhauses für das realisierte wesentlich höhere Mittelschiff. Dazu wurden die Außenwände der Emporen nachträglich auf die Seitenschiffwände aufgesetzt, so dass sich die Querhauswände im Innern davon deutlich absetzen. Nach Vollendung der Kirche gab es nur noch wenige Veränderungen. Dazu zählen im 14. Jahrhundert der Einbau größerer Maßwerkfenster in die Apsis und in das Querhaus zugunsten der kleineren romanischen Fenster. Wohl im 15. Jahrhundert entstanden die Emporen im südlichen Querarm und das dortige Netzgewölbe. 1478 erhielt der Westturm – ähnlich wie St. Martin in Oberwesel – ein viertes Obergeschoss für die Glocken mit gotischen Spitzbogenfenstern und umlaufendem Zinnenkranz, Wehrerkern an den Ecken sowie spitzem achteckigem Helm. 1890–96 wurde das durch einen Brand geschädigte Mittelschiffgewölbe erneuert und die am Mittelalter orientierte Farbfassung angebracht.
Aufgrund der topografischen Situation betritt man die Kirche nicht wie gewöhnlich von Westen sondern von Norden bzw. Süden. Das Hauptportal am nördlichen Seitenschiff ist ein Stufenportal mit eingestellten Diensten,

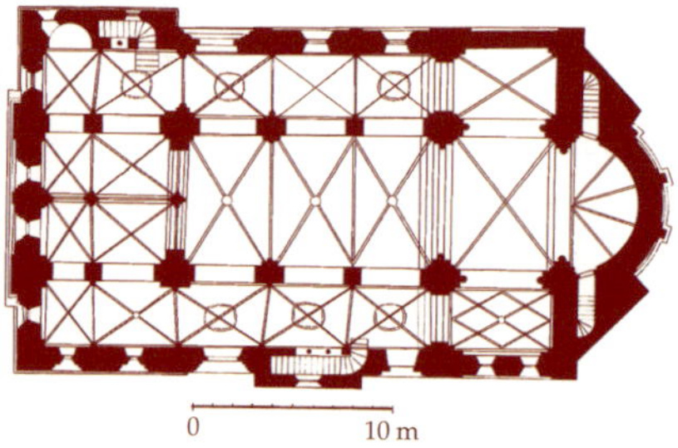

links oben: Ansicht nach Osten mit dem um sechs Stufen erhöhten Chor.
links Mitte: Ansicht nach Westen mit der zweigeschossigen Westempore und Orgel von 1782.
links unten: Figurenkapitelle.
oben: Südliche Mittelschiffwand. Mit einer Höhe von 17 Metern auf 11 Metern Länge besitzt das Mittelschiff eine geradezu „gotische" Steilheit. Tatsächlich ist die „echte" Viergeschossigkeit des Wandaufrisses eine Einzigartigkeit und hat lediglich im Vorbild Limburger Dom eine Entsprechung. Jedoch ist das Triforium zwischen Empore und Obergaden in Bacharach als Doppelblende wie in Köln (St. Aposteln , St. Kunibert) und nicht als Laufgang wie in Limburg ausgeführt.

oben: Schlussstein mit Mariendarstellung im Querschiff, Gewölbe 15.Jh.

oben und rechts: Seitenschiffe mit hängenden Schlusssteinen, die in Kugeln enden und mit Blattwerk belegt sind.

unten: Fünf Meter hohe wappengeschmuckte Ädikula mit dem Standbild des Bacharacher Amtsmanns und Zollschreibers Meinhard zu Schönberg (†1596), Hans Trapp zugeschrieben, im südlichen Querhaus.

oben: Überlebensgroßes Christophorus-Wandbild, 14. Jh., im nördlichen Querarm.

unten: Detail der spätromanischen Bauplastik und Architekturfarbigkeit.

die von Schaftringen geziert sind und einem Kleeblattbogen als Sturz. An der Südseite sitzen zwei Eingänge, von denen das westliche Spitzbogenportal nachträglich zugesetzt wurde.

Beeindruckend ist die reiche Bauplastik mit ihren Kapitellen und der Farbigkeit. So besitzten beispielsweise die Seitenschiffe dekorative Kreuzgewölbe mit hängenden Schlusssteinen, die in Kugeln enden, mit Blattwerk belegt sind und von ringförmigen Rippen eingerahmt werden. Diese Schlusssteine erinnern an die Spätgotik, sind aber Teil des spätromanischen Baubestandes. Sie künden von der dekorativen Umdeutung eines ursprünglich statischen Bauelements, für dessen Anbringung Eisenarmierungen nötig waren. Besonders aufwendig sind zudem die Rundbogenöffnungen der Emporen zum Mittelschiff gestaltet, die das Emporengeschoss hervorheben.

rechts: Chorgestühl der Stiftsherren, um 1300, früher im Chorraum oder auf den Emporen aufgestellt. Die übrige historische Ausstattung einschließlich der Altäre ist fast vollständig verloren gegangen.

BACHARACH: WERNERKAPELLE

Hundert Stufen oberhalb der ev. Kirche St. Peter und weithin sichtbar erheben sich die Reste der gotischen Werner-Kapelle. Sie entstand ab 1289 nach einem Juden-Progrom an der Stelle einer älteren Kunibertkapelle als Grabes- und Wallfahrtskirche für den 1287 in Oberwesel angeblich von Juden ermordeten Knaben Werner. 1293 konnte die Altarweihe der Südkonche erfolgen. Dort wurde die Tumba Werners aufgestellt, die 1437 in den Ostchor verlegt wurde. Der Ostchor wurde erst 1337 geweiht. Dann stockte der Weiterbau für mehr als 130 Jahre. Erst auf Betreiben des Theologieprofessors Wienand von Steeg, der nach seiner Professorenlaufbahn als Frühhumanist von 1421–39 Pfarrer in Bacharach war und erfolglos den Heiligsprechungsprozess für den verehrten Werner anstrebte, wurden der Bau 1428–39 vollendet. Die Wallfahrt zum Grab

Bacharach, Wernerkapelle, 1289–1337, 1428–39, weithin sichtbare Kirchenruine oberhalb von St. Peter auf einem kleinen Plateau am Berghang, Zentralbau in der Tradition der Grabes- und Märtyrerkirchen, Kleeblattgrundriss des Trikonchos in der Tradition der romanischen Kölner Kirchen bzw. St. Elisabeth in Marburg. links: Rekonstruktion des Zustands bis 1689.

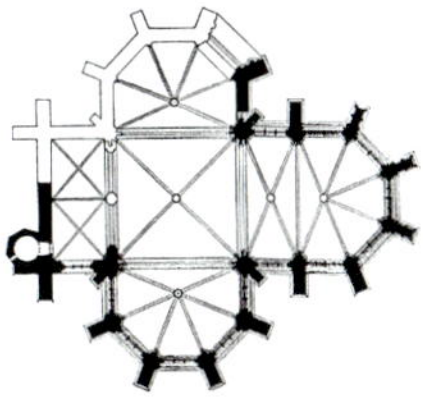

Bacharach, Wernerkapelle, 1289–93, 1428–39, hochgotischer, ehemals rippengewölbter Zentralbau, in der Filigranität Einflüsse des Kölner Domchors, ehem. prächtiger, mit Skulpturen geschmückter Eingang nicht erhalten.

des Werner war im ausgehenden 13. Jahrhundert von Bedeutung, nahm dann jedoch ab. Die Wallfahrten endeten schließlich in der Reformationszeit. Durch die Sprengung der Burg Stahleck 1689 durch die Franzosen beschädigten herabfallende Steine das Dach und die Gewölbe der Kapelle. Dies führte 1752 und 1758 zum Abbruch des Nordarms sowie 1787 der Dächer und Gewölbe.

Die Rheinromantik entdeckte im 19. Jahrhundert die malerische Wirkung der Ruine als eines ihrer beliebtesten Motive. Die Entdeckung der kunsthistorischen Bedeutung der Kapelle führte gegen Mitte des 19. Jahrhundert zu umfangreichen Erhaltungsmaßnahmen.

Die Werner-Kapelle gehört zu den großartigsten Schöpfungen der Gotik am Mittelrhein. Als Zeugnis des Antisemitismus wird die Ruine in jüngster Zeit auch als Mahnmal gegen die Verbrechen an jüdischen Mitmenschen während des Dritten Reichs verstanden. Nach der Restaurierung 1996 wurde eine Inschrift mit dem Hinweis auf den antisemitischen Hintergrund der Wernerverehrung angebracht.

BACHARACH: KATH. JOSEFSKAPELLE

Die Josefskapelle, in der Hauptstraße (Oberstraße 39) gelegen, war 1758 von Kurfürst Carl Theodor als Hauskapelle der Latein-Schule (kath. Gymnasium) gestiftet und 1760 geweiht worden. Die Fassade des von Hofbaumeister Franz Wilhelm Rabaliatti entworfenen giebelständigen Baus tritt als Kirche kaum in Erscheinung, wenngleich Pilaster, der Walmgiebel und der Dachreiter den Bau hervorheben. Offenbar sollte eine kath. Kirche im evangelischen Bacharach nicht deutlich in Erscheinung treten. Von 1889 bis 1959 diente die Kapelle den Armen Dienstmägden Jesu Christi als Klosterkirche.

Bacharach, Josefskapelle, 1758–60. unten links: Madonna, frühes 18. Jh. unten Mitte: Fassade. unten rechts: Rokoko-Altar, 18. Jh., und Chorfenster, um 1900.

BACHARACH: KATH. PFARRKIRCHE ST. NIKOLAUS

1685 gewährte Kurfürst Philipp Wilhelm den Katholiken in Bacharach Religionsfreiheit und beauftragte die bereits in Bacharach tätigen Kapuziner mit der Seelsorge. Zunächst fand der Gottesdienst in der bereits ruinösen Wernerkapelle statt, dann wurde ihnen das heutige Areal am Rheinufer übereignet. Kapuzinerkloster und Nikolauskirche entstanden 1688 bis 1705 nach Plänen von Hugo von Traunstein auf dem Gelände des kurpfälzischen Zollhofs. Die kleine katholische Gemeinde und der Konvent nutzten gemeinsam die Kirche. Das Kloster wurde im Zuge der Säkularisation 1802 aufgehoben. Die Kirche blieb katholische Pfarrkirche. Der Wohntrakt mit dem Innenhof (ehemaliger Kreuzgang) wurde als Pfarrhaus umgenutzt.

Die Lage des ehemaligen Klosters außerhalb der mittelalterlichen Stadtmauer verrät, dass die Katholiken mit ihrer Kirche nicht auffallen sollten.

Die ehemaligen Klostergebäude und die Kirche sind schlicht. Die Form der Klostergebäude, die sich um einen Innenhof anordnen, und der kleine Dachreiter über der Kirche lassen die Architektur als Klosterbauten erkennen. Einzigen Schmuck bilden die rundbogigen barocken Fenstergewände aus Sandstein und das Eingangsportal, das ursprünglich an der Westseite lag, aber aufgrund des Eisenbahnbaus 1859 auf die Nordseite verlegt werden musste.

Bacharach, Pfarrkirche St. Nikolaus, 1688–1705.
oben: Spätgotisches Kreuzigungsrelief über dem Beichtstuhl, frühes 16. Jh., ehemals am Eingang der kurpfälzischen Kellerei, dem heutigen Rathaus.
links: Ansicht der ehem. Klosterbauten mit Kirche von Süden, Dachreiter von 1884 Sandsteinmadonna, 1709, hl. Nikolaus in der Nische, 1706.
unten: Innenansicht. Hinter dem Hochaltar liegt der ehem. Mönchschor, in dem sich die Kapuzinermönche zum Gebet versammelten.

Antonius von Padua, qualitätvolles Gemälde, 1705, im rechten Seitenaltar.

unten: Westempore und Orgel, um 1750.

Bacharach, Pfarrkirche St. Nikolaus, 1688–1705. oben links: Maria mit Kind, im Hintergrund die Wernerkapelle, 1884, Gemälde des linken Seitenaltars.

Der Anfang des 20. Jahrhunderts neu ausgemalte Innenraum ist eine barocke Saalkirche mit rechteckigem, eingezogenem Altarraum, hinter dem sich der ehem. Mönchschor befindet. Gut erhalten ist die barocke Ausstattung. Der Hochaltar, die Seitenaltäre und die Kanzel wurden um 1705 gefertigt. Der Orgelprospekt stammt aus der Zeit um 1750. Der Hochaltar besitzt eine Kreuzigungsszene aus dem 20. Jahrhundert.

unten: Kreuzwegstationen, um 1900, mit der 10. Station „Jesus wird seiner Kleider beraubt", 11. Station „Jesus wird ans Kreuz genagelt", 12. Station „Jesus stirbt am Kreuz", 13. Station „Jesus wird vom Kreuz genommen und in den Schoß seiner Mutter gelegt" und 14. Station „Jesus wird in das Grab gelegt".

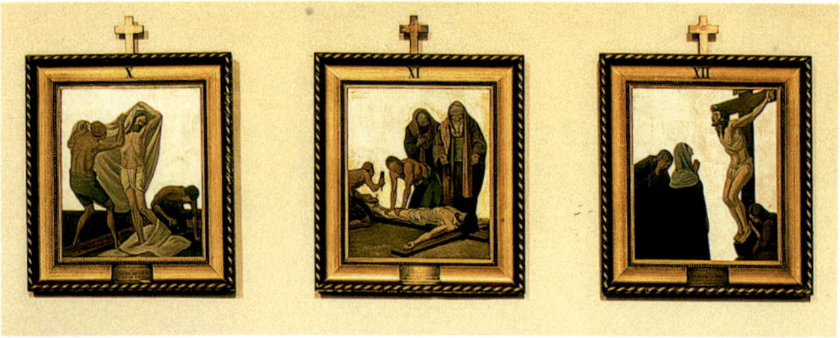

STEEG: EV. KIRCHE

Nur wenige Meter hinter dem Holzmarkttor beginnt das Straßendorf Steeg. Die Straße führt, von Bacharach kommend, unmittelbar auf die Kirche zu, um sich vor der Ostfassade in Richtung Erbach bzw. Breitscheid zu verzweigen. Die Ostfassade mit dem Haupt- und Nebenchor sowie dem hoch aufragenden Turm ist ortsbildprägend. Die Straße reicht bis an die Außenwände der Kirche, die fast das gesamte Grundstück einnimmt.

Mit dem Bau der ev. Kirche, ehemals St. Anna-Kirche, wurde im frühen 14. Jahrhundert begonnen und wohl noch vor der Mitte des Jahrhunderts vollendet. Es ist eines der großartigsten Werke der Hochgotik im Welterbegebiet Mittelrheintal.

Die Grundstückssitation förderte den Bau einer unregelmäßigen, zweischiffigen Pfeilerhalle mit vier Langhausjochen, integriertem Nordostturm und zwei Chören. Somit zeichnet sich die Kirche durch seine asymmetrische Ausführung aus, die sowohl den Grundriss als auch die Anordnung und Gestaltung der Architekturteile betrifft. Interessant ist dabei die vielfältige Staffelung der Dachlandschaft. Die zum Halbpolygon abgeschrägten Dächer über den Chören, das Satteldach über dem Ostteil des Hauptschiffs und die einseitig abgewalmten steilen Dächer über dem Westteil der zwei Schiffe sowie der achteckige Turmhelm mit Ecktürmchen bilden zusammen mit der Schieferdeckung ein malerisches Bild. Der gotische Turm besitzt zudem einen verschieferten Fachwerkaufsatz (ursprünglich 16. Jahrhundert, 1967 erneuert).

Steeg, ev. Kirche, 1. Hälfte 15. Jh. Ansicht von Nordwesten (oben), Süden (links) und Osten (unten).

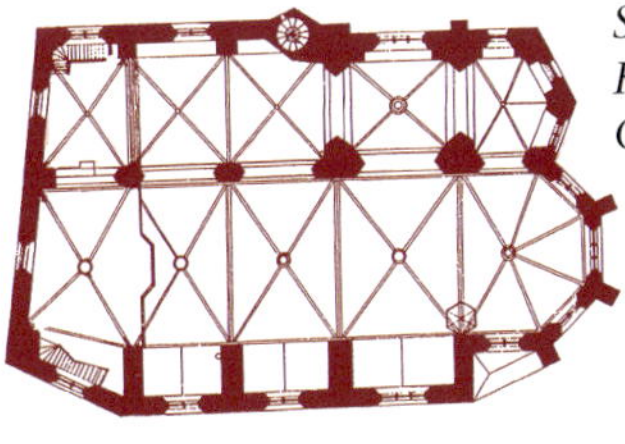

Steeg, ev. Kirche, Grundriss.

Steeg, ev. Kirche, 1. Hälfte 15. Jh. Die Kirche verzichtet auf ornamentale Details zugunsten einer großzügigen Raumwirkung. Hierin ist sie der Liebfrauenkirche in Oberwesel verwandt. Die Fenster besitzen schlichtes Maßwerk aus zwei bis drei Bahnen mit krönendem Ring.
links: Ansicht nach Westen mit Orgel, Ende 18. Jh.
rechts: Ansicht des Hauptschiffs nach Osten.
unten links und rechts: Chorfenster, um 1901.

Das Innere ist von beeindruckender Weite und Großzügigkeit. Mauerartige, massige Pfeiler trennen die beiden Kirchenschiffe. Schlichte, mit Konsolen abgefangene Kreuzrippengewölbe überfangen die weiten, querrechteckigen Joche des Hauptschiffs und die fast quadratischen des Seitenschiffs. An den Langseiten bilden die eingezogenen Strebepfeiler Nischen aus.
Die ursprüngliche Bemalung der Rippen, Schlusssteine und Konsolen ist wiederhergestellt. Reste spätgotischer Wandmalerei, darunter die Darstellungen eines Weltgerichts (2. Hälfte des 15. Jahrhunderts) im Chor, vermitteln ansatzweise die Schmuckfreudigkeit der mittelalterlichen Ausmalung.
Die mittelalterliche Ausstattung der Kirche ist dagegen verloren gegangen. Die spätgotische Westempore mit Netzgewölbe ist auf 1558 datiert, die Orgel gehört dem ausgehenden 18. Jahrhundert an.

OBERWESEL

Oberwesel, das bis zum 17. Jahrhundert zur Unterscheidung vom gleichnamigen niederrheinischen Ort Wesel hieß, bestand bereits in römischer Zeit und war im 7. Jahrhundert fränkisches Königsgut. 1216 erstmals als Stadt bezeichnet, trat Oberwesel 1254 dem Rheinischen Städtebund bei. König Heinrich VII. setzte 1309 seinen Bruder Erzbischof Balduin von Trier als Reichsvogt ein. Oberwesel wurde damit trierische Landstadt und Amtssitz. Dadurch wurde zwar die städtische Freiheit eingeschränkt, die Stadt blühte aber wirtschaftlich auf. Dennoch kam es wegen der städtischen Freiheiten zum Krieg mit dem Erzbistum Trier, dem „Weseler Krieg", in dem Erzbischof Werner von Falkenstein siegreich blieb. 1689 steckten die Franzosen im Pfälzer Erbfolgekrieg große Teile der Stadt in Brand.

Die Stadtmauer des 13. bis 15. Jahrhunderts ist zu großen Teilen mit fast vollständigem Mauerzug und 16 von einst 21 Türmen erhalten.

Oberwesel, Kupferstich von Matthäus Merian, 1646.

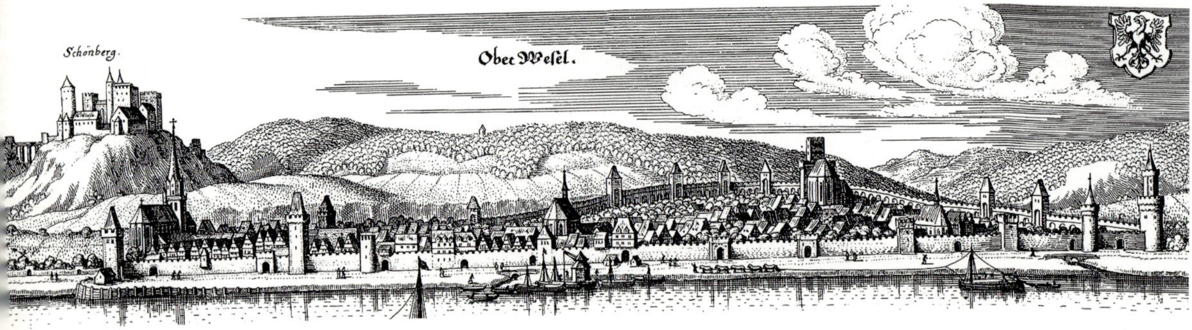

OBERWESEL: EHEM. STIFTSKIRCHE UNSERER LIEBEN FRAU

Oberwesel, Liebfrauenkirche, 14. Jh., Ansicht von Nordosten, dreischiffige gotische Basilika.

An südlichen Ortsrand liegt unweit des Rheins die ehem. Stiftskirche, die 1213 erstmals erwähnt wird und 1258 einem Stift angegliedert wurde. Sie ist das Bauwerk mit der wertvollsten Ausstattung im Welterbegebiet Mittelrheintal und auch von ihrer Architektur gesehen ein Meisterwerk.

Laut Inschrift begannen die Bauarbeiten zum heutigen Bau 1308, für den der romanische Vorgängerbau abgebrochen wurde. Die Chorweihe erfolgte 1331. Um 1351 baute man am 2. Obergeschoss des Turms. Die Vollendung der Kirche ist um 1390 anzusetzen, als das Dachwerk (dendrochronologische Datierung 1386–89) errichtet wurde und damit auch die Einwölbung des Langhauses zeitgleich oder wenig später stattfand. 1802 wurde das Stift aufgelöst. Die Kirche dient seitdem als Pfarrkirche.

Die dreischiffige querhauslose Basilika mit integriertem Westturm und drei Chören beeindruckt durch ihre Schlankheit und Größe. Die klare

oben: Hauptportal der Südseite mit Maßwerktympanon und Marienstatue, 1370/80.

Struktur des Baukörpers entstand durch die Verlegung der Strebepfeiler nach innen und die Rhythmisierung der Wandflächen durch eine gleichmäßige Reihung schlanker, dreibahniger Maßwerkfenster. Die niedrigen Seitenschiffe werden außen kaum wahrgenommen. Die klare Gliederung ist über den gesamten querschifflosen, dreischiffigen Bau vom Chor bis zum Westturm durchgezogen. Es scheint, als seien die ursprünglichen Planungen ohne Änderung streng realisiert worden. Der Kirchbau

oben links: Ansicht von Südosten mit 18 m hohen Chorfenstern.
oben rechts: Baldachinnische unterhalb des Chorfensters mit Marienfigur, um 1331.

Oberwesel, Liebfrauenkirche, 14. Jh.
rechts: Reste des Kreuzgangs an der Nordseite.

S. 73: Ansicht nach Osten mit Lettner.

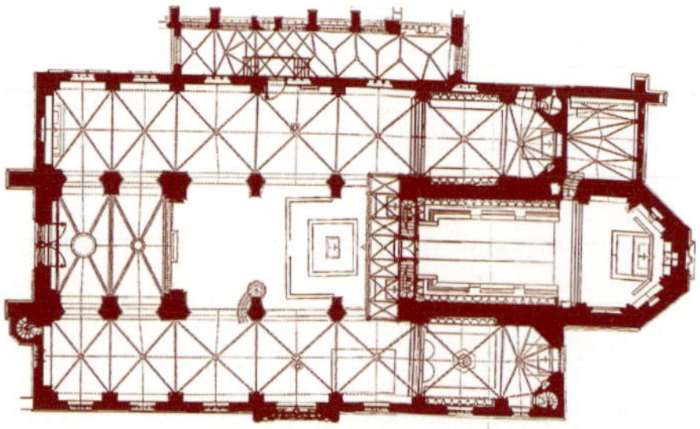

Grundriss nach C. Homolka 1993

oben: Engel am Lettner mit Evangelistensymbol des Johannes.
rechts: Ansicht des Lettners von Osten. Lettner, zwischen 1440 u. 1451, mit zartgliedrigem Maßwerk, Bekrönung durch einen Kruzifixus, Engel mit Evangelistensymbolen, Lettnertür mit Maßwerk.

ist, leicht erhöht stehend, zudem weithin sichtbar durch den englischroten Anstrich der Bruchsteinwände, die durch das weiße Fugennetz wie eine Werksteinarchitektur wirken.
Der quadratische, 72 Meter hohe Westturm ist in das Mittelschiff eingestellt. Er besitzt einen hohen, oktogonalen Aufsatz mit Flankierungstürmchen, Giebelkranz und Achteck-Turmhelm.
Der Innenraum mit seinem kreuzrippengewölbten, fünfjochigen Langhaus wirkt wie der Außenbau durch seine strenge, hohe, gleichmäßige Form. Die nach innen gelegten Strebepfeiler betonen die Steilheit des Raums. Die Raumfassung, die sich an der neugotischen Farbigkeit von 1895–98 orientiert, wird durch figürliche Wandmalereien aus der Zeit von etwa 1480 bis 1550 bereichert, die meist neutestamentarische Szenen und Heilige, oft in Verbindung mit realistischen Architektur- und Stadtansichten (Koblenz, Oberwesel und Köln), zeigen.
Die Liebfrauenkirche besitzt eine außergewöhnlich reiche und hochwertige Ausstattung aus dem späten Mittelalter. Hervorzuheben sind der Goldaltar und das Chorgestühl, die im Chorraum der Stiftsherren stehen, der durch den kunstvollen gotischen Lettner vom Langhaus abgetrennt ist.

Oberwesel, Liebfrauenkirche, 14. Jh.
oben: Kreuztragender Christus, 2. Hälfte 14. Jh., und Simon von Kyrene, um 1500.
links: Lettnerrückwand und Chorgestühl, zwischen 1340 und 1351, Nordwestwange mit Maria Magdalena und Engel.
unten: Kreuz, zwischen 1340 und 1351, von der Außenseite des Goldaltars.

links: Hl.-Grab-Anlage, Figuren um 1350/70, steinerner Baldachin 15. Jh.

rechts: Thronende Madonna, um 1340, im südlichen Nebenchor.

oben und rechts: Goldaltar, zwischen 1440 und 1451, einer der ältesten und kostbarsten erhaltenen Flügelaltäre mit Skulpturenschmuck in Deutschland, vergleichbar dem Altar im Kloster Marienstatt oder dem Klarenaltar im Kölner Dom, ursprünglich kein Gespränge, heutiger neugotischer Aufsatz 1901/02 von J. Stärk.
Der Altar (Höhe 2,45 m, Breite geöffnet 6,5 m) steht im Chorhaupt an seinem ursprünglichen Platz, ruht auf steinernem Kastenaltar mit innenliegendem Hohlraum zur Aufbewahrung von Reliquien, Reliquiaren oder Altargerät; an den Außenflügeln Malerei von Aposteln und Heiligen, im geöffneten Schrein ein vergoldeter und gefasster Figurenzyklus, beginnend mit dem Sündenfall und endend mit der Marienkrönung, freiplastische Figuren im oberen Teil mit ca. 45 cm Höhe und Hochrelieffiguren mit ca. 30 cm Höhe im unteren Bereich.
Dargestellt ist das Wirken Gottes auf Erden und im Himmel, untere Reihe Heilsgeschichte mit dem Sündenfall (Adam und Eva), der Opferung Isaaks, Moses mit den Gesetzestafeln, Verkündigung und Anbetung, Kreuzigung und im Zentrum mit der Grablegung Christi als Teil der Passion, im oberen Geschoss Verherrlichung Mariens, zugleich der Triumph der Kirche, umgeben von Aposteln und Heiligen. Die Szenen werden auf beiden Seiten von qualitätvollen Engelspaaren mit verschiedenen Musikinstrumenten flankiert.

Oberwesel, Liebfrauenkirche, 14. Jh.
oben: Die Koblenzer Stadtheiligen Kastor, Katharina und Florinus vor der ältesten Stadtansicht von Koblenz, 1510.
unten: St. Martin vor der Martinskirche in Oberwesel, um 1490, Wandmalerei.

Nikolausaltar, 1506, im nördlichen Nebenchor, Nikolaus ist Schutzpatron der Schiffsleute. Er wurde daher am Rhein viel verehrt.

unten links: Epitaph des Kanonikus Peter Lutern, 1515, gute spätgotische Arbeit für einen Förderer der Liebfrauenkirche um 1500.
unten rechts: Epitaph für Ludwig von Ottenstein und seiner Frau Elisabeth von Schwarzenberg, um 1520, qualitätvolle Darstellung in einer Mischung aus gotischen Elementen, wie der Kleidung, und Renaissanceformen für den Rahmen.

OBERWESEL: MICHAELSKAPELLE

Neben der Liebfrauenkirche steht die gleichzeitig Mitte des 14. Jahrhunderts erbaute Kapelle, die durch die Ruine des ehem. Konventsaals mit der Kirche verbunden ist. Sie wird als Friedhofskirche genutzt. Das Untergeschoss (ehem. Beinhaus) besitzt noch Wandmalereien mit der Weltgerichtsdarstellung (1. Hälfte 15. Jahrhundert). Sehenswert ist der Kirchenraum mit Renaissance-Kanzel von 1619, dem Relief von 1727 mit der Darstellung des Werner-Martyriums und mehreren Grabplatten (15.–17. Jahrhundert).

OBERWESEL: WERNERKAPELLE

Die Wernerkapelle steht an und mit seinen östlichen Chorstrebepfeilern auf der zum Rhein gelegenen Stadtmauer. Der Legende nach wurde sie an der Stelle errichtet, an der der Knabe Werner von Womrath 1287 von Juden zu Tode gemartert worden sei (vgl. S. 63). Noch vor 1300 begann man mit dem Bau der Kirche, der Mitte des 14. Jahrhunderts abgeschlossen war. Nach ihrer teilweisen Zerstörung 1689 erfolgte um 1700 nur der Wiederaufbau des Chores, unter dem die Durchfahrt der Wernerstraße verläuft.

oben: Oberwesel, Michaelskapelle, Mitte 14. Jh.

unten: Oberwesel, Wernerkapelle, um 1290–Mitte 14. Jh.
unten links: Innenansicht mit Altar, 1732, (stilistisch jedoch älter wirkend) mit der Darstellung des Werner, 1845, von Peter Molitor aus Koblenz.
unten Mitte und rechts: Ansichten mit Stadtmauer und Durchfahrt. Untergeschoss vielleicht ursprünglich verehrter Gnadenort der Ermordung des Werner.

OBERWESEL: KATH. PFARRKIRCHE ST. MARTIN

Oberwesel, Pfarrkirche St. Martin, 14. Jh. unten und S. 79 unten: Außenansichten. Sie verdeutlichen die städtebaulich erhöhte Lage, die Doppelfunktion des unverputzten, viergeschossigen Westturms als Glocken- und Wehrturm und den unfertigen Zustand der Kirche, die dreischiffig geplant aber nur zweischiffig gebaut wurde. S. 79 oben: Innenansicht mit Chor, Hochaltar, 1682, und Seitenaltären, 18. Jh. rechts: Grundriss nach Gromer/Seitz, 1985.

Malerisch liegt die Pfarrkirche St. Martin städtebaulich dominant auf dem Martinsberg in der Nordwestecke der Stadt. Sie ist die ältere der beiden Oberweseler Pfarreien. 1303 errichtete der Trierer Erzbischof Diether von Nassau ein Kollegiatstift mit Propst, Dekan und fünf Kanonikerstellen. Die Pfarrkirche wurde so Stiftskirche. Bereits zuvor hatte es eine stiftsähnliche Gemeinschaft gegeben. Mit den Kanonikern, die für ihre Stundengebete einen größeren Chorraum benötigten, wird der Bau des ehemaligen Seitenchors (heutige Sakristei) in Verbindung gebracht. Um 1300 erbaut, ist es der älteste Bauteil der Martinskirche. Die entscheidende Bauphase für die heutige Kirche beginnt jedoch um 1350/55, als nach dem Vorbild der Liebfrauenkirche eine dreischiffige Basilika in Angriff genommen, aber nie vollendet wird – das südliche Seitenschiff wurde nicht ausgeführt. Die Bauarbeiten setzten am Turmuntergeschoss ein, gleichzeitig oder wenig später am Hochchor (Gerüstholz im westlichen Chorjoch von 1360/61). Die Fertigstellung des Mittelschiffs dauerte bis zum 2. Viertel des 15. Jahrhunderts. Der unvollendet gebliebene Westturm wurde in das Verteidigungssystem eingebunden. Das Nordseitenschiff wurde 1689 zerstört und verändert wiederhergestellt.

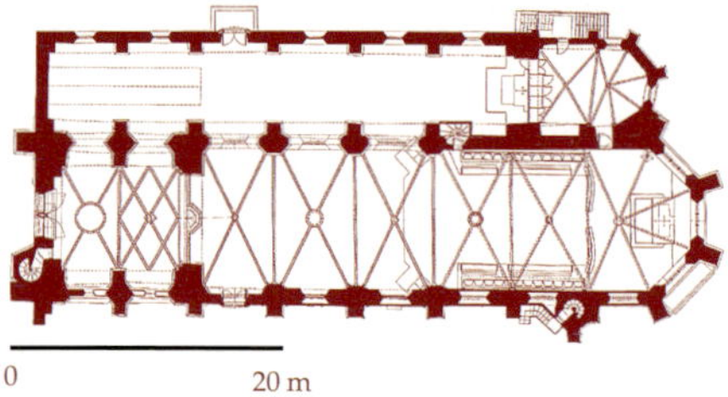

Oberwesel, St. Martin, Ansicht nach Westen (oben), zwei Engel mit Monstranz, Mitte 15. Jh., Ergänzungen von Anton Bardenhewer 1915/16 und Sakramentshaus, Ende 14. Jh. (rechts), Chorgestühl, Ende 14./Anfang 15. Jh., darüber Ölgemälde mit der Geißelung, dem Pfingstwunder und der Ölbergszene, 2. Hälfte 16. Jh. (unten).

Martyrium des hl Sebastian, 1. Drittel 16. Jh.

Christophorus, um 1500, überlebensgroß, an der Westwand des Nordseitenschiffs.

rechts: Chorgewölbe, um 1365.

Verspottung und Kreuztragung, Wandmalerei, 1. Viertel 16. Jh., im Chor.

Martyrium der Zehntausend, Wandmalerei, Ende 15. Jh.

Kruzifixus, 2. Drittel des 15. Jhs., im Nordseitenschiff.

rechts: Muttergottes, Mitte 15. Jh.

oben und rechts: *Oberwesel, ev. Kirche.*
unten: Minoritenklos-terkirche.

OBERWESEL: EV. KIRCHE

An der Straße nach Wiebelsheim steht die von Arthur von Osterroth (vgl. Stifter-Wappen der Glasfenster) privat finanzierte Kirche. Sie wurde 1897–99 nach Plänen von August Heins aus Boppard als neugotische, backsteinsichtige Saalkirche über kreuzförmigem Grundriss mit einem Rechteckchor und großen Radfenstern erbaut. Bemerkenswert ist, dass der Raum seine ornamentale Ausmalung und Ausstattung aus der Erbauungszeit erhalten hat.

OBERWESEL: EHEM. MINORITENKLOSTER

Das ehem. Minoritenkloster wurde vor 1246 gegründet. Es liegt wie andere Bettelordenskirchen des 13. Jahrhunderts innerhalb der Stadtmauer. Mit Bau der Kirche wurde mit dem Chor um 1260/70 begonnen. Das Langhaus war um 1340 vollendet. Das Mitte des 16. Jahrhunderts aufgegebene Kloster wurde 1621 mit Franziskanern neu besetzt. 1802 säkularisiert, brannte 1836 die Anlage nieder und ist seitdem Ruine.

DELLHOFEN, LANGSCHEID, PERSCHEID

Zwischen Bacharach und Oberwesel liegen auf der Rheinhochebene die Dörfer Dellhofen, Langscheid und Perscheid, von denen die ersteren Ortsteile von Oberwesel sind. Die Ortschaften sind von überschaubarer Größe. Bedeutendstes Bauwerk sind jeweils die Kirchen, die in der Ortsmitte an wichtigen Straßenkreuzungen liegen.

DELLHOFEN: KATH. KIRCHE ZUM HEILIGEN KREUZ

Auf der Hochebene südwestlich von Oberwesel liegt Dellhofen, das wie die umliegenden Dörfer im Mittelalter lediglich eine kleine Kapelle besaß, die um 1761/62 verändert oder neu gebaut wurde. Infolge des Bevölkerungswachstums wurde 1875/76 nach Plänen des Communal-Baumeisters Riemann aus Simmern eine neugotische Kirche erbaut. Die Materialwahl des sichtbaren Ziegelsteins in Verbindung mit Sandstein für den genasten Spitzbogenfries und die Maßwerkfenster entsprach den Vorstellungen materialgerechten und malerischen Bauens, wie sie bei den Neugotikern beliebt waren.

1961 ersetzte man das Langhaus durch einen Neubau nach Plänen von Paul Johannbroer aus Wiesbaden. Der neugotische Glockenturm blieb erhalten. Die großen Kirchenfenster lieferte die Firma Binsfeld aus Trier. Die Verwendung des roten Ziegelsteins stellt einen gestalterischen Bezug zum Kirchturm her.

Neugotische Gipsfigur der hl. Barbara, um 1900.
unten: Ansicht mit 32 m hohem neugotischem Glockenturm, 1875/76, und modernem Kirchenschiff, 1961.

oben: Innenraum mit großen Wand- und Deckenflächen, bunten Glasfenstern, Kreuzwegstationen von Franz Wirth, 1909.
links: Neugotische Gipsfiguren der hll. Augustinus und Nikolaus, um 1900.

LANGSCHEID: KATH. KIRCHE ST. NIKOLAUS

Hl. Kunigunde, Lindenholz, um 1500.

Die Kirche steht – umgeben vom bis 1897 bestehenden Friedhofsgelände – an der Straßenabzweigung nach Perscheid, Oberwesel bzw. Bacharach.
Die Außenwände zeigen sich in einem regionaltypischen Baumaterial (Schieferbruchstein), waren jedoch wohl ursprünglich verputzt. Deshalb wirkt die Kirche malerischer, rustikaler und altertümlicher als sie ist, denn von dem mittelalterlichen Vorgängerbau sind nur die Glocken und einige Skulpturen erhalten. Das Langhaus stammt von 1782/83, integrierte ursprünglich noch den mittelalterlichen Turm. 1856–58 erfolgte nach Plänen des Kreisbaumeisters Clotten eine Verlängerung nach Westen. Deshalb legte man den mittelalterlichen Turm nieder und ersetzte ihn durch den heutigen, dreigeschossigen Westturm. Er zeigt mit seinen Ecklisenen, Rundbogenfriesen und Zwillingsfenstern klassizistisch-neoromanische Bauformen und knüpft damit an den mittelalterlichen Vorgänger an, jedoch in moderner Formensprache.

links: Langscheid, kath. Kirche St. Nikolaus, Außenansicht, barockes Langhaus 1782/83 und Westturm 1856–58, umgeben von der Mauer des ehem. Friedhofs.
links unten: Niedriger Saalraum mit Voutendecke, Rokoko-Altären mit gesprengten Aufsätzen (darin Symbol der Dreifaltigkeit – Dreieck, Auge Gottes – bzw. der Liebe – Herz) von Severus Weckinger aus Boppard 1783–91 (mit spätgotischen Plastiken der Vorgängerkirche) und Westempore.
unten rechts: Hauptaltar.

Langscheid, kath. Kirche St. Nikolaus, spätgotische Anna-Selbtritt-Gruppe mit Maria, ihrer Mutter Anna und dem Jesuskind im Hauptaltar, um 1520.

Langscheid, kath. Kirche St. Nikolaus, hl. Nikolaus, spätgotische Holzplastik des Kirchenpatrons im linken Seitenaltar, um 1520.

Langscheid, kath. Kirche St. Nikolaus, Madonna, spätgotische Holzplastik, um 1520.

Beachtenswert sind die barocken Altäre mit ihren spätgotischen Plastiken (um 1500), die von der Vorgängerkirche stammen dürften. Weitere Ausstattungsstücke sind unter anderem das schlichte Taufbecken (Ende 18. Jahrhundert), das neobarocke Kruzifix, die Kreuzwegstationen von 1929 aus Südtirol, der zeitgleiche hl. Josef sowie die um 1900 gefertigten Figuren des Herz Jesu, der Muttergottes und des hl. Antonius von Padua.

PERSCHEID: KATH. KIRCHE ST. NIKOLAUS

Abgerückt von der Straße steht wohl auf dem ehem. Friedhofsgelände die Kirche St. Albanus von 1841–44, ein einsprechender kleiner Bau im Stil der Neoromanik mit Elementen des Rundbogenstils (große Rundbogenfenster). Der flachgedeckte Saalbau besitz einen Polygonalchor. Der Westturm wurde nach Baumängeln bereits 1858 neu erbaut. Er ist eng mit dem Turm in Langscheid verwandt. Ältestes Ausstattungsstück ist eine Anna-Figur (um 1500).

Perscheid, kath. Pfarrkirche St. Albanus, 1841–44, Turm 1850, Außenansicht von Süden mit Rundbogenfenstern, Lisenen und Rundbogenfries.

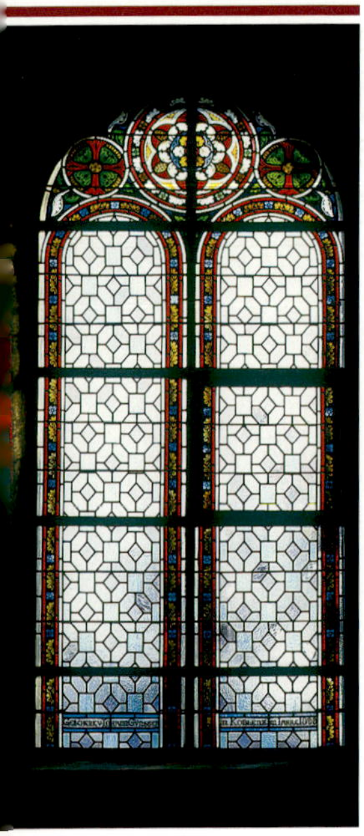

Perscheid, kath. Pfarrkirche St. Albanus; Fenster, 1899; Innenansicht nach Osten, Kanzel 1844, Terrakotta-Figuren 1904 aus dem 1960 entfernten neugotischen Hochaltar.
unten: Ansicht von Südwesten, Langhaus 1841–44, Turm 1850.

oben: Inneres nach Westen mit Orgel, 1850.
unten: Taufbecken aus Terrakotta mit Messingdeckel im Jugendstildekor, 1918.

ENGEHÖLL, DAMSCHEID, NIEDERBURG,

Engehöll, das sich an die Chablisstraße in Oberwesel anschließt, und die auf der Rheinhochebene liegenden Dörfer Damscheid, Niederburg und Urbar liegen jeweils nur wenige Kilometer von Oberwesel entfernt.

Engehöll, Kapelle. oben: Thronende Madonna, 2. Hälfte 14. Jh. unten: Hochaltar (um 1700) mit Pieta (16. Jh.) und Kruzifix (15. Jh.), seitlich hl. Antonius von Padua und hl. Josef (beide 19. Jh.).

ENGEHÖLL: KATH. KAPELLE ZUR SCHMERZHAFTEN MUTTERGOTTES

Das Straßendorf Engehöll, in einem engen Tal gelegen, wird vollständig von Weinbergen umgeben. Ursprünglich stand in der Dorfstraße eine barocke Kapelle (um 1700). Sie wurde – da zu klein und baufällig – zugunsten eines Neubaus aufgegeben, der 1923–25 nach Plänen von Karl Hertzner aus Oberwesel im Neobarockstil (geschweifte Laterne des Dachreiters, geschwungene Fensterform) auf der Anhöhe oberhalb der alten Schule erbaut wurde. Durch die Verlegung des Standorts war ein größerer Bau und zudem mit Fernsicht über das Tal bis zur Schönburg oberhalb von Oberwesel möglich. Unter dem Einfluss des Heimatstils dominieren einfache Bauformen (Walmdach, ungegliederte Wände) und die Verwendung örtlicher Baumaterialien (Schieferdeckung, sichtbarer Bruchstein). Der Innenraum – ein Saalbau mit eingezogenem polygonalem Chorschluss – ist gleichfalls sparsam in den Formen und der Farbigkeit. Das 53 cm hohe Vesperbild (16. Jahrhundert) im barocken Hochaltar mit Bekrönung durch einen spätgotischen Kruzifixus (15. Jahrhundert) gab der Kirche ihren Namen „Zur Schmerzhaften Muttergottes".

BOPPARD-WEILER: KAPELLE ST. APOLLONIA

Boppard-Weiler, St. Apollonia-Kapelle, Außenansicht.

In Engehöll zweigt eine kleine Straße (Sackgasse) zum Weiler Boppard ab. Aufgrund der beengten Bebauung sind die Häuser ebenso wie die Kapelle traufständig zum Bach bzw. zur Straße angeordnet. Die kleine Kirche ist in ihren Ausmaßen von 10 Metern Länge nur wenig größer als das wenige Schritte entfernte Backhaus von 1830/40. Die Kapelle wirkt durch die verschieferte Laterne, den ebenso verschieferten Westgiebel und das geschweifte Vordach malerisch. Bemerkenswert ist die Einheitlichkeit der Architektur und der Ausstattung, die einschließlich der Türen, Fenster und selbst die Nische am Außenbau mit einer Barockmadonna noch aus der Erbauungszeit der 1. Hälfte des 18. Jahrhunderts stammt.

Tonnengewölbter Saal, Altar mit Madonna- und Apollonia-Figur, frühes 18. Jh., aus St. Nikolaus in Langscheid, bekrönt von barockem Kruzifix; seitlich weitere Madonna, Johannes Baptist (beide 18. Jh.), Antonius von Padua, Franziskus (beide E. 19. Jh.), Kreuztragender Christus (Gemälde, 1867).

DAMSCHEID: KATH. PFARRKIRCHE ST. JOHANNES

Damscheid, Pfarrkirche St. Johannes d. T., Turm, 12. Jh., Langhaus 1682 und 1950. unten: Fahne mit alter Ansicht der Kirche.

Im Westteil des Dorfes liegt, von einem Friedhof umgeben, die für die Dorfgröße stattliche Kirche St. Johannes der Täufer. Ältester Bauteil ist der markante viergeschossige romanische Westturm mit Rundbogenfriesen des frühen 12. Jahrhunderts. Das Langhaus wurde nach einem Brand des Vorgängerbaus 1682 neu als langgezogene Saalkirche mit dreiseitigem

*Damscheid, Pfarrkirche.
oben: Hl. Rochus, 18. Jh.
links: Chorraum, qualitätvolle Skulpturen des 19. Jhs.: Herz Jesu, hl. Laurentius, hl. Wendelinus, Johannes d. Täufer.
unten: Hl. Aldegundis, 18. Jh., neu gefasst.*

oben: Nördliches Seitenschiff, 1950, Rechteckfenster mit der Darstellung beliebter Heiliger.

Chorschluss errichtet. Vom Vorgängerbau übernahm man den Turm und die südlich an den Chor gebaute spätgotische Sakristei, heute Taufkapelle (um 1450). 1862 „romanisierte“ man die Kirche, indem die Fenster verkleinert und der Rundbogenfries am Chor angebracht wurden. Den historistischen Zustand zeigt noch die Fahne des Kirchenchors von 1895, die in der Kirche hängt. 1950 erweiterte man die Kirche nach Norden und Süden jeweils um ein Seitenschiff.

rechts: Spätgotische Kapelle, um 1450, mit Muttergottes, 15. Jh.

Wiebelsheim,
St. Peter und Paul.
oben: Madonna,
1. Hälfte 18. Jh.
unten: Fassade, neugotischer Christus am Kreuz, Hochaltar.

WIEBELSHEIM: KATH. PFARRKIRCHE ST. PETER UND PAUL

Wiebelsheim liegt am Rande des Welterbegebiets neben der Autobahn. Die in der Ortsmitte stehende Kirche St. Peter und Paul von 1846/47 ersetzt einen älteren Vorgängerbau. Sie ist mit ihrer Doppelturmfassade neben dem Hunsrückdom in Ravengiersburg die einzige Kirche mit zwei Türmen auf dem Hunsrück. Die Türme symbolisieren die Apostelfürsten Petrus und Paulus. Die Saalkirche mit flacher Decke besitzt einen polygonalen Chor mit Hochaltar. Die ehemaligen Seitenaltäre wurden 1966 entfernt. Der heutige Hochaltar, der erst 1985 von dem Missionshaus Wengerrohr in der Eifel in die Kirche kam, wurde 1898 in der Kunstwerkstatt Marmon in Sigmaringen geschaffen. Er zeigt den freudenreichen und schmerzhaften Rosenkranz. Neben der Madanna (Abb.) stammen auch eine Pieta und eine Figur der Äbtissin Aldegundis aus der 1. Hälfte des 18. Jahrhunderts. Auf der Empore stehen die zwei alttestamentlichen Priesterfiguren Aaron und Melchisedech. Die Chorfenster zeigen die Apos-tel Petrus und Paulus bzw. in der Mitte Christus, die Fenster des Langhauses verschiedene Heilige. Die Orgel von 1870 schuf die Firma Peter Kessler aus Kisselbach.

BADENHARD: EV. KIRCHE

Das in einer Seitenstraße am westlichen Rand des Welterbes gelegene Badenhard besitzt neben Werlau die einzige Jugendstilkirche im Welterbegebiet Mittelrheintal. Der Vorgängerbau war 1909 wegen Baufälligkeit abgebrochen worden. Aus den Mitteln der verstorbenen Margarete Christiane Hofmann (1832–1904) konnte der heutige Bau finanziert werden. Er wurde 1908/09 im barockisierenden Jugendstil nach Plänen von Gottlieb Bernhard aus St. Goar errichtet.

Bardenhard, ev. Kirche, 1908/09, Jugendstil mit Neobarock und malerische Baukörpergruppierung (rechts und oben), Innenraum mit barockem Orgelprospekt, 18. Jh. (links).

BIRKHEIM: KATH. FILIALKIRCHE ST. JOHANN NEPOMUK

Zwischen Bardenhard und Autobahn liegt Birkheim. An der Dorfstraße steht die malerische Johann Nepomuk-Kapelle, ein 1897 errichteter neuromanischer Saalbau mit eingezogenem Chor. Die Architektur mit seinen Rundbogenfriesen und den Rundbogenfenstern ist eng mit der zeitgleichen Kirche in Rheinbay verwandt. 1960 fügte man den Westturm hinzu.

Birkheim, Kirche St. Johann Nepomuk, 1897, Westturm 1960, Ansicht (unten links) und Innenraum mit Barockfiguren (unten).

Niederburg, Pfarrkirche St. Stephan. unten: Taufbecken, 18. Jh., im Turmuntergeschoss. Ansicht von Südosten mit Chor.

NIEDERBURG: KATH. PFARRKIRCHE ST. STEPHAN

Im Ortzentrum steht westlich des Friedhofs die Stephanskirche. Dominant ist der mächtige, durch Lisenen und Rundbogenfriese gegliederte Westturm aus dem frühen 13. Jahrhundert (vgl. Turm in Hirzenach). Um 1380 wurde der heutige rippengewölbte Chor erbaut. An ihn schloss sich ein

Pieta, 18. Jh.; Turm, frühes 13. Jh., von Westen.

Niederburg, Pfarrkirche St. Stephan, Innenansicht nach Osten, Chor um 1380, Kirchenschiff Mitte 20. Jhs., Ausstattung mit Barockfiguren (18. Jh.).

Langhaus aus dem Jahr 1746 an, das man Mitte des 20. Jahrhunderts durch den heutigen dreischiffigen hallenartigen Raum ersetzte. Erhalten sind im Turm Glasmalereien mit der Darstellung der hll. Stephanus und Laurentius aus der Mitte des 15. Jahrhunderts, Glocken von 1427 und 1477 sowie Reste eines historistischen Fußbodens (um 1900).

URBAR: KATH. FILIALKIRCHE ST. ANTONIUS

Urbar liegt auf dem Hochplateau gegenüber dem Loreley-Felsen. Im Zentrum des alten Dorfes steht an der Hauptstraße die einst den Ortskern prägende Kirche. Ihre Baugeschichte verlief analog zur wachsenden Größe des Dorfes. So wurde die 1336 erstmals bezeugte mittelalterliche Kapelle um 1750 durch einen größeren Saalbau ersetzt. Von dem mittelalterlichen Westturm erhielt man vermutlich nur die unteren Geschosse und gestaltete den Turm völlig neu. Als nach dem 2. Weltkrieg die Gemeinde anwuchs, ersetzte man 1954–57 nach Plänen von Hans Geimer aus Bitburg das barocke Langhaus durch einen

Urbar, Kirche St. Antonius, Turm im Kern mittelalterlich, um 1750 neu gestaltet, Kirchenschiff von 1954–57 nach Plänen von Hans Geimer. Der Westturm mit seinem barocken Fenstergewände und Glocken von 1422 und 1449 ist noch heute ortsbildprägend.

Urbar, Kirche St. Antonius.

oben: Hl. Josef mit Kind, um 1715.

oben Mitte: Glasfenster im Chor, Symbole der Leidensgeschichte Jesu Christi, von Jakob Schwarzkopf, 1957.

rechts: Hl. Georg, Glasfenster im Turmuntergeschoss, 1957.

oben rechts: Hochaltar, 1715, mit der Maria Immaculata, um 1750, und Bernhard-Figur (oben), um 1500.

unten rechts: Innenraum, 1954–57, hallenartiger Raum, Akzentsetzung durch farbige Glasfenster, Sichtbarmachung neuer Materialien (Beton) und der Konstruktion mit großen Spannweiten, sparsame Ausstattung.

unten: Anna und Maria, um 1715.

Neubau. Der Westturm blieb erhalten. Der große neue Baukörper, der das Grundstück vollständig in der Breite ausfüllt, fügt sich mit seinen neuen Baumaterialien nur schwer in die kleinteilige Bebauungsstruktur des Dorfes ein. Der Innenraum ist eine große Halle, dessen Altarbereich nischenartig zurücktritt und auch durch seine Höhe und die Lichtinzenierung vom trapezförmigen, breiten Saalraum herausgehoben ist. Das liturgische Zentrum wird dadurch und durch den barocken Hochaltar betont.

ST. GOAR, BIEBERNHEIM, WERLAU

St. Goar, das von 1816 bis 1969 Kreisstadt war, bildet geographisch die Mitte des Welterbes Mittelrheintal.
Der Name der Stadt geht auf den hl. Goar zurück, der um 520 im heutigen St. Goar eine Einsiedelei, eine Kapelle und ein Hospiz errichtete. Er missionierte die Landbevölkerung, speiste die Armen und kümmerte sich um Reisende und Kranke. Er konnte in St. Goar besonders wirken, da hier eine große Zahl von Reisenden vorbei kam. Denn aufgrund der gefährlichen Stromschnellen des Rheinabschnitts bei St. Goar waren die Schiffsreisenden dazu gezwungen, hier an Land zu gehen. Wohl um 575 verstarb Goar. Er gehört zu den Trierer Einsiedler-Missionaren, die sich aufmachten, heidnischen Aberglauben in den ländlichen Gebieten zu vertreiben. Er ist damit eine wichtige Gestalt für die Religions- und Kulturgeschichte des Mittelrheintals.

St. Goar, Stiftskirche St. Goar, Schlussstein mit der Darstellung des hl. Goar im 2. Joch des nördlichen Seitenschiffs.

ST. GOAR: STIFTSKIRCHE ST. GOAR

Im Ortskern am Marktplatz steht, nur wenige Meter vom Rheinufer entfernt, die Stiftskirche St. Goar. In ihrer Krypta befand sich das Grab des hl. Goar, das im Mittelalter viele Wallfahrer anzog. Die Deckplatte, um 1340, des ehem. Grabmals des hl. Goar befindet sich seit 1658 in der kath. Pfarrkirche von St. Goar.
Gefördert wurde die Stiftskirche im Mittelalter vor allem durch die Grafen von Katzenelnbogen, die auf der Burg Rheinfels oberhalb von St. Goar residierten. Ihr letzter Vertreter Graf Philipp von Katzenelnbogen (reg. 1444–79) stiftete das Langhaus der Stiftskirche.
1527 wurde in der Gemeinde St. Goar die Reformation eingeführt. Sie ist damit die älteste evangelische Kirchengemeinde der heutigen Evangelischen Kirche im Rheinland.
Den ältesten Teil der Stiftskirche bildet die romanische Hallenkrypta, Ende 11. Jahrhundert erbaut, die aufgrund der Hanglage wie das Untergeschoss für den spätromanisch-frühgotischen Chor, um 1250, wirkt. Neben dem Chor stehen die Flankentürme, ebenfalls um 1250. Das Langhaus ist eine spätgotische, dreischiffige Emporenhalle von 1444–70 mit einem eingebauten Westturm (13. Jahrhundert und um 1469).

Blick von Burg Rheinfels auf St. Goar mit der Stiftskirche und der kath. Pfarrkirche sowie auf St. Goarshausen auf der anderen Rheinseite.

Besuch in der Stiftskirche zu St. Goar von Stephan Weyer-Menkoff

Vom Fähranleger in St. Goarshausen ist die aufstrebende Stiftskirche in St. Goar deutlich zu sehen. Ein steil nach oben gerichteter, spitz-pyramidaler Turmhelm führt die Aufwärtsbewegung an, gefolgt von einem gewaltigen spitzwinkligen, nach vorne hin abgestuften Dach. Die zum blauen Himmel gerichtete dunkelblaue Dachlandschaft wird unterfangen von drei weißen Türmen mit roten Ecksteinen. Hoch und schmal verlaufen zwischen den beiden vorderen Türmen rote Fensterlaibungen bis zum Dach. Hier strebt alles nach oben: Fenster, Türme und Dach. Die Häuser rechts und links machen Platz und halten, obwohl sie im Vordergrund stehen, sich merklich zurück. Der Platz gehört der Kirche.

Die Annäherung von unten, über das Wasser des Rheins geht langsam. Der Abstand ist groß: dort die rasante Bewegung in den offen blauen Himmel und hier das gemächliche Gleiten auf dem blauen Wasser. Der Himmel zieht in luftige Höhen, und das Wasser läßt von der undurchdringlichen Tiefe nicht los. Dazwischen steht die Stiftskirche St. Goar. Aufrecht steht auch der Mensch an der Reling der Fähre. Die lichte Höhe des Himmels erreicht er nicht, und die abgründige Tiefe des Wassers gibt ihm keinen beständigen Grund. Die Kirche steht fester, zugleich reicht sie höher. Höhe und Tiefe bindet die Kirche zusammen. Braucht der Mensch die Kirche um gründende Tiefe zu erlangen ohne gleichzeitig strebende Höhe zu verlieren?

Der Fährgast, ans andere Rheinufer gebracht, geht an Land. Wird ihn die Stiftskirche weiterbringen, etwa hinüber jenseits des Landes? Jenseits des Landes wölbt sich der Himmel. Wird ihn die Kirche dorthin übersetzen? Immerhin ist der Patron der Kirche, der frühchristliche hl. Goar, ein Beschützer der Flussschiffer, und allem äußeren Anschein nach verkehrt die Kirche St. Goars ausgestreckt zwischen Himmel und Erde.

Zunächst trägt die Erde die leicht bergan schreitenden Füße. Ein Platz zwischen der geschlossenen Häuserzeile der Uferstraße hat sich aufgetan und den Blick auf das weiße Kirchengebäude mit den roten Rändern und blauen Dächern freigegeben. Rund wie das Heck eines Schiffes biegt sich zwischen zwei ungleichen Türmen ein hervorspringender Abschluß mit drei, wahrscheinlich sogar fünf hohen Fenstern aus rotem Maßwerk. In der Mitte ragt darüber das gewaltige Dach, über das sich ganz hinten der schmale, spitz zulaufende Helm des Hauptturmes erhebt.

Da steht die Himmelsfähre. Ob sie Passagiere aufnimmt? Die Front weist unten im rechten Turm ein Tor auf; – es ist verschlossen. Eine Treppe führt außen am Turm vorbei auf ein höheres Erdniveau. Von der Seite bietet sich ein imposantes Bild: Strebepfeiler springen nach außen und gliedern die Seitenwand rhythmisch. Zwei Reihen hoher Maßwerkfenster weisen zwischen den Pfeilern nach oben. Dach, Hauptturm und Turmhelm führen die Bewegung himmelan zielstrebig fort. Demgegenüber halten die in der Erde verankerten Pfeiler die Himmelsfähre am Boden fest.

Ein weiteres Tor zeigt sich, gewährt aber keinen Einlaß. Wieder führt außen an der Seitenwand vorbei eine Treppe auf höheres Bodenniveau. Eine

St. Goar, Stiftskirche St. Goar, Ansicht von Osten mit dem frühgotischen Chor, Mitte 13. Jh., und den etwa zeitgleichen Chorflankentürmen. Der Chor erhebt sich über einer Hallenkrypta von kurz vor 1100.

schmale Straße läßt nicht genug Platz, den Hauptturm in den Blick zu nehmen. Immerhin lassen sich noch zwei weitere Türmchen neben ihm sehen. Eine Treppe läßt auf der anderen Seite den etwas unterhalb liegenden Platz neben der Kirche erreichen. Und da ist auch wieder ein Tor. Es schlägt einen breiten Bogen über den ganzen Abstand zweier Strebepfeiler. Dann aber verengt eine zurückspringende Wand die Breite des Tores erheblich. Ein schmales doppelflügeliges Türchen bleibt als Eingang übrig. Ob sich die Umkreisung gelohnt hat und endlich die Brücke zur Kirche gefunden ist?

Die Tür läßt sich öffnen, und der Eintretende bleibt geblendet von einem breiten wie hohen Raum voller Licht und Farbe stehen. Er ist in einen Festsaal geraten. Ein Spiel von hohem Gewölbe über breiter Mitte, spitzen Arkaden mit querlaufendem Obergeschoß und seitwärts breit einfallendem Licht, einem weit entfernten Chor mit rotem Abschluß und Einstrahlungen bunten Lichtes verschlägt die Sprache. Der Blick schweift frei und unbeschwert herum. Er bewegt sich in einer anderen Welt. Obwohl niemand anwesend ist, erfüllt den ganzen Raum ein einziges Fest.

Neben dieser Festlichkeit nehmen sich die dunklen Bänke unten in der Mitte wie von so viel Licht und Weite verschreckt und geduckt aus. Freudlos stehen sie verloren im durch und durch festlichen Raum. Im feierlichen Himmelssaal findet sich die Herde irdischer Schafe nicht zurecht und schließt sich möglichst eng ab. Auf die Fähre zum Himmel wollen sie auf keinen Fall. Dem noch immer im Eingang Stehenden ist mit allen Fasern seines Leibes klar, dass er die von starren Bänken zugestellte Mitte meiden wird. Ihm soll das Fest des Himmels nicht verstellt werden.

Entschlossen wendet er sich zur Seite. Eine fast verschleierte Figur bannt dort seinen Blick. Sie ist umgeben von einem maßwerkartigen Rahmen wie bei den Fenstern. Aber nicht in die Wand ist das Fenster eingelassen, sondern auf einer Grabplatte herausgearbeitet. Das Fenster führt nicht ins Freie, sondern zum Tod. – Mit einem Schlage ist das Fest zu Ende. Der in den Festsaal Eingetretene bleibt erstarrt vor der vornehmen, reich gewandeten Frau stehen. Sie hatte gelebt und ist tot; er lebt und wird tot sein. Wo bleibt da der Himmel? Hat die Himmelsfähre etwa in verkehrter Richtung abgelegt? Steht jetzt die Höllenfahrt statt der Himmelfahrt auf dem Plan? – Womöglich haben die quer gestellten Bänke in der Mitte hinter ihm doch

St. Goar, Stiftskirche St. Goar, Ansicht von Südosten mit dem Turm, 13. Jh., um 1470 spätgotisch verändert und erhöht, und das Langhaus, unter der Bauleitung des Werkmeisters Hans Wynant 1444–70 erbaut, Stiftung des Grafen Philipp d. Ä. von Katzenelnbogen.

unten: Grundriss mit Eintragung der Deckenmalereien.

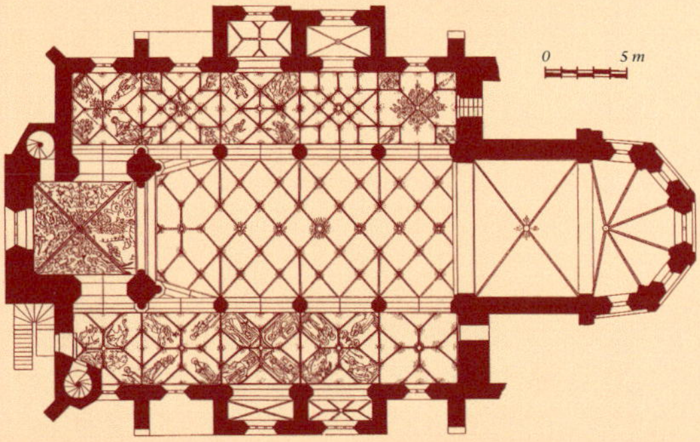

recht: Im geschlossenen Karree dicht gedrängte Sitzung gibt es zwar keinen Himmel, aber auch keine Hölle; zwischen die aufgereihten Bänke mischt sich zwar keine Festfreude, bricht aber auch kein Todeserschrecken ein. Es bleibt alles so vertraut mittelmäßig in der Mitte der Bankreihen. Sollte man sich nicht vielleicht doch lieber dorthin begeben, um etwas zu entspannen? – Dann aber ist die Fähre weg. Fähren sind nun einmal das Gegenteil zu beruhigten Mittelzonen; sie fahren vielmehr von einem Extrem zum anderen, von einer Grenze zur anderen. Das ist bei der Himmelsfähre nicht anders. Tod und Hölle werden fahrplanmäßig angesteuert. Da gibt es keine Abkürzung.

Hat die steinerne Frau nicht gelächelt? Den vor ihr stehenden Betrachter löst es aus seiner Versteinerung. Kaum sichtbar schienen ihre Mundwinkel zu zucken, aber jetzt steht sie völlig reglos dar. Das Reich der Toten verschlingt, gibt aber nichts zurück. Wo bleibt der Himmel? – In der Mitte menschlicher Normalität ist er jedenfalls nicht.

Ein breiter Arkadenbogen lädt zum Weitergehen ein. Die Spitze des Bogens läuft in ein niedriges kreuzförmiges Gewölbe mit bewegtem Pflanzengrün aus. Ein paradiesisches Lebenszeichen des Himmels grüßt den vom Tode Berührten. In einer Ecke des grünen Gewölbes wird eine Frau von Engeln gekrönt. Wieder ist es eine Frau, die seinen Blick fängt. Es muß Maria im Himmel sein, – aber was ist mit der anderen Frau von vorhin im Reich der Toten? Fragen brechen auf zwischen Himmel und Hölle.

Vor den Füßen stehen leichte, bastbespannte Stühle im Weg, versperren ihn aber nicht völlig. In ihrer massiven Häufung verhindern sie lediglich, dass der Gehende vor weitere Grabplatten an der hinteren Wand gestoßen wird. Ein Blick zur anderen Seite zeigt, dass das Mittelschiff durchquert wird. Ein weiterer spitzer Arkadenbogen nimmt das Gewölbe auf und führt ins Seitenschiff.

Leer liegt es vor Augen; doch die Augen sind voller Farbe und Wärme. Ein Netz von Gewölben spannt sich von Joch zu Joch; mildes Rotgold füllt den langgestreckten Raum und verbreitet wohltuende Nähe. Die Leere ist völlig erfüllt. Die erfüllte Eigenbewegung des Raumes überträgt sich zunehmend auf den am anderen Ende hinten Stehenden. Derart bewegt, beschließt er, sich das einende Mitschwingen des Raumes von den deplatzierten Bänken im vorderen Teil nicht still stellen zu lassen. Denn schon wieder verstellen triste Bänke den Raum: Sie stellen die Leere zu und heben die Fülle des Raumes auf. Die Starre der aufgestellten Bänke stört den lebhaften Rhythmus des pulsierenden Schiffes. Um die gewonnene Bewegung nicht zu verlieren, wird sich der vom Raum Bewegte nicht weiter nach vorne bewegen.

Er schaut sich um. Ein Stuhl an der Rückwand bietet ihm Platz, – neben einer mit Buchstaben beschriebenen Grabplatte. Sitzend spürt er die Kälte am Rücken, ist aber zugleich völlig durchzogen von der rötlich-goldenen Wärme des ihn bergenden Schiffes. Hat die Fähre jetzt Kurs auf den Himmel genommen? Liegt das Reich der Toten endlich zurück? Wohlig sitzend, den Tod nicht mehr vor Augen, von Wärme und Rhythmus erfüllt, schweift der Blick umher. Wände und Gewölbe sind durchgehend bemalt. An einem Bild bleibt der Blick hängen.

Schräg oben in einem Gewölbezwickel sitzt ihm unmittelbar gegenüber ein Anderer. Dunkelrot ist sein Gewand; weiß sind Haare, Bart und Haupt, hinter dem ein weltenblauer Kreuzesnimbus erscheint. Majestätisch schaut er drein. Seine Augen – sie schauen mich an. Was will er von mir? Warum hat er sich mir gegenüber gesetzt? Durchschaut er mich? Warum gerade ich? – Wäre ich doch zu der unbewegten Mitte mit den quergestellten Bänken gegangen, dann wäre ich bei mir geblieben und säße jetzt nicht hier gebannt unter dem Blick dieses Fremden. – Er schaut mich weiterhin ruhig an.

St. Goar, Stiftskirche St. Goar, nördliches Seitenschiff.

St. Goar, Stiftskirche St. Goar, Innenansicht nach Osten mit dem erhöht gelegenen Chor, Mitte 13. Jh., dem Zugang zur Krypta und dem breiten und hohen Langhaus mit Kreuzrippengewölbe von 1444–70.

St. Goar, Stiftskirche, südliches Seitenschiff mit Wandmalerei, 1469–89, umfangreichste erhaltene spätgotische Farbfassung im Rheinland. Es handelt sich vorwiegend um Heiligendarstellungen ohne inhaltliche Konzeption.

Feindlich scheint er nicht zu sein; dazu sind seine Hände zu ausgebreitet, die Brust zu ungedeckt und wehrlos. Aber er schaut so eindringlich, dass mein Blick nicht mehr freikommt. Ich muß ihn sehen, weil er mich dauernd ansieht.

Mit den ausgebreiteten Händen hält er ein breites Querholz. Hände sind daran genagelt, an den Armen hängt ein Leib nach unten; er ist mit den Füßen an ein das Querholz kreuzendes Langholz festgenagelt: Jesus Christus, Gottes und Mariens Sohn. Sein weltenblauer Kreuzesnimbus ist zur Seite geneigt, weil der Kopf schräg fällt; er schaut nicht. Seine Augen sind erloschen. Er ist tot. – Schon wieder kommt der Tod vor Augen. Die Augen des Vaters blicken milde und tief, majestätisch und durchdringend. Er schaut genau auf dieselbe Weise und in dieselbe Richtung, wie er den Balken mit dem Gekreuzigten hält. Im Dreieck seiner ausgebreiteten Arme und des Querbalkens schwebt eine Taube vor der Brust: der Hl. Geist zwischen Vater und Sohn. Atem geht in der Brust rhythmisch ein und aus. Die anfängliche Bewegung des Raumes, das Pulsieren von Rhythmus und Wärme nehmen zu. Wenn der Atem aus der Brust durch den Mund ausfährt, wird der schwingende Rhythmus weitergegeben; Töne werden erzeugt; Worte entstehen aus ausgeatmetem Atem. Redet der Vater, während er so durchdringlich schaut? Steht

da, wo jetzt die Taube mit ausgebreiteten Flügeln vor der Brust des Vaters auf der Spitze des Kreuzes sitzt, sonst nicht immer das INRI, die Tafel „Jesus von Nazareth, König der Juden", die Pilatus geschrieben hatte? Spricht jetzt der Vater diesen Text mit seinem Atem? Sagt er den Namen dessen, den er am Kreuz zeigt? Heißt das Wort Gottes: Jesus Christus? Habe ich von einem Bild das Wort Gottes gehört? Das Wort Gottes ist hier deutlich zu sehen. Ein himmelblaues Tuch fällt von den Armen des Vaters herab und umfasst den toten Sohn. Der gekreuzigte Christus ist nicht im Reich des Todes, sondern im Himmel. Seine Auferstehung durch die Hände und den Atem des Vaters steht vor Augen.
Was aber sieht der Vater, wenn er sein göttliches Wort „Jesus Christus" sagt? Er schaut in die dem Betrachter entgegengesetzte Richtung. Er schaut mich an; aber zugleich schaut er auch durch mich hindurch. Wohin blickt er? Was fixiert er hinter mir? – Ein Blick nach hinten zeigt die vergessene Grabplatte im Rücken. Dahin also schaut der Vater. Er sieht meinen Tod, den ich – Gott sei Dank – nicht sehe. Er bannt meinen Tod mit dem Tod seines Sohnes. Er redet sein göttlich-majestätisches Wort zu meinem Tod. Auf das Wort des Weltenherrschers hin hat der Tod nichts mehr zu sagen; er muss seine Beute wieder losgeben. Wovon sonst nichts zu hören ist, dass das Reich des Todes etwas zurückgäbe, hier ist es zu sehen. Wenn ich nichts mehr hören werde, dann hört mein Tod aufs Wort, auf Gottes Wort: Jesus Christus.
Damit ist das andere Ufer des Todesreiches erreicht. Die Fähre ist beim Himmelsufer angekommen. St. Goar hat seinen Fährdienst pünktlich ausgeführt. Was gibt es jetzt noch zu tun? – Als Weg zum Ausgang bietet sich von dem bisherigen Weg her und der Vollständigkeit halber ein Rundgang an: im Seitenschiff nach vorne, vor den abgestellten Bänken schnell nach rechts, quer durchs Mittelschiff am erhöhten und darum sinnvollerweise nicht zu betretenden Chor vorbei, vorbei auch an einer abwärts in die Krypta unterhalb des Chores führenden Treppe – der Fährdienst ist ja schon getan –, ins andere Seitenschiff hinein und mit einer weiteren Drehung nach rechts langsam dem Türchen in der massiven Wand zu. Das Fährgeld wird in den Kasten gelegt und der Ausgang ist frei.
Draußen ist man wieder auf der Erde, genauer: auf dem linken Rheinufer in St. Goar. Ein paar Schritte an Land, und rechts wie links des Kirchplatzes lädt ein Gasthaus zum Verweilen ein. Die mit Leib und Seele aufgenommene Bewegung der Himmelsfähre braucht Zeit zum Nachklingen. Örtlicher Riesling im Glas gibt Ruhe, den Führer zur Stiftskirche St. Goar nachzulesen und das mit St. Goar Erlebte aufzuschreiben. – Eine weitere Kirche steht heute nicht mehr auf dem Programm.

Grabdenkmal für Landgraf Philipp II. von Hessen-Rheinfels († 1583), 1592 von Wilhelm Vernuiken geschaffen (Abb. oben rechts), und das etwas jüngere Denkmal für seine Gemahlin Anna Elisabeth von Bayern († 1609) von Gerard Wolff aus Mainz (oben links).

St. Goar, Stiftskirche, Kanzel, um 1460, mit der Darstellung Jesu, der Evangelisten und des hl. Goar.

unten: Krypta nach Osten, Ende 11. Jh.

ST. GOAR: KATH. PFARRKIRCHE ST. GOAR

St. Goar, kath. Pfarrkirche St. Goar, 1887–91 von Wiethase und Endler. unten: Deckplatte des ehemaligen Grabmals des hl. Goar, um 1340. rechte Seite: Innenansicht nach Osten.

Der 1652 katholisch gewordene Landgraf Ernst von Hessen-Rheinfels ermöglichte, dass ab 1654 in der Stiftskirche in St. Goar sowohl evangelischer (im Langhaus) als auch katholischer Gottesdient (in der Krypta) gehalten werden durfte. 1656 erhielten die Katholiken das Recht, vor der Stadt eine Kirche zu bauen, die 1660 fertiggestellt war. Mit der Ausübung der Seelsorge beauftragte der Trierer Erzbischof Karl Kaspar von der Leyen Mitglieder des Jesuitenordens, die 1658 ein Haus bei der Kirche bezogen. 1660 brachte man die in der Stiftskirche aufbewahrte Deckplatte

oben: Außenansichten.
unten: Innenansicht nach Westen.

St. Goar, kath. Pfarrkirche St. Goar. oben: Hl. Bischof, 18. Jh., Skulptur an der Westempore, dort weitere Barockfiguren der Apostel Petrus und Paulus. oben rechts: Hochaltar, Mitteltafel mit einem figurenreichen Kalvarienberg und den Seitenflügeln mit der Schlüsselübergabe an Petrus bzw. Sigismund und Katharina, Außenseiten Verkündigung, um 1480, wahrscheinlich aus der um 1800 abgebrochenen Peterskirche in Frankfurt a. Main, ein Hauptwerk der mittelrheinischen Malerei, Maler wohl aus dem Umkreis des Hausbuchmeisters, Rahmung und äußere Flügel neugotisch, 1891.

unten: Biebernheim, Kirche Maria Regina, 1954/55, für das Baudatum moderner Kirchenbau, fast fensterlose Fassade unter dem Einfluss des Monumentalstils und der Moderne.

vom Grab des hl. Goar in die neue Kirche.

Die heutige neugotische Kirche wurde 1889–91 nach Plänen der Architekten Heinrich Wiethase und Eduard Endler aus Köln erbaut. Die Gewölbebasilika aus Bruchstein mit Querhaus und Chor beeindruckt durch ihre Höhe, die Qualität der Steinmetzarbeiten und Ausstattung sowie die Gewölbemalereien. Der Glockenturm, ein Stadtmauerturm, wurde erst 1923 mit der Kirche verbunden.

Im Querhaus ist die Deckplatte der ehem. Tumba des hl. Goar aus der Krypta der Stiftskirche eingemauert. Die neugotisch gefasste Platte ist ein anspruchsvolles Werk der Zeit um 1340. Goar ist als Heiliger in modischer Frisur mit Heiligenschein und Messgewand unter einem achteckigen Baldachin dargestellt. Er trägt als Stifter seiner Marienkapelle in der linken Hand das Modell einer Kirche und steht als Überwinder des Todes auf einem sich krümmenden Teufel. Zwei Engel halten über dem Heiligen den Baldachin, zwei weitere unterstützen sein Gewand bzw. das Kirchenmodell.

BIEBERNHEIM: KATH. KIRCHE MARIA REGINA /ST. LEONHARD

An der Straße St. Goar–Pfalzfeld steht zurückgesetzt und hinter hohen Bäumen die moderne Kirche von 1954/55 der Architekten Lorenz Krick (St. Goar) und Ritter (Spay). Die Fassade mit ihrer großen Wandfläche bindet den Glockenturm geschickt in die Giebelform ein. Im Inneren sind bunte Glasfenster nach Entwurf von W. Bettendorf, 1955, mit Mariendarstellung zu sehen. Ältestes Ausstattungsstück ist die barocke Kommionbank aus der alten kath. Kirche in St. Goar von 1660.

BIEBERNHEIM: EV. KIRCHE

In der historischen Ortsmitte von Biebernheim steht die durch ihre ungewöhnliche Dachform auffällige Barockkirche. Sie wurde 1702–05 unter Verwendung von Mauern des gotischen Vorgängerbaus, der bei der Belagerung von Burg Rheinfels 1693 zerstört worden war, errichtet. Die westliche Sakristei und den Portalvorbau fügte man 1923 hinzu.

Außergewöhnlich ist auch der ansprechende Innenraum mit seinem einspringenden, trapezförmigen Chor und dem Holzgewölbe mit kleeblattförmigem Querschnitt und Hängezapfen sowie profilierten Gurtrippen. Eine gute Ergänzung für die Raumwirkung ist die Innenausmalung aus dem Jahr 1956 mit barocken Mustern von dem Kirchenmaler Velte aus Darmstadt. Die Ausstattung mit Kanzel, Kirchenbänken und Emporenbrüstung stammt aus der Erbauungszeit.

Biebernheim, ev. Kirche, 1702–05, Außenansicht mit ungewöhnlichem Dach, bestehend aus einer Walmkonstruktion, aus der ein doppelgeschossiger und mehrfach gestufter und geschweifter Dachreiter emporwächst. unten: Innenansichten nach Osten (rechts) und Westen (links)

WERLAU: EV. KIRCHE ST. GEORG

Im Ortszentrum steht die Kirche von 1906/07 des Architekten Gottlob Bernhard aus St. Goar. Unter Verwendung von Teilen des Vorgängerbaus (1692–98) wurde sie im Jugendstil mit neobarocken Stilelementen und einer asymmetrischen Baukörpergruppierung errichtet. Im Inneren steht ein Grabstein der Lucardis von Milwald († 1337), Gemahlin des Brendelin von Werla.

Werlau, ev. Kirche, 1906/07, Fassade mit Flankierungsturm, einschiffiger, breiter Innenraum mit südlichem Anbau, im Jugendstil mit barocker Kanzel und Glasfenster mit Christus- (im Osten) und Lutherdarstellung (im Westen).

HIRZENACH, HOLZFELD, KARBACH, RHEINBAY

Südlich und westlich von Boppard liegen zwischen Rhein und Hunsrück, oft in malerischer Landschaft, die Stadtteile Hirzenach, Holzfeld und Rheinbay. Karbach schließt sich im Westen nahe der Autobahn an.

HIRZENACH: KIRCHE ST. MARIA UND JOHANNES EV.

Malerisch erhebt sich am Rheinufer die ehem. Benediktiner-Propsteikirche. Sie bildet mit dem barocken Propsteigebäude (heute Pfarrhaus) mit Mansarddach von 1716 und dem Gebäude südöstlich der Kirche, der wohl ehem. Pfarrkirche St. Bartholomäus (im Kern mittelalterlich, um 1700 profanisiert und mehrfach verändert) ein harmonisches Ensemble.

Die romanische, flachgedeckte Pfeilerbasilika aus dem 1. Viertel des 12. Jahrhunderts soll kurz nach seiner Gründung (1110) durch den Erzbischof Bruno von Trier geweiht worden sein. Aus dieser ersten Bauzeit stammen das Langhaus, das kaum vortretende Querhaus mit ausgeschiedener Vierung, das Vorchorjoch und die unteren Teile des mächtigen Westturms, dessen Westwand und obere Stockwerke um 1220/30 erneuert wurden. Zum romanischen Erscheinungsbild gehören auch Rundtürme in den Chorwinkeln, die nicht erhalten sind.

Die romanische halbrunde Apsis ersetzte man um 1250 durch den heutigen frühgotischen Chor. Er zeigt in der Sockelzone eine Spitzbogen-Blendarkatur und zweibahnige Maßwerkfenster mit Kreisabschluss wie der eng verwandte, zeitgleiche Chor der Stiftskirche in St. Goar. Um 1250 wurde auch die kreuzrippengewölbte Vorhalle mit spitzbogigem Säulenportal an die Südseite des Langhauses gebaut. Im 15. Jahrhundert erhielt das Querschiff ein Netzgewölbe.

Hirzenach, sog. Villa Brosius, wohl ehem. Pfarrkirche St. Bartholomäus, um 1700 profanisiert, im 11. Jh. erbaut, gotisch (14./15. Jh.) und historistisch (besonders um 1900) verändert.

Hirzenach, Ansicht vom Rhein mit der Kirche und dem ehem. Propsteigebäude von 1716.

Zur reduzierten Ausstattung – 1969 hatte man die neugotischen Altäre entfernt – gehören die spätbarock-klassizistische Kanzel von 1789, der neugotische Taufstein von 1878 und die Grabsteine der Pröpste Johann v. Kobern († 1390), Roland v. Waldenburg gen. Schenkern († 1574) und Adam v. Lintzenich († 1635).

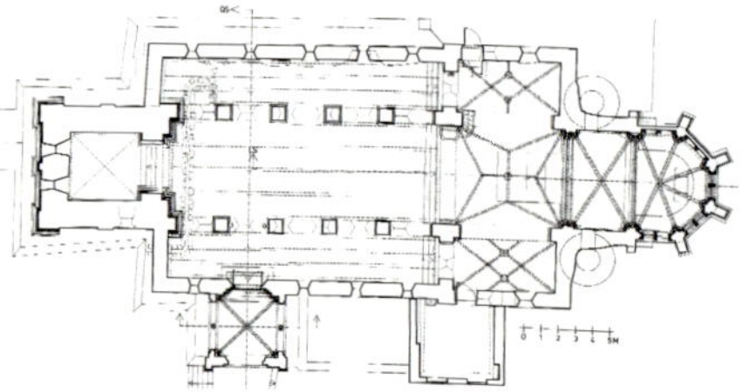

Hirzenach, Kirche St. Maria und Johannes Ev., 1. V. 12. Jh., Chor und Vorhalle um 1250.
links: Ansicht von Nordwesten mit Westturm, um 1120 und um 1220/1230.
oben: Grundriss.
unten: Ansicht von Süden mit Vorhalle.

Hirzenach, Kirche St. Maria und Johannes Ev. oben: Innenansicht nach Osten mit romanischem Langhaus, 1. V. 12. Jh., und frühgotischem Chor, um 1250. links: Ansicht nach Westen, Kanzel, 1789.

Hirzenach, St. Maria und Johannes Ev. links: Fenster im Chor, Glasmalerei mit der Darstellung von Pfingsten, 1877, von F. J. Hermes in Koblenz. rechts: Frühgotisches Hauptportal in der Vorhalle, um 1250.

oben: Hirzenach, St. Maria und Johannes Ev., Barockplastiken (Mitte 18. Jh.): Apostel Bartholomäus (links) und hl. Johannes Nepomuk (rechts).

HOLZFELD: EV. KIRCHE

Die erhöht gelegene Kirche, die von der Mauer des ehemaligen Friedhofs umgeben wird, steht in der Ortsmitte des Dorfes. Sie wurde mit Einführung der Reformation in der Niedergrafschaft Katzenelnbogen 1528 evangelisch. Die kleine Kirche wird von dem mittelalterlichen Turm (vielleicht 15. Jahrhundert) dominiert, dessen verschiefertes Obergeschoss und steiler Turmhelm zur malerischen Gesamtwirkung der Kirche beitragen. Der Turm ist teilweise in das barocke Kirchenschiff von 1769 eingebaut. Dieser Saalbau besitzt einen dreiseitigen Chorschluss. Der flach gedeckte Innenraum ist sparsam eingerichtet. Er besitzt an der Nord- und Westwand eine Empore. Der Taufstein aus Basaltlava ist mittelalterlich (romanisch?).

Holzfeld, Kirche, Ansichten von Südwesten (links), Südosten (unten) und Inneres (oben).

»

RHEINBAY: KATH. FILIALKIRCHE ST. SEBASTIAN

Der kleine Bopparder Ortsteil Rheinbay liegt an einem leicht ansteigenden Hunsrückhang. Den topographischen Gegebenheiten passt sich auch der neoromanische Kirchenbau mit Dachreiter an. Sein Vorgänger ist für 1657 bezeugt. Er brannte Anfang des 19. Jahrhunderts ab bzw. wurde abgerissen.

Der heutige Bau stammt von 1897–99. Er wurde als neoromanische Saalkirche mit eingezogenem, dreiseitigem Chorschluss aus unverputztem Bruchstein und Backstein erbaut.

Der Innenraum besitzt einen neobarocken Hochaltar von 1925 mit einer Madonna auf der Mondsichel aus dem frühen 18. Jahrhundert. Qualitätvoll ist auch die Sebastianfigur (um 1830). Sein Pendant bildet der hl. Josef, eine neugotische Figur, um 1900. Von der interessanten Ausmalung der Erbauungszeit wurden nur die Bereiche um die Stirn- und Unterseite des Chorbogens und die Gurtbögen wiederhergestellt. Ursprünglich waren auch die Gewölbekappen ornamental bemalt.

Rheinbay, Kirche St. Sebastian, 1897–99, Sebastians-Figur, um 1830.

links: Ansicht mit seitlichem Sakristeibau, 1925.
unten links: Madonna, frühes 18. Jh., in neobarockem Altar, 1925.
unten: Inneres mit Chor, Wandmalerei am Chorbogen mit dem Hl. Lamm, umgeben von musizierenden Engeln, um 1899.

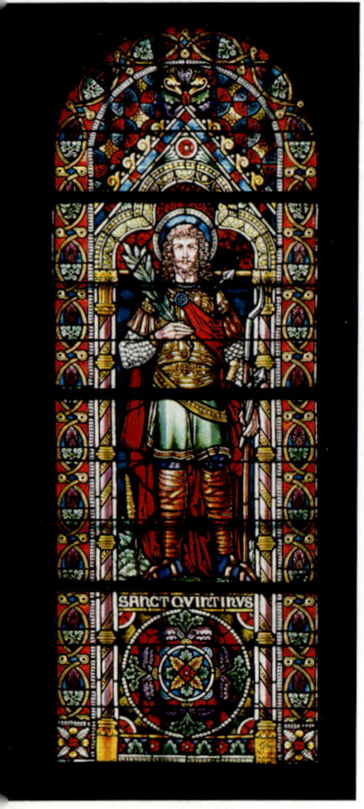

KARBACH: EHEM. PFARRKIRCHE ST. QUINTIN

Westlich außerhalb des Ortes steht auf dem Friedhofsgelände die ehem. Pfarrkirche St. Quintin. Sie wird 1330 erstmals genannt. Der heutige Barockbau, dessen Westturm 1840 abgebrochen wurde, wirkt außen schlicht. Der Innenraum ist dagegen prunkvoll mit einem Rokokoaltar (Mitte 18. Jahrhundert) ausgestattet und der einzige im Welterbegebiet Mittelrheintal mit spätbarocker Ausmalung und Rokokoausstattung. Sie wurde vielleicht 1748 von J. A. Neurohr geschaffen. Im Altar steht ein Gnadenbild (15. Jahrhundert).

Karbach, ehem. Pfarrkirche St. Quintin, Glasfenster mit dem Kirchenpatron, 1899, von Mayr in Koblenz, Innenansicht (unten), Kanzeldetail (rechts) und Gnadenbild, 15. Jh. (außen rechts).

oben links und rechts: Karbach, ehem. Pfarrkirche St. Quintin, Außenansichten.

KARBACH: KATH. KIRCHE ST. ANNA

In der Ortsmitte steht die kleine Kirche St. Anna. Sie wurde 1770 als Saalkirche mit dreiseitigem Chorschluss und Westturm erbaut und 1923 nach Osten erweitert.

Hll. Anna und Maria, um 1900 .

Karbach, Kirche St. Anna, 1770. oben: Inneres nach Osten mit einem Herz-Jesu-Hochaltar. links: Ansicht von Süden. unten: Hl. Hedwig.

BAD SALZIG, WEILER BEI BOPPARD

Bad Salzig und Weiler sind Stadtteile von Boppard. Salzig führt seit 1925 den Titel Bad. Die Erschließung zweier Quellen 1901–05 durch Theodor Baginskis, gen. Hoffmann, führte zur Gründung des Heilbads.

Bad Salzig, Pfarrkirche St. Aegidius, Fassade, 1902, und Turm, 15. Jh.

BAD SALZIG: KATH. PFARRKIRCHE ST. AEGIDIUS

Über dem Ort, inmitten des Friedhofs und über eine große Treppe erreichbar, thront die Kirche St. Aegidius. Eine Ägidiuskapelle wird in Salzig erstmals 1275 erwähnt. Die ältesten Bauteile der heutigen Kirche stammen von einer gotischen Kirche des 15. Jahrhunderts, dessen Langhaus 1702 barockisiert und nach Süden vergrößert wurde. Der heutige Bau entstand 1899–1902 nach Plänen von Lambert von Fisenne aus Gelsenkirchen in neugotischen Formen. Der Architekt bezog die gut erhaltenen mittelalterlichen Bauteile – den Chor und den Turm – der alten Kirche in den Neubau mit ein. Während der Altbau geostet war, „drehte“ man nun das neue Langhaus in Nord-Süd-Richtung – wie z. B. auch in Niederheimbach – und fügte es somit rechtwinklig an den alten Teil an.

Da der Neubau in gänzlich größerem Maßstab entstand, verschwindet der dreigeschossige Turm aus dem 15. Jahrhundert fast unter dem neuen Langhausdach. Und auch der spätmittelalterliche rippengewölbte Chor mit 5/8-Schluss wirkt nun durch die niedrigen Proportionen wie eine kleine Seitenkapelle. Andererseits zeigt sich in der gleichen Stilwahl von Alt- und Neubau, der gleichen Farbigkeit, identischen Fensterformen, Verwendung von Strebepfeilern und der einheitlichen Schieferdeckung das Bemühen um eine einheitliche Gesamtwirkung.

Das Langhaus präsentiert sich im Innern als breit gelagerte dreischiffige Staffelhalle. Die heutige Farbigkeit soll dem ursprünglichen Zustand entsprechen. Die Malerei war wahrscheinlich ursprünglich leuchtender und im Detail kunstvoller.

Höhepunkt des Innenraums bildet der neugotische Hochaltar, der eine 84 cm hohe Skulptur des hl. Aegidius aus der 2. Hälfte des 14. Jahrhunderts besitzt. Die Hirschkuh ist ergänzt. Ur-

oben: Ehem. spätgotischer Chor, 15. Jh. (an der Nordseite Kruzifix, Anfang 15. Jh.). unten: Ölberggruppe, Anfang 16. Jh., im früheren Westportal des Turms.

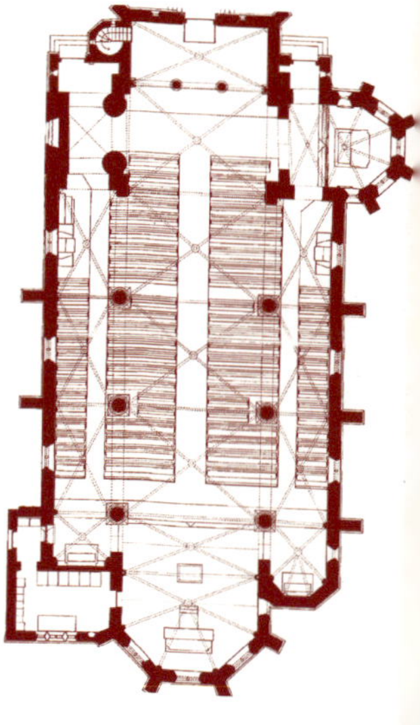

links: Josefsaltar, 1901. rechts: Grundriss. Deutlich zeichnet sich der geostete gotische Bau im nördlichen Eingangsbereich der heutigen Kirche ab.

Bad Salzig, Pfarrkirche St. Aegidius, 15. Jh. und 1899–1902, Ansicht von Südwesten (oben), Inneres nach Süden.

Bad Salzig, Pfarrkirche St. Aegidius.
oben links: Ehem. spätmittelalterlicher Chor, 15. Jh., heute Kriegergedächtniskapelle mit spätgotischer Sakramentsnische, 15. Jh., Vesperbild, 2. Hälfte 15. Jh., und Christus am Ölberg (vergrößerte Nachbildung des Gnadenbildes von Nothgottes in Rüdesheim), Skulptur wohl des 17. Jhs.
links: Orgel, 1703. Sie war von dem Würzburger Hoforgelbauer Johannes Hofmann für das Bopparder Kloster Marienberg gebaut worden, 1802/03 in die Karmeliterkirche in Boppard und schließlich 1903 nach Bad Sinzig gekommen. Der Orgelprospekt entspricht der ebenfalls von Hofmann geschaffenen, 1945 zerstörten Stifsorgel im Querschiff des Würzburger Doms.

unten: Hl. Aegidius, Holzfigur, 2. Hälfte des 14. Jhs., im neugotischen Hochaltar.

sprünglich besaß die Figur wohl eine Abtsmitra. Die Seitenflügel mit einer Kopie nach Tiepolo schuf C. Leschzynski 1927.
Der achteckige schwarze, neugotische Marmor-Taufstein ist auf 1878 datiert und stammt noch aus der alten Kirche. An den Südenden der Seitenschiffe stehen neugotische Altäre von 1901 mit den Figuren Maria und Josef. Bedeutendstes Ausstattungsstück ist neben dem hl. Aegidius ein Vesperbild (2. Hälfte des 15. Jahrhunderts) im alten Chor mit neuerer Fassung. Beachtenswert sind zudem eine Petrusfigur (verkleinerte Nachbildung der Figur von Weiler), um 1900, ein Kruzifixus im Turmjoch, 16. Jahrhundert, eine Josefsdarstellung mit Kind, 18. Jahrhundert, mit neugotischer Fassung.

oben: Darstellung des Mannawunders von Duderski und P. Nicolaus aus Andernach, 1908, großflächiges Wandgemälde über dem Eingang zur Sakristei.
unten: Hl. Ägidius mit der Hirschkuh, Ausschnitt der neugotischen Glasmalereien, um 1905, rechtes Fenster des neugotischen Chors (im Chor linkes Fenster mit der Taufe Christi, in der Mitte Christuskopf mit zwei Engeln).

BAD SALZIG/BUCHENAU: EV. KIRCHEN

Zur evangelischen Kirchengemeinde Boppard gehören die Ortsteile Buchenau und Bad Salzig. Die Kleinkirche Buchenau wurde 1969 am Ende einer Seitenstraße der Neubausiedlung in Form eines Ein-First-Zeltes errichtet. Durch die großen Glasscheiben wirkt der kleine Bau transparent und offen. Die Berghang-Kapelle in Bad Salzig von 1936 ist im Heimatstil erbaut (vgl. auch die kath. Herz-Jesu-Kirche in Friedenssegen). Sie zeigt einen klaren, traditionellen Baukubus mit steilem, verschiefertem Dach und mit einem Dachreiter über der Westfassade.

oben: Buchenau, Kirche, 1969.
rechts: Bad Salzig, Berghang-Kapelle, 1936.

WEILER: KATH. PFARRKIRCHE ST. PETER IN KETTEN

Ehemals östlich außerhalb des Dorfes, heute inmitten des nach 1945 erschlossenen Wohngebiets steht die bemerkenswerte Kirche St. Peter in Ketten. Auftraggeber der im 2. Viertel des 13. Jahrhunderts erbauten Kirche waren wahrscheinlich die Herren von Wilre zu Kleeburg.

Die Dorfkirche besitzt im Osten einen mit Rundbogenfriesen und Ecklise-

Weiler bei Boppard, Pfarrkirche St. Peter in Ketten, 13. Jh., Ansicht von Südosten, Dachreiter mit Haube 18. Jh.

Weiler, Pfarrkirche St. Peter in Ketten.
oben: Petrusfigur, um 1340.
rechts: Rest eines Passionszykluses, Wandmalerei, 15. Jh.

nen verzierten wehrhaft wirkenden Rechteckchor aus dem 2. Viertel des 13. Jahrhunderts, der vielleicht ursprünglich als Erdgeschoss eines Chorturms gedacht war. Daran schließt sich nach Westen ein vierachsiger Saal der 2. Hälfte des 13. Jahrhunderts an, der 1953 nach Plänen von Schaaf in geringfügig verkleinerten Proportionen nach Westen verlängert wurde. Bemerkenswert ist, dass das bauzeitliche Dachwerk über dem Chor und dem Langhaus noch erhalten ist und zu den ältesten im Mittelrheintal gehört. Während der Chor gewölbt ist, besitzt der Saalraum trotz Strebepfeilern eine flache Balkendecke. 1981 rekonstruierte man die ursprüngliche Raumausmalung nach Befund.

oben: Ansicht von Nordwesten mit dem Anbau von 1953 rechts und dem frühgotischen Saalbau des 13. Jhs. links.
links: Chor mit Kreuzrippengewölbe, 2. Viertel 13. Jh., mit Hochaltar, Mitte 18. Jh.

Weiler bei Boppard, Pfarrkirche St. Peter in Ketten, 13. Jh. oben: Ansicht nach Osten mit Barockaltären, 18. Jh., dem Passionszyklus, 15. Jh., und Barockfiguren mit der Muttergottes und hl. Maria Magdalena an der Südwand. unten links: Hängekreuz vor dem Chorbogen, 15. Jh. unten rechts: Pieta, Anfang 16. Jh.

VON BOPPARD BIS STOLZENFELS

Boppard, die größte Stadt am Rhein zwischen Bingen und Koblenz, ist seit vorgeschichtlicher Zeit ununterbrochen besiedelt. Schon unter Kaiser Claudius (41–54 n. Chr.) dürfte im Zuge des Ausbaus der Rheintalstraße eine Befestigungsanlage erbaut worden sein. Von dem um 370 errichteten spätrömischen Kastell sind zahlreiche Mauerteile und Türme erhalten. Auch aus frühchristlicher Zeit gibt es bedeutsame Befunde. Schon 803 wird Boppard als Stadt bezeichnet, die vor allem im Mittelalter ihre Blütezeit erlebte. Boppard weist neben Koblenz und Oberwesel im Welterbegebiet Mittelrheintal die größte Dichte an bedeutsamen Kirchen auf.

Boppard, Kupferstich von Matthäus Merian, 1646.

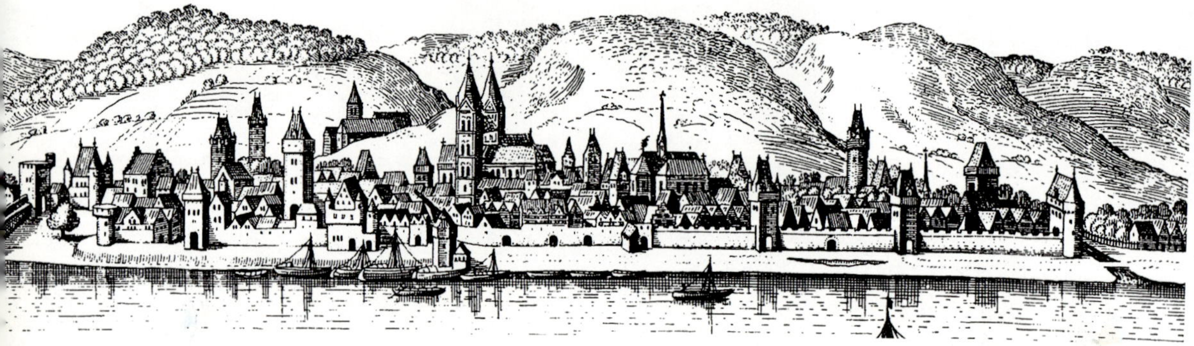

BOPPARD: EHEM. STIFTSKIRCHE ST. SEVERUS

Boppard, St. Severus, Grabstein des Diakons Besontio und der Justiciola mit Tauben, Kreuze und Christogramm, 5. Jh.

Die ehem. Stiftskirche St. Severus liegt im Zentrum der Stadt, im Süden und Osten umgeben von einer großen Platzanlage. Seine Türme dominieren die Stadtsilhouette.

Die heutige Kirche hat ihre Ursprünge in der an der rheinischen Kastellmauer seit Mitte des 4. Jahrhunderts gelegenen Thermenanlage. Diese war Anfang des 5. Jahrhunderts zerstört worden. Wenige Jahrzehnte später wurde das verfallene Gebäude zur Kirche ausgebaut. Der rekonstruierbare Saalbau mit Apsis (32 x 9 m, vgl. Abb. rechts) ist für das frühe Mittelalter ein sehr bedeutender Befund. Im Innern war der erhöht im Osten gelegene Chorraum abgeschrankt, wobei in der Mitte der Schrankenwand ein erhöhter, 6 m langer und 1,4 m breiter Gang mit einer Brüstung in das Kirchenschiff zu einem runden Ambo, d. h. einer in der Raummitte stehenden Kanzel, führte. Im Westen lag der durch eine vermutlich hölzerne Wand abgetrennte Baptisteriumsbereich, in dem das gemauerte Taufbecken mit sieben halbkreisförmigen Einbuchtun-

rechts: Rekonstruktion der Kirche des 5. Jhs. unter der heutigen Kirche mit Taufbecken im Vordergrund und dem Ambo im Hintergrund.

gen (für einen hölzernen Baldachin) stand.
Den Gründungsbau ersetzte man im 8. und im 10. Jahrhundert durch Neubauten. Im 12. Jahrhundert wurde die Kirche Stiftskirche mit einem Propst an der Spitze. Wenige Jahrzehnte später, um 1200, entschlossen sich die Stiftsherren zu einem repräsentativeren Neubau, dem heuti-

Boppard, St. Severus, um 1200–1234, reich gegliederte Emporenbasilika mit zwei Chorflankentürmen.

Boppard, St. Severus, um 1200–1234, das eng beieinander stehende, fünfgeschossige Turmpaar dominiert den Bau.
In den Türmen hat sich das mittelalterliche Geläut mit fünf Glocken (um 1236–1439) erhalten.

gen dreischiffigen spätromanischen Bau.
Die Arbeiten begannen mit den fünfgeschossigen Türmen, die den Raum zwischen dem Chor und dem Langhaus einschnüren – ein ungewöhnlich beengtes und großes Beispiel von Chorflankentürmen. Es folgte der Bau des dreischiffigen, steilen Langhauses, das mit dem nördlichen Seitenschiff und dem Nordturm auf der römischen Stadtmauer steht und wahrscheinlich 1225 geweiht wurde. Wichtiges Schmuckmotiv der Türme und des Langhauses sind breit gelagerte Kleeblattbögen. Sie kommen z. B. auch an der Chorapsis von St. Kastor in Koblenz vor. Kurz nach 1225 begannen die Bauarbeiten zum Chor, der 1234 vollendet war. Er zeigt, wie beispielsweise das Bonner Münster, eine ungewöhnlich dekorative Gestaltung mittels Zwerggalerie, Blendbögen, Kreisfenstern und Säulchen.
Das Mittelschiff der Emporenbasilika wirkt steil und dunkel. Die Innenausmalung des 13. Jahrhunderts wurde

rechts: Innenansicht nach Osten, steiles Mittelschiff mit viergeschossigem bzw. dreizonigem Aufriss, bestehend aus Pfeilerarkaden und getreppten Bogenläufen, gekuppelten, bogenüberfangenen Emporenöffnungen und darüber unregelmäßig verteilten Öffnungen und als oberste Zone der Obergaden mit Fächerfenstern. Ungewöhnlich sind die aufgebusten Spitzbogentonnen, besetzt mit jeweils sechzehn radial angeordneten Rippen.

unten: Grundriss und Hauptportal an der Westwand, Stufenportal mit figürlichen und floralen Motiven.

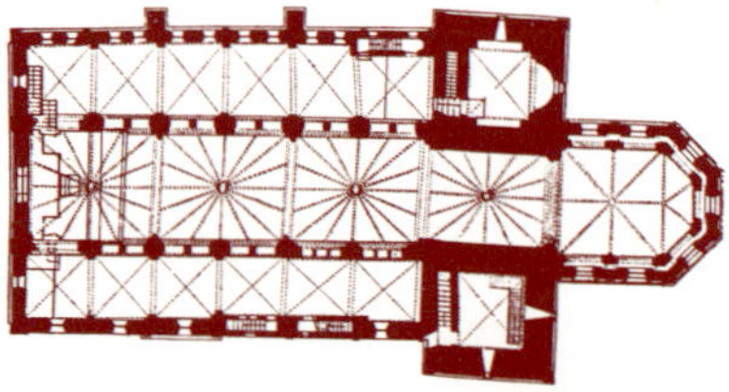

Boppard, St. Severus, um 1200–1234.
links: Ansicht nach Osten.
oben: Südwand des Mittelschiffs mit rundbogigen Erdgeschossarkaden und gekuppelten Emporenöffnungen mit Überfangbogen.

Hl. Georg (oben) und Kaiser Heinrich II. (unten), Glasmalerei, 1882/83, von Wilhelm Mayr, Fenster im südlichen Seitenschiff.

unten: Wandmalerei mit der Legende des hl. Severus, 1890 nach der mittelalterlichen Vorlage neu gemalt, erstes Mittelschiffjoch der Nordwand.

1888–95 wiederhergestellt. Die Farbfassung ist aufgrund ihrer Farbintensität und der Vielzahl von Motiven die aufwendigste romanische im Welterbegebiet Mittelrheintal.

An der Nordwand des Mittelschiffs ist die Legende des hl. Severus dargestellt. Sie wurde mit Hilfe von Pausen nach dem spätmittelalterlichen Original 1890 neu gemalt. Auch für die Deckenmalerei im südlichen Seitenschiff (Deesisgruppe bzw. Heiligenlegenden) nutzte man 1890 diese Technik.

Wandmalerei mit Szenen aus dem Legendenkreis des hl. Ägidius und dem der Zehntausend Märtyrer, Detail, südl. Seitenschiff.

unten: Thronende Madonna, um 1260.

Triumphkreuz, um 1230, 2,83 m hoch, eines der bedeutendsten Werke spätstaufischer Holzplastik, verwandt mit dem Kopf des Triumphkreuzes aus St. Maria im Kapitol in Köln.

unten: Madonna mit Kind, um 1450/60.

Hl. Florian, Glasmalerei, 1986, von Christa Steiner-Jörg.

BOPPARD: EHEM. KARMELITERKIRCHE UNSERE LIEBE FRAU

„Traubenmadonna", Kopie, Original um 1320/30, in der Nische der Sakristei. Sie erhält die ersten reifen Trauben.

Das nahe des Rheins gelegene ehem. Kloster ist nach Köln und Würzburg das drittälteste Karmeliterkloster in Deutschland. 1262 waren die ersten Mönche des Bettelordens nach Boppard gekommen, 1264 erhielten die Karmeliten durch den Erzbischof Heinrich die Erlaubnis zum Erwerb von Grundbesitz und zum Bau eines Klosters. Die Kirche besitzt nach der Liebfrauenkirche in Oberwesel die

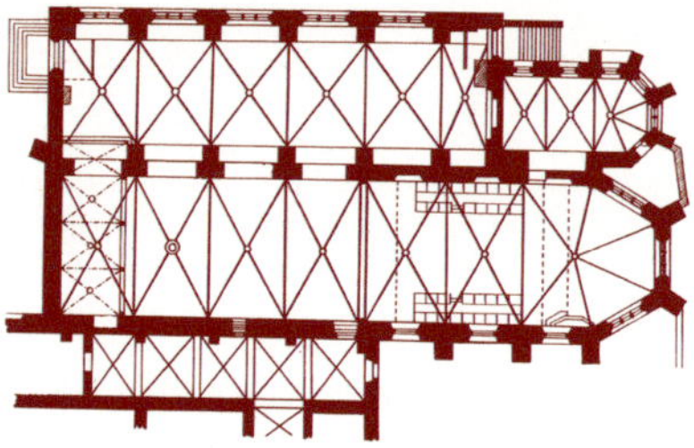

oben: Grundriss.
unten: Ansicht von Nordosten.

Boppard, ehem. Klosterkirche des Karmeliterklosters Unserer Lieben Frau, Hauptschiff 1. Drittel 14. Jh., Seitenschiff 1439–44.
oben: Ansicht von Westen.
recht: Mittelschiff, Ansicht nach Osten.

kunsthistorisch bedeutendste Ausstattung im Welterbegebiet.
Mit dem Bau der heutigen Kirche wurde als einschiffiger Saalbau um 1300 begonnen. Um 1330 waren die Chorgewölbe vollendet, das Langhaus verblieb zunächst mit Flachdecke. Gegen 1420/1430 erfolgt die Einwölbung des Langhauses. Ein Schlussstein trägt das Wappen des Erzbischofs Otto von Ziegenhain (1418–30). Wenig später (1439–44) erweiterte man die Kirche durch ein nördliches Seitenschiff, das fast die Größe des Langhauses besitzt.

oben: Seitenschiff, 1439–44, nach Osten mit Barockaltar, 1739.
oben rechts: Orgelempore, 1460/70, mit Blattkapitellen, Fischblasen-Maßwerkbrüstungen, krabbenbesetzten Kielbögen.
unten Mitte und rechts: Chorgestühl, um 1460/70, zu je zwei neunsitzigen Reihen, aufwendigstes Gestühl am Mittelrhein.
unten links: Steinkanzel, 14. Jh., mit Blendmaßwerk.

Kreuzaltar, neugotischer Flügelaltar mit spätgotischer Kreuzigungsgruppe, um 1510/15, Ulmer Bildschnitzer Nikolaus Weckmann, ursprünglich für eine Kirche in Hagnau am Bodensee geschaffen. Seitenflügel mit einer qualitätvollen Kopie (um 1900) nach der Lyversbergschen Passion (Wallraf-Richartz-Museum in Köln).

unten links: Pieta, eindrucksvolle mittelrheinische Arbeit im Weichen Stil, um 1420/30.

unten Mitte: Überlebensgroße Doppelmadonna im Rosenkranzrahmen, ausgehendes 17. Jh., Anton Wermerskirch zugeschrieben.

unten rechts: Madonna, um 1480, mit zeittypischen Knitterfalten.

1454 erfolgte die Einwölbung des Seitenschiffs durch Heinz Schmirling aus Bacharach. Die Klostergebäude wurden 1728–30 durch einen Neubau (heute Stadtverwaltung) ersetzt. 1803 wurde das Kloster aufgelöst.

Das Seitenschiff mit seinen fünf großen Maßwerkfenstern bildet die Fassade zum Rhein, während die Westwand schlicht ausgebildet ist und städtebaulich nicht in Erscheinung tritt. Langhaus und Seitenschiff besit-

Wandgrab des Grafen Johann von Eltz († 1547) und seiner Frau Maria von Breitbach († 1544) im Chor, Hauptwerk der Hochrenaissance und Werk des Meisters des Metzenhausendenkmals von 1542 im Trierer Dom, Relief mit der Taufe Christi.

oben: Grabmal der Margarethe von Eltz († 1500) im Chor, 1519, Werk des Eichstätter Bildhauers Loy Hering, ein Hauptwerk der süddeutschen Frührenaissance, Gnadenstuhl-Darstellung in Anlehnung an Dürer.

oben Mitte: Grabplatte des Wilhelm von Schwalbach († 1483) und seiner Gemahlin Anna von der Leyen († 1483)

unten: Grabmal des Siegfried von Schwalbach († 1497) in Ritterrüstung.

zen je ein eigenes Satteldach. Die heutige geschweifte Laterne von 1766 ersetzt einen gotischen Dachreiter mit spitzem Turm. In einer Nische der Sakristei steht die Kopie der sogenannten Traubenmadonna, eine 105 cm hohe Steinfigur, die um 1320/30 unter oberrheinischem Einfluss entstand. Traditionell erhält sie jedes Jahr in der Hoffnung auf reiche Ernte die ersten reifen Trauben einer Weinlese-Saison als Geschenk.

Seitenschiff und Langhaus sind gleich hoch und kreuzrippengewölbt. Der Innenraum beeindruckt durch seine qualitätvolle, reiche Ausstattung. Die ehemaligen gotischen Glasfenster (um 1440–60) befinden sich heute jedoch in den Museen von Darmstadt, Köln, Glasgow und New York.

Kunstvoll maßwerkgeschnitzter Dreisitz, um 1480, im Chor.

Überlebensgroßer Kruzifixus, 1465, im Seitenschiff.

BOPPARD: EV. CHRISTUSKIRCHE

Trotz des 1783 erlassenen Tolerenzedikts des letzten Trierer Kurfürsten Clemens Wenzeslaus, das die Niederlassung von Evangelischen im Erzstift Trier genehmigte, lebten bis um 1800 im katholischen Boppard keine evangelischen Christen. Erst im Laufe des 19. Jahrhunderts stieg die Zahl infolge des Arbeiterzustroms durch die Industrialisierung und aufgrund des Anschlusses von Boppard an das Königreich Preußen 1815, in dessen Zusammenhang evangelische Beamten nach Boppard kamen. Die Gemeinde Boppard wurde daher erst 1846 gegründet.

1847 klärte sich der preußische König Friedrich Wilhelm IV. bereit, für einen evangelischen Kirchenbau die gesamten Baukosten einschließlich der Ausstattung in Höhe von etwa 10.000 Talern zu übernehmen. Der neugotische Entwurf von Lassaulx wurde abgelehnt. 1850–52 kam die neoromanische Kirche nach Plänen von Bauinspektor Althoff aus Koblenz zur Ausführung. Der „altchristliche“ Baustil,

Boppard, Christuskirche, Foto vor 1885 mit dem Zustand der 1850–52 erbauten Kapelle (Foto: Evangelische Kirchengemeinde Boppard). Vor der Fassade steht heute der Turm. Der Südflügel der Säulenvorhalle wurde 1972 um 90 Grad gedreht.

Boppard, Christuskirche, 1850–52, 1885–87, heutiger Zustand, ursprünglich steinsichtig, neoromanische Bauweise, kreuzförmige Saalkirche mit Rundbogenapsis.

Boppard, Christuskirche, 1850–52, 1885–87, Innenansichten; oben: Portal von 1851.

der Orgelchor und die das Erscheinungsbild prägende Säulenvorhalle waren auf Veranlassung Friedrich Wilhelms IV. ausgeführt worden. Schon bei seiner Einweihung befand der anwesende König die Kirche als zu klein. 1885–87 wurde sie aufgrund der gestiegenen Gemeindemitglieder tatsächlich durch einen östlichen Erweiterungsbau und einen Westturm, der vor die alte Fassade gestellt wurde, nach Plänen von August Heins aus Boppard vergrößert. Das preußische Ministerium als Bewilligungsbehörde forderte, die „Anlehnung der neuen Bautheile an den Character der alten“. Der ursprünglich unverputzte kreuzförmige Saalbau mit halbrundem Chor und quadratischem Westturm besitzt einen eindrucksvollen Innenraum. Er wird durch kuppelartige Gewölbe, hohe Säulen mit romanisierenden Kapitellen und die achteckige Vierung mit flacher Rippenkuppel geprägt. Die Architektur hat ihre Entsprechungen in den byzantinischen Kreuzkuppelkirchen. Die originale Ausstattung ist leider zu großen Teilen zerstört.

BOPPARD: EHEM. FRANZISKANERINNEN-KLOSTERKIRCHE ST. MARTIN

Südlich der Altstadt liegt am Ortsrand das ehem. Franziskanerinnenkloster St. Martin. Die neben einem fränkischen Gräberfeld gelegene Martinskirche, 911 erstmals genannt, geht wahrscheinlich auf ein fränkisches Königsgut zurück. 1425 wird erstmals ein Beginenkonvent genannt, das wenig später die dritte Regel des hl. Franziskus (Tertianerinnen) annahm. Das Kloster wurde 1803 aufgelöst. Die Anlage wird heute von der Evangelischen Kirche im Rheinland genutzt.

Die Klosterkirche wurde 1766–68 als dreiachsiger Saalbau mit Strebepfeilern erbaut. Im Zuge der neugotischen Umgestaltung 1852–58 erhielt die Fassade u. a. den heutigen Giebel.

Boppard, ehem. Kloster St. Martin.
unten: Klosteranlage, 1726, um 1880 mit Spätrenaissancegiebeln aufgewertet, Klosterkirche, 1766–68, Saalbau mit Dachreiter, Fassade, 1852–58, mit neugotischem Giebel und Nischenfigur des Guten Hirten (rechts).

Klosterkirche, 1766–68, Inneres nach Osten (oben) und nach Westen mit Empore (unten).

BOPPARD: EHEM. FRANZISKANERKLOSTERKIRCHE

oben: Ansichten, Chor und Fassade.

Das ehem. Franziskanerkloster (heute Bundesakademie für öffentliche Verwaltung) steht unmittelbar am Rhein im südlichen Teil der Altstadt. 1623 genehmigte Kurfürst Lothar von Metternich die Niederlassung des Franziskanerordens in Boppard. Doch erst 1683–86 entstand mit dem heutigen Bau die erste Klosterkirche. Nach Auflösung des Klosters 1802 ersetzte man 1864–68 die Klostergebäude durch Neubauten. Die im gotisierenden Barock 1683–86 als rippengewölbter Saalbau errichtete Klosterkirche wurde 1864–68 durch eine Zwischendecke in zwei Geschosse geteilt und durch neuromanisch-gotische Detailformen (Fialenbekrönung und Portalgiebel an der Fassade, Fenstermaßwerk) bereichert. Zeitgleich entstand im Obergeschoss eine Kapelle mit guten Wand- und Glasmalereien (von Wilhelm Mayr).

Boppard, ehem. Franziskanerklosterkirche, Inneres nach Osten (unten) und Detail (oben).

JAKOBSBERG: KATH. KAPELLE

Der Jakobsberger Hof, seit 1970 Hotel mit Golfanlage, liegt am Steilhang oberhalb des Rheins. Das ehem. Simultankloster St. Jakobus geht auf eine Gründung Kaiser Friedrich Barbarossas von 1157 zurück. Nach Aufgabe des Klosters Mitte des 15. Jahrhunderts erfolgte 1497 die Neubesetzung durch den Kreuzherrenorden. 1643 erwarben die Jesuiten in Koblenz die Anlage, und nach deren Auflösung 1773 fiel der Jakobsberg mit seinen Ländereien an das Koblenzer Gymnasium, das ihn Ende des 19. Jahrhunderts privat verkaufte.

Jakobsberger Hof, Kapelle, 17.-19. Jh. unten links: Jakobus-Altar, Ende 17. Jh., Figuren um 1900. unten rechts: Ansicht von Südwesten.

SPAY: KATH. KAPELLE ST. PETER UND PAUL

Im südlichen Ortsrand von Spay steht die fast vollständig ausgemalte Peterskapelle, die um 1300 als flach gedeckter Saalbau mit rippengewölbtem Chor erbaut wurde. Die qualitätvollen frühgotischen Wandmalereien stammen aus der Erbauungszeit und werden bis 2004 restauriert. Im Chor sind die Apostel dargestellt, umgeben von Ranken- und Blumenornamenten. Die Südwand zeigt das Jünste Gericht mit der Auferstehung und darunter Passionsszenen, die Nordwand die Seelenwägung und Heilige, darunter Christophorus und Martin und die Ostwand die Anbetung der Hl. Drei Könige und den hl. Martin als reitenden Edelmann, der den Mantel teilt (s. Abb.).

Spay, Peterskapelle, um 1300, mit Wandmalereien.

SPAY: EHEM. KATH. KIRCHE ST. LAMBERTUS

Spay, ehem. Pfarrkirche (Alte Kirche), 1670, Ansicht von Südwesten (unten), Eingangsportal mit Nischenfiguren (oben), Kreuzigung und Passionsszenen (Tafelrückseite), Ende 15. Jh., Kölner Meister der hl. Sippe.

Die sogenannte „Alte Kirche", die ehemalige kath. Pfarrkirche St. Lambertus, liegt unmittelbar am Rhein. Mit der Einweihung der nahegelegenen neoromanischen heutigen Pfarrkirche, die das Patrozinium übernahm, verlor die alte Kirche 1902 ihre Funktion und verfiel. Schließlich stürzte die Kirche bis auf die Umfassungsmauern ein und wurde 1977/78 durch Franz Krautkremer wiederhergestellt. Seit 1979 dient sie als Kulturzentrum. Der ansprechende Saalbau wurde 1670 (Inschrift) mit eingerücktem Rechteckchor und gotisierenden Fenstern als eines der jüngsten Beispiele der Nachgotik errichtet. Der Westturm mit frühbarockem Portal und Haubendach wurde nachträglich angebaut. Im Inneren befinden sich einige Grabsteine und ein Flügelaltar mit einer bedeutenden Kreuzigungsdarstellung des Kölner Meisters der hl. Sippe (Ende 15. Jahrhundert). Die seitlichen hll. Petrus und Johannes der Täufer sind übermalt. Auf der Rückseite sind acht Szenen aus der Leidensgeschichte Jesu dargestellt.

SPAY: KATH. KIRCHE ST. LAMBERTUS

Etwas abgerückt vom Rhein in unmittelbarer Nähe zur Eisenbahnschiene steht die mächtige Pfarrkirche St. Lambertus. Von Boppard kommend liegt sie in der Blickachse mit der Marksburg, die auf der anderen Rheinseite liegt. Städtebaulich nimmt die Umgebungsarchitektur jedoch keinen Bezug zum Kirchenbau, der fast wie ein Fremdkörper wirkt.

Architektonisch ist das Bauwerk – für sich betrachtet – einer der interessantesten historistischen Kirchenbauten im Rheinland. St. Lambertus wurde 1899–1902 nach Plänen der Kölner Architekten Carl Rüdell und Richard Odenthal als Ziegelbacksteinbau in neuromanischen Bauformen errichtet. Es ist wohl die originellste Schöpfung des produktiven Architektenteams. Der Baukörperumriss und Grundriss erinnern sofort an das Aachener Münster. Es handelt sich jedoch – im Gegensatz zur achteckigen Aachener Krönungskirche – um einen nur sechseckigen Zentralbau mit Umgang. Er bestimmt die innere und äußere Erscheinung. An den Zentralbau sind ein zweijochiges Langhaus, eine halbrunde Apsis mit Nebenapsiden

Spay, Pfarrkirche St. Laurentius, 1899–1902, Ansicht (unten) und Gnadenstuhl-Darstellung, 15. Jh. (oben).

Hl. Barbara, um 1470 (oben) und Anna-Selbtritt, um 1500 (unten).

Spay, Pfarrkirche St. Laurentius, 1899–1902; oben: Kuppelbau von Innen. unten: Glasgemälde, um 1900, Chorfenster (oben) und

Hl. Lambertus, Plastik 18. Jh.

oben: Spay, Pfarrkirche St. Laurentius, 1899–1902, von Carl Rüdell und Richard Odenthal, Ansicht nach Osten.

und ein mächtiger Westturm angebaut.
Im Innern sind Reste der bauzeitlichen Ausmalung, qualitätvolle Glasmalereien, die neoromanische Kanzel, der gleichfalls um 1900 entstandene Hauptaltar und das Taufbecken sowie Skulpturen aus dem späten Mittelalter erhalten.

oben: Spay, St. Laurentius, Schmuck-Fußboden im Chor, 1900.

rechts: Spay, Kirche St. Michael, um 1953.

SPAY: ST. MICHAEL

Die kleine Kirche im Ortskern von Oberspay wurde Anfang der 1950er Jahre im Heimatstil mit Satteldach und Dachreiter erbaut.

BREY: KATH. KIRCHE ST. MARGARETHA UND ST. HEINRICH

Bonifatius-Figur, 18. Jh.

Die Kirche liegt in der Ortsmitte, in einer Parallelstraße zur Hauptstraße (Rheingoldstraße), die noch von gepflegten, einzeln stehenden Fachwerkhäusern des 17./18. Jahrhunderts geprägt wird. Die Kirche wurde unweit eines fränkischen Gräberfelds errichtet. Die heutige Kirche stammt aus der Mitte des 14. Jahrhunderts, von der sich der östliche Teil mit dem rippengewölbten Chor mit Maßwerkfenstern und Dachreiter erhalten hat. Ersetzt wurde 1954/55 das gotische Langhaus durch einen größeren Neubau, der sich durch das in Holz verkleidete Gewölbe (wie in Niederburg) auszeichnet. Von der Ausstattung sind vor allem die Glasscheiben mit Grisaillemalerei (1. Drittel 15. Jahrhundert) hervorzuheben. Das mittlere Chorfenster zeigt den Kirchenpatron Kaiser Heinrich II. Der Hochaltar stammt ebenso wie einige Figuren aus der Barockzeit (18. Jh.).

Brey, Kirche St. Margaretha und St. Heinrich, Chor 14. Jh., Langhaus 1954/55, Innenraum (links) und Außenansichten, Barockfigur hl. Helena, Mitte 18. Jh. (rechts), Glasfenster im Chor (unten).

RHENS: ALTE KATH. PFARRKIRCHE ST. DIONYSIUS

Unmittelbar vor dem südlichen Stadttor der mittelalterlichen Stadtbefestigung steht auf einem Hügel innerhalb des Friedhofs die alte Pfarrkirche St. Dionysius. Ein Kreuzweg mit barocken Stationshäuschen führt zur Kirche.

Rhens war im 7. Jahrhundert im Besitz des Kölner Erzbischofs. Pfarrei und Kirche fielen 945 an das dortige Ursulastift. Da Rhens 1445 an die Grafen von Katzenelnbogen und danach an deren Nachfolger verpfändet war, wurde hier breits 1528 die Reformation eingeführt. Mit der Rekatholisierung erfolgte 1644 die Neuweihe der Kirche.

Die Saalkirche wird durch den wehrhaften Westturm mit tonnengewölbtem Erdgeschoss geprägt, der um 1200 mit Rhombendach und spätromanischen Kleeblattblendfeldern erbaut wurde (vgl. St. Severus in Boppard). Die Schallöffnungen wurden um 1500 gotisch umgestaltet. Der flach gedeckte Saal mit Fischblasen-Maßwerk-Fenstern und der gewölbte Chor sind spätgotisch (wohl frühes 16. Jahrhundert). Aus dieser Zeit stammt auch das überlebensgroße Christopherusbild an der Südwand. Im Inneren dominiert die barocke Ausstattung des 18. Jahrhunderts mit dem Hochaltar, den Seitenaltären, der Kanzel von 1736, der Orgel und der Kommunionbank.

Rhens, alte Pfarrkirche, Turm um 1200, Langhaus und Chor, frühes 16. Jh.
oben: Ansicht von Nordwesten.

unten links: Innenansicht nach Westen mit Empore, 2. Hälfte 17. Jh. und Barockorgel.
unten Mitte: Christopherus-Wandbild, frühes 16. Jh.
unten rechts: Himmelfahrt Mariens, Gemälde der Holzkasettendecke, 2. Hälfte 17. Jh.

Rhens, alte Pfarrkirche, Langhaus und Chor, frühes 16. Jh., Hochaltar, Mitte 18. Jh., Seitenaltaraufsätze, um 1700, Kanzel, 1736.

unten: Rhens, neue Pfarrkirche St. Theresia, 1906–08, Außenansichten mit Fassade (unten rechts) und Langhaus mit Seitenkapelle, Querhaus und Sakristeianbau (unten links), qualitätvolle, für die späte Neugotik charakteristische Architektur. Die Gebäudeteile sind zur Steigerung der malerischen Wirkung so entworfen, das sie wie nachträglich angefügt wirken.

RHENS: KATH. PFARRKIRCHE ST. THERESIA

Unterhalb des Friedhofhügels mit der alten Pfarrkirche wurde 1906–08 die neue Kirche St. Theresia nach Plänen von Ludwig Becker aus Mainz erbaut. Sie ist ein typischer Bau des späten Historismus, der sich durch eine perfekte Beherrschung der spätgotischen Bauformen, hohe handwerkliche Qualität der Steinmetzbearbeitung und eine malerische, asymmetrische Gruppierung der Baukörper mit hohem Fassadenflankenturm auszeichnet.

Rhens, neue Pfarrkirche St. Theresia, 1906–08, Innenansicht nach Osten (unten), neugotischer Hauptaltar mit Szenen aus dem Leben Jesu, 1908 (oben), neugotische Seitenaltäre (oben links).

KOBLENZ-STOLZENFELS: KATH. PFARRKIRCHE ST. MENAS

Madonna, Anfang 16. Jh. (oben), und Choransicht mit Blendbögen und Rundbogenfries (unten).

Der Koblenzer Ortsteil Stolzenfels wurde mit der Errichtung der Burg Stolzenfels unter Erzbischof Arnold II. (1242–59) befestigt. Schloss Stolzenfels, das 1835–46 unter Erhalt des als Ruine überkommenen mittelalterlichen Baubestandes nach Plänen von Schinkel, Stüler und Schnitzler in neugotischem Stil errichtet wurde, gehört durch sein malerisches Erscheinungsbild zu den bekanntesten Burgen in Deutschland. Die der Rheinseite vorgelagerte neugotische Schlosskapelle, die Schnitzler über älteren Resten bis 1845 erbaute, wird von der evangelischen Kirchengemeinde zum Gottesdienst genutzt.

Die kath. Pfarrkirche St. Menas liegt am Fußweg zum Schloss. Ihr Vorgängerbau, seit 1197 bezeugt, wurde 1328 dem hl. Menas geweiht und 1819 wegen Baufälligkeit abgebrochen. Der heutige Bau von 1831–33 nach Plänen von Johann Claudius von Lassaulx ist einer der frühen Rundbogenstilkirchen mit neoromanischen Detailformen. Die flachgedeckte Saalkirche mit halbrunder Apsis besitzt qualitätvolle spätgotische Ausstattungsstücke, darunter einen Kruzifixus (Mitte 15. Jahrhundert) und einen hl. Sebastian (um 1500).

unten: Koblenz-Stolzenfels, Pfarrkirche St. Menas, 1831–33, von Joh. Cl. von Lassaulx, zwei der sieben Wandbilder mit Szenen aus dem Alten Testament (Abb. oben), dem Leben Jesu und dem des Kirchenpatrons (unten) von Johann Adolf Lasinsky, 1844.

links: Innenansicht.
oben: Sakramentshaus mit spätgotischer Plastik des Schweißtuchs der Veronika, frühes 16. Jh.
unten: Ansicht von Stolzenfels mit dem Schloss links und der Menas-Kirche rechts.

KOBLENZ – LINKE RHEINSEITE

Koblenz wurde kurz nach Christi Geburt als Kastell zur Sicherung des Moselübergangs der Straße von Mainz nach Köln erbaut. Koblenz entwickelte sich in der Folgezeit zu einer florierenden römischen Handels- und Verkehrsstadt mit einer hölzernen Moselbrücke und wenig später auch über den Rhein. Nach Franken-Überfällen erhielt die Stadt um 300 einen festen Mauerring.

Ab dem 5. Jahrhundert bestand im fränkischen Koblenz ein Königshof. In spätkarolingischer Zeit wurde das 836 geweihte Stift St. Kastor vor den römischen Mauern kulturelles Zentrum. Im hohen und späten Mittelalter blühte die Stadt auf, die zum Erzstift Trier gehörte. Im frühen 13. Jahrhundert ließen sich der Deutsche Orden (1216), die Dominikaner (1233) und die Franziskaner (1236) nieder. 1343 errichtete man unter Erzbischof Balduin die Moselbrücke. Während der Reformationszeit blieb Koblenz katholisch.

In den folgenden Jahrhunderten wirkte sich die günstige Verkehrslage in Kriegszeiten verheerend aus. So wurde die Stadt immer wieder befestigt, teilzerstört, entfestigt und wieder aufgebaut, so während des Dreißigjährigen Kriegs, im Pfälzischen Krieg 1688, während der Franzosenzeit und im 2. Weltkrieg, als die Kernstadt zu 85% zerstört war. Die bedeutendsten Sakral- und Profanbauten wurden nach 1950 teils mit erheblichen Vereinfachungen wiederhergestellt. Die Klöster der Franziskaner, Karmeliter und Dominikaner, ebenso bedeutende Adelspaläste wurden nicht wieder aufgebaut.

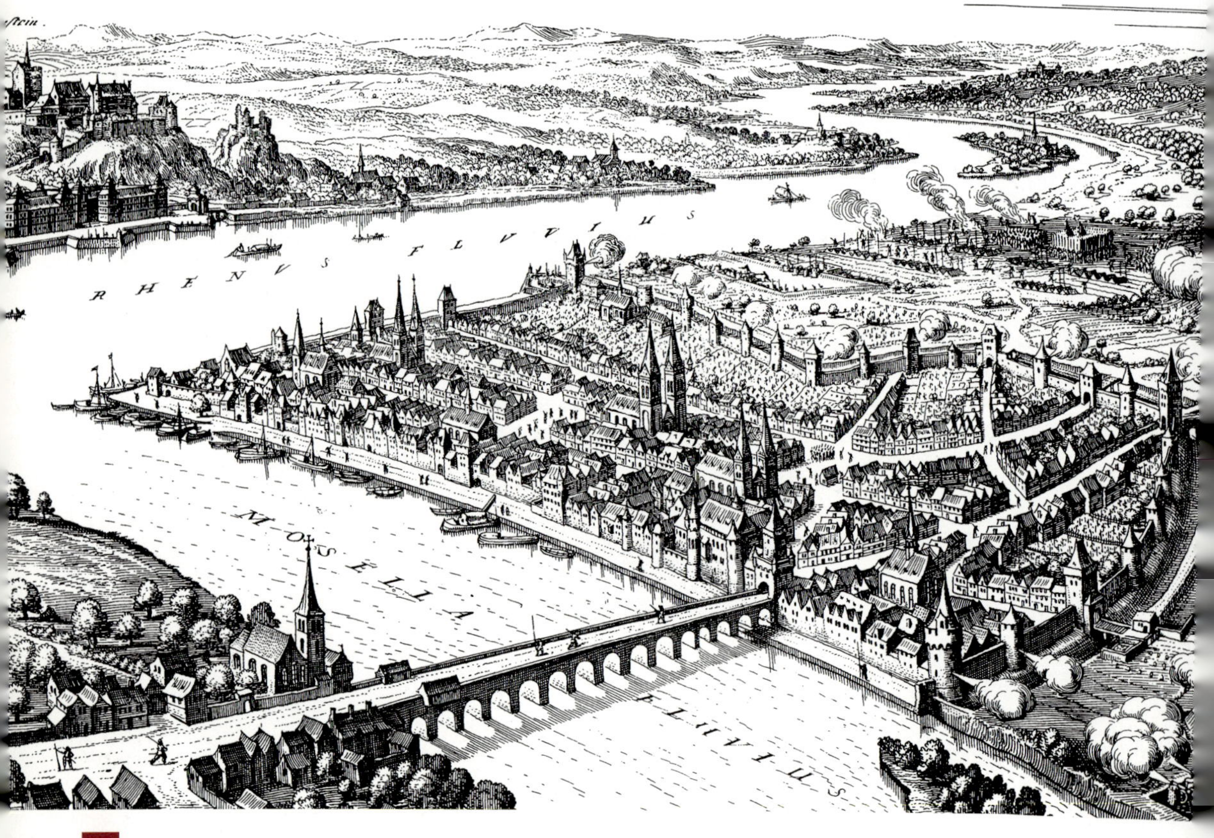

Koblenz, Stadtansicht, Ausschnitt aus Merians Topographie, 1632, mit der Darstellung der Belagerung und Einnahme durch die Schweden.

KOBLENZ: EHEM. STIFTSKIRCHE ST. KASTOR

St. Kastor bildete im frühen und hohen Mittelalter das kulturelle und religiöse Zentrum von Koblenz, obgleich die Kirche bis Ende des 13. Jahrhunderts noch vor den Toren der Stadt lag. Der Gründungsbau ist in geringen Teilen im heutigen Bau erhalten. Er wurde über einem römischen Umgangstempel erbaut und 836 durch Erzbischof Hetti im Beisein von König Ludwig dem Frommen geweiht, nachdem ein Tag zuvor die Gebeine des hl. Kastor von Karden an der Mosel in die Kirche gekommen waren.

Koblenz, ehem. Stiftskirche St. Kastor, Fassade, 11. Jh, Turmobergeschosse frühes 13. Jh. Der heute steinsichtige Bau war bis 1848/49 verputzt und farbig gefasst.

oben links: Kunsthistorisch bedeutendes Grabmal des Erzbischofs Kuno von Falkenstein († 1388) in gotischer Spitzbogenblende im Chor.
oben rechts: Grabmal für Erzbischof Werner von Falkenstein († 1418) in nasenbesetztem Kielbogen im Chor.

unten: Ansicht von Südosten, Apsis mit Blendreihen in Form von Kleeblattbögen, Blendbögen mit Säulen, Zwerggalerie und Chorflankentürmen, um 1150/60.

Wohl schon zur Gründungsphase bestand das Stift, das 1802 aufgelöst wurde.
Die karolingische einschiffige Kirche (vor 836) mit Querhaus, Apsis, Apsisumgang und Chorscheitelrotunde prägt bis heute die Ausmaße der Kirche. Die karolingische Bausubstanz ist in den Fundamenten, beim Querhaus bis zu den Kämpfern des Chorbogens und wohl auch im Westbau erhalten. Der Westbau erhielt seine

Gestalt als Doppelturmfassade in der 1. Hälfte des 11. Jahrhunderts. Die Breite der Front bezieht sich noch auf den einschiffigen karolingischen Vorgängerbau. Um 1150/60 wurde der Chor mit den beiden Flankentürmen erbaut. Nach größeren Zerstörungen 1198 im Krieg zwischen Philipp von Schwaben und König Otto IV. entstand bis 1208 (Weihe) das breite und niedrige romanische Langhaus mit gewölbten Seitenschiffen und flachgedecktem Mittelschiff. Wenig später erhielten die Westtürme ein zusätzliches Geschoss und die beiden verhältnismäßig steilen Rautenhelme. Im späten 15. Jahrhundert erfolgte die Einwölbung des Langhauses und die Neueinwölbung der Vierung mit einem Netzrippengewölbe.

Koblenz, ehem. Stiftskirche St. Kastor, romanische, dreischiffige Basilika mit Querschiff auf den Fundamenten des Karolinger-Baus, zwischen den Pfeilerarkaden des Mittelschiffs und dem Obergaden Scheinemporen in Gestalt von Biforien, auf den vier Säulen des Mittelschiffs die vier großen Propheten des alten Bundes Daniel, Ezechiel, Isaias und Jeremias, 1858, von Josef Fuchs aus Köln, Hochaltar mit Bronzekruzifixus, 1685, von Georg Schweigger aus Nürnberg.

Grundriss nach Krause 1920

schwarz = vor 836
Chor = um 1150/60
Langhaus = vor 1208

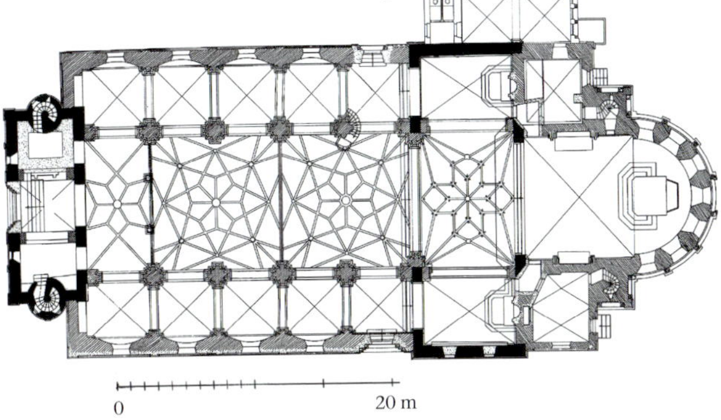

oben: Grabmal des Koblenzer Amtmanns Friedrich von Sachsenhausen und seiner Frau Sopie Schenk von Liebenstein, frühes 15. Jh.
oben Mitte: Grabmal des Dechanten Maternus Gilleneld († 1607).

Kurz nach 1802 brach man die Stiftsgebäude und den romanischen Torbau zum Friedhof ab. 1848/49 wurden im Rahmen einer Instandsetzung unter Joh. Cl. von Lassaulx die barocke Ausstattung und die Chorschranke entfernt. Joseph A. Settegast malte Anfang der 1850er Jahre die Kirche aus. Von den großflächigen Wandmalereien ist seit 1928 nur noch das Apsisgemälde erhalten. Im Rahmen der Außenrestaurierung erneuerte Stadtbaumeister F. W. Maeckler 1890–95 das rechte Seitenschiff und die südliche Sakristei. Im 2. Weltkrieg wurden die Dächer und die Orgel zerstört.

oben: Kanzel, 1625, von Peter Kern.
unten: Gnadenbild, 2. Hälfte 15. Jh., unter böhmischem Einfluss gemalte Tafel, ursprünglich im Besitz der hl. Brigitta in einem Zisterzienserinnenkloster in Schweden.

oben: Marmorfigur mit Darstellung des Joachim (Pendant zur Anna-Figur gegenüber), Mitte 18. Jh., aus dem Koblenzer Residenzschloss, Ferdinand Tietz zugeschrieben.
rechts: 16 Tafelbilder, um 1480, der ehemaligen Chorschranke, darunter Grabsteine.

KOBLENZ: EHEM. STIFTSKIRCHE ST. FLORIN

Die ehem. Stiftskirche ist seit 1818 ev. Pfarrkirche. Sie geht auf die Kapelle des benachbarten fränkischen Königshofs zurück. Der heutige Bau wurde um 1100 errichtet. Der Chor stammt aus der Mitte des 14. Jahrhunderts. Die Kirche war zunächst in allen Teilen flach gedeckt und erhielt seit dem 15. Jahrhundert schrittweise eine Einwölbung. Das Stift wurde 1802 aufgegeben, die neugotische Ausstattung Schinkels von 1820 1929 zerstört.

Koblenz, ehem. Stiftskirche St. Florin, Doppelturmfassade, um 1100, ursprünglich Rautendächer, seit 1899 Spitzhelme, drittes Geschoss zwischen den Türmen spätgotisch, Fenster 17. Jh.

Besuch in St. Florin zu Koblenz von Stephan Weyer-Menkoff

Von weitem her ist die Florinskirche mit ihren beiden spitzen Turmhelmen zu sehen. In der Nähe ist dieser Blick jedoch verloren. Im Wirrwarr der Altstadt geht die Kirche unter. Endlich taucht sie wieder auf, hat jetzt aber zwei zwiebelförmige Turmhelme. Die Kirche Unserer lieben Frau hat sich vor Florin gestellt. Eine Frau kniet vor dem hl. Florin in der Liebfrauenkirche von Oberwesel rheinaufwärts. Sie bittet für ihren kranken Mann; Florin schenkt ihr den Messwein, füllt die leere Kanne mit Wasser nach, das sich dann bei der Messe am Altar zu Wein wandelt. Der Heilige handelt im Verborgenen.

Irgendetwas zu verbergen scheint das Äußere der endlich gefundenen Florinskirche. Verschlossen gibt sich die Ansicht von der Seite. Die Obergaden des Hauptschiffs und die weit nach oben gesetzten kleinen Fenster des Seitenschiffs weisen den Blick ab. Um die Ecke des nahen Turmes öffnet sich zwar ein Marktplatz, die Fassade der Kirche aber verschließt sich im selben Zug. Beide Türme sind ohne Fenster; nur ein kleines Band von Arkaden umläuft das obere Stockwerk. Zwischen beiden Türmen aber ist die Außenmauer mit einem großen gotischen Maßwerkfenster durchbrochen; es ist merkwürdig deplaziert: zu groß und zu hoch. Unter dem Fenster befindet sich ein etwas schmalerer und sehr viel niedrigerer doppeltüriger Eingang mit einem Rundbogen aus Glas. Während rechts und links die fensterlose Fassade eine strikte Trennung und Abweisung vollzieht, stellt das überdimensionierte Fenster in der Mitte samt dem rundbogigen Eingang eine Verbindung von außen und innen her. An den Seiten abweisend, in der Mitte einladend, präsentiert sich die Florinskirche in gegenläufiger Spannung.

Die bronzebeschlagene Tür ist offen und fällt auch nicht wieder zu. Hell, blendend weiß, breit und sehr weit wird es nach dem Eintreten. Fast in Taumel gerät der Eingetretene; es fehlt ihm an Halt. Nach beiden Seiten ist es breit; nach vorne erstreckt sich weit und lang das Kirchenschiff, das am Ende nicht aufhört, sondern sich fortsetzt, um danach noch einmal verlängert zu werden, bis endlich sehr weit entfernt die Apsis das Schiff abschließt. Vorne zieht ein endlos langer Teppich den Weg nach oben; im Rücken steht die Tür zum zugigen Marktplatz offen.

Hier ist kein möglicher Standort; schnell verlässt der Eingetretene den weißen, breiten Eingangsbereich. Er stellt sich an einen der Pfeiler auf der rechten Seite, die das Hauptschiff arkadenförmig von den Seitenschiffen abteilen. Hier kann er stehen. Der Pfeiler gibt dem aufrecht Stehenden einen Standort. Ohne in Taumel zu geraten kann er die Breite und Höhe, vor allem aber die Weite des durch und durch hellen, weißen Kirchenschiffs einsehen. Lange blickt das Auge umher; nirgendwo findet es Halt. Der gegenüber stehende Pfeiler bringt den Blick über kleine Dienste auf weißer Wand nach oben; dort wird der Blick vom weißen Licht der Obergaden zurückgeworfen. Erneut sucht das Auge sich einen Weg. Zwischen den Pfeilern geht der Blick hindurch und trifft auf die weiße Wand des Seitenschiffs. Wieder findet das Auge keinen Halt; der Blick fällt zurück. Im Rhythmus der durch Bögen verbundenen Pfeiler wandert das Auge

Koblenz, ehem. Stiftskirche St. Florin, Inneres nach Westen.

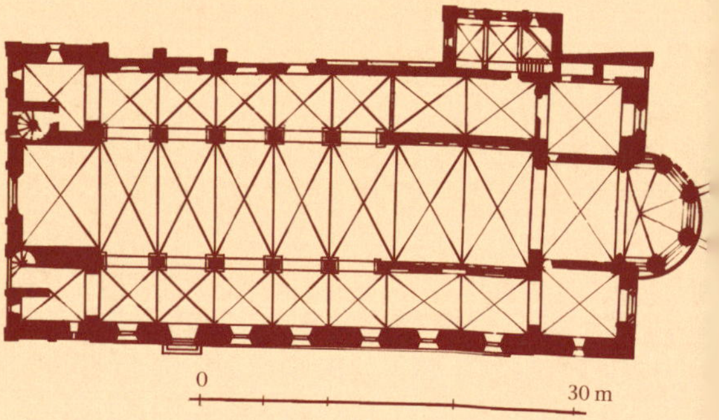

Grundriss der dreischiffigen Basilika.

Koblenz, ehem. Stiftskirche St. Florin, um 1100, Chor um 1350, Mittelschiffgewölbe nach Beschießung 1688 1708–11 neu gewölbt, Altarkreuz von Schinkel/Lasaulx 1820, letztes Kunstwerk der neugotischen Ausstattung.

nach vorne. Am Ende dieser Bewegung stellt sich eine Barriere aus dunklem Stein quer und hält den Blick auf. Gleichzeitig aber drängt es ihn weiter: Die Reihen der Pfeiler sind zu zwei weißen Wänden verschmolzen und ziehen den Blick kaminförmig nach vorne. Diese Vorwärtsbewegung unterstützt ein ockerfarbener Läufer, der an den Stufen zum erhöhten, grauen Fußboden zwischen den weißen Wänden beginnt und seinen Weg stracks nach vorne nimmt. Die Augen folgen; ihren Gang nach vorne verhindert auch ein sicher überaus bedeutungsvoll quergestellter Tisch mit üblicher Sakralausstattung und gefälliger Blumendekoration nicht. Erst an der nächsten, höheren Stufenfolge halten die Augen kurz inne. Zwei Mauervorschübe springen von den Seiten heraus und ziehen einen schmaleren Gurtbogen in das Schiff ein. Das farbige Band aus Ocker bahnt sich jedoch am Boden über die Stufen den Weg weiter nach vorne. Wieder ist ein neues Niveau erreicht; die Länge ist wegen der immens gewachsenen Entfernung nicht mehr abschätzbar. Unbeirrt führt der ockerfarbene Weg weiter, erreicht eine dritte Folge von Stufen, überwindet auch diese. Wo er endet, ist nicht genau abzusehen. Ein fester, breiter und hoher Altar aus grauem Stein nimmt die Vorwärtsbewegung auf und lenkt sie nach oben um. Bei dieser Umlenkung wechselt die Bewegung ihren Gelbton und nimmt einen silbern-goldenen Schein an. Vier hohe Leuchter mit Kerzen erheben sich auf dem Altar; dazwischen ist ein sehr weit nach oben führender goldblinkender schlanker Kreuzesstamm aufgerichtet. Die aufschießende Höhe läßt den kurzen Querarm samt dem daran hängenden Corpus gar nicht ins Gewicht fallen. Der weit oben angesetzte Querarm verbindet lediglich die Aufwärtsbewegung des Schaftes mit dem dahinter in der Wand liegenden breiten Band aus blauem Glas, das weiter nach oben in das spitz zulaufende Gewölbe führt. Hier könnte das Auge Halt machen.

Das Auge des noch immer am Pfeiler Stehenden könnte Ruhe finden, wenn nur das Licht von hinten nicht so störend in das weiße Kirchenschiff einfiele. Es entsteht dadurch ein dem nach vorne und oben führenden Weg zuwider laufender Sog. Von außen schneidet massives Licht das Innere der Kirche auf. Das ungehindert von Westen her einfallende Weiß verbreitet sich permanent dem vor Augen liegenden gold-blauen Abschluß im Osten entgegen. Der brutale Lichteinfall verkürzt das überlange Kirchenschiff und überrollt jeden Platz des Verweilens.

Das Auge kann sich nicht länger im Osten halten; es nimmt sich aus dem Kirchenschiff zurück und senkt sich zu Boden. Auf graue Bodenplatten fällt der Blick. Ausgetreten sind sie, unansehnlich sehen sie aus wie Straßenpflaster. Reicht der Marktplatz bis in die Kirche hinein? Dringt hier schon wieder das Außen ins Innen? Jedenfalls unterläuft der Alltag hier sichtbar jede feierlich gehobene oder innerlich versenkende Stimmung. Jedem nicht alltäglichen Gedanken wird mit dem Pflaster der Straße der Boden entzogen. Auf der durchgehenden Verlängerung der Straße findet kein Gebet den Weg zum Himmel; alles Höhere wird unerbittlich auf Niederes zurückgeholt. Breit einfallendes weißes Tageslicht und ungehindert vordringendes graues Pflaster nehmen vom Westen her dem Kirchenschiff den notwendigen Freiraum zum Atmen. Blass, leicht grün-bläulich bleibt das an den Ostabschluss zusammengedrängte Innere der Kirche übrig. Die Straße hat das Heilige verdrängt, der Markt den Himmel vertrieben, der Alltag die Erleuchtung ersetzt.

Hier kann man nun auch nicht länger bleiben. Der Platz am Pfeiler wird in den Sog hineingezogen; das Pflaster unter den Füßen gibt keinen Stand mehr. Die umherirrenden Augen entdecken die geschlossene Wand des zur Rechten liegenden Seitenschiffs. Nur wenige Schritte sind bis zur schützenden Seitenwand zu gehen, und schon gibt sie dem an sie gelehnten Rücken breiten Halt. Hier zieht nichts nach hinten weg; hier drängt nichts nach vorne weiter. Das Geschiebe des Hauptschiffs wird durch die regelmäßigen Arkadenbögen zuverlässig ferngehalten. Zur Linken verbreitet eine weiße Bretterwand Bedeutungslosigkeit, aber zur Rechten öffnet sich in einigem Abstand ein wohltuend dunkler, etwas höher gelegener Bereich. Aus diesem Dämmer kehrt Ruhe ein; der Ort an der Seitenschiffwand kann zur Bleibe werden.

Schnell ist ein Stuhl aus der Bestuhlung des Mittelschiffs gelöst und an die Seitenwand gestellt. Das Sitzen gehört zum Bleiben. Sitzend läßt sich das ungastliche und zugige Mittelschiff in Ruhe betrachten. Zwar ist der bläuliche Abschluß im Osten nicht zu sehen, dafür aber fällt auch im Westen die Bresche weißen Lichts nicht mehr in den Rücken. Der unerträglichen Spannung des Mittelschiffs enthoben, läßt es sich entspannt atmen und sinnen.

Wie ist es mit Außen und Innen bestellt in dieser Kirche? Offensichtlich sind beide nicht wie üblich an der Außenmauer säuberlich geschieden, sondern geraten in ein Verhältnis ungeklärten Durcheinanders. Das Außen drängt von Westen her das Innen zurück bis ganz hinten in den Kreis der Apsis hinein. Die Welt verdrängt das Licht aus dem Osten. Das Heiligtum, der Raum heilvollen Rückbezuges ist aufgebrochen; das Heilige blutet aus. Wenn dem hier so ist, dann steht das merkwürdig hohe Kreuz genau an der richtigen Stelle. Der Erlöser aus dem Osten stirbt im ungestümen Andrang der Welt des Marktes und des Überlebens; das Heilige blutet auf der Straße aus, in

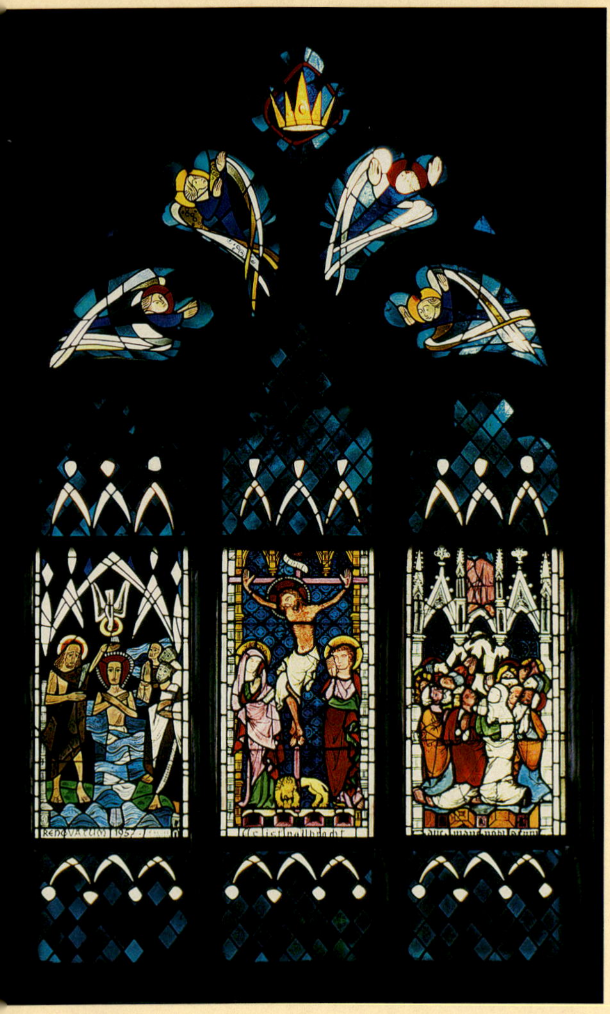

Koblenz, ehem. Stiftskirche St. Florin. oben: Schlusssteine der Seitenschiffe, Einwölbung von 1582–1614. rechts: Glasfenster, Rundscheiben mit der Darstellung aus der Kindheit und Passion Christi, um 1330, sonst 1899.

linke Seite: Glasfenster, rechteckige Scheiben mit der Kreuzigung und der Himmelfahrt Mariens, 2. Drittel 14. Jh., sonst 1957.

der Logik vordrängender Berechnung wird der heilige Name verflüchtigt. Christus stirbt nicht zufällig; er stirbt an der unabwendbaren Vorwärtsbewegung der Welt.

Es ist gut, im Seitenschiff zu sitzen. In jenem Ansturm lückenlos berechnender Selbsterhaltung und feindseliger Selbstausbreitung hätte sich der Kirchenbesucher nicht lange halten können; er ist nicht Christus. Aber wie hält dieser sich dort? Er wird gehalten durch Nägel. Er wird gehalten durch das Blau hinter ihm; er wird gehalten durch den Himmel. Der Himmel richtet den Gekreuzigten auf. Goldfarben stand das schlanke Kreuz auf dem Altar aus grauem Stein; intensiv gelbocker läuft unterhalb des Altars der Teppich über die grauen Steine des Bodens ins Kirchenschiff hinein. Hat sich die Bewegung etwa umgekehrt? Schreitet jetzt der Osten unaufhaltsam dem Westen entgegen? Von Joch zu Joch pflanzen sich gelb-ockerfarben die Kreuzrippen der Gewölbe fort und durchbrechen das eintönige Weiß des Lichteinfalls aus dem Westen. Die Pfeiler führen mit ihren Kämpfern das lebendige Ocker weiter; selbst die Stuhlbeine nehmen den Gelbton auf und durchkreuzen in dichter Regelmäßigkeit das graue Pflaster unter ihnen. Geradezu marschförmig breitet sich der Osten nach Westen aus und durchdringt dessen Vorwärtsbewegung. Das goldfarbene Kreuz im Osten überbietet mit seinem vom Himmel gehaltenen Stand den Fortschritt des Westens, der das Heilige unterlaufen hat.

Dem Betrachter wird ganz schwindlig. Im Mittelschiff findet nicht weniger als das Drama von Heil und Unheil statt. Gott und Welt stoßen hier frontal aufeinander; das gibt Krieg. Da darf man auf keinen Fall dazwischen geraten, will man nicht hoffnungslos untergehen. Das Kämpfen und Ringen um die Erlösung der Welt findet jedenfalls ohne den Kirchenbesucher statt. Auch die Gemeinde säße besser in den Seitenschiffen. Von keiner Aktion irgendeiner Gemeinde ist das Heil der Welt zu erwarten. Was Menschen tun, rettet die Welt nicht. Es gibt keinen Fortschritt des Heils. Die Welt erlöst sich mit ihrer Vorwärtsbewegung nicht selbst. Was den Namen der Erlösung verdient, muß ohne Menschen geschehen.

Wenn es um die Erlösung der Welt geht, sind alle nur Zuschauer auf den Seitenplätzen. Während im Hauptschiff die Welt in ihrer Verdrängung des Heiligen unbeirrt fortschreitet, durchkreuzt der Himmel hinter dem Gekreuzigten diesen Fortschritt in souveräner Weise. Das goldfarbene Kreuz mit dem blauen Ostfenster dominiert das gesamte Mittelschiff. *Solus Christus*, allein Christus, war der Kampfruf der Reformation. Die Florinskirche ist evangelisch. Das *solus Christus* verweist Besucher und Gemeinde in die Seitenschiffe. Auch der hl. Florin hätte, wären seine Reliquien bei der Säkularisation nicht vernichtet worden, nur im Seitenschiff Platz: Er verwandelte bloß Wasser zu Wein; Christus allein aber wandelt das tödliche Vorwärtsdrängen der Welt zum heilvollen Leben.

Der Besucher hat genug gesehen: *Solus Christus*. Er steht von seinem Platz auf, bringt den Stuhl an dessen Ort, geht zur Mitte des Hauptschiffs und kehrt sich dem Ausgang zum Marktplatz entgegen. So gehend, weiß er das goldene Kreuz auf dem Altar mit dem blauen Himmel dahinter in seinem Rücken. Einige Münzen in den Kasten am Ausgang werfend, betritt er in seltener Gelassenheit den Marktplatz: Da das Heil sich ohne seine Mithilfe durchgesetzt hat, wird es auch länger als der Markt menschlicher Möglichkeiten Bestand haben.

Zur Rechten des Marktes bietet sich eine Gelegenheit der Restauration mit Blick auf die Mosel. Beim Wein liest er im erworbenen Führer über die Florinskirche nach. Am Zusammenfluß, lateinisch.: *confluentia*, von Mosel und Rhein lag eine römische Stadt. Heute heißt sie noch immer „Zusammenfluß": Koblenz. In römischer Zeit verlief die Stadtmauer, die innen und außen strikt trennte, mitten durch die spätere Florinskirche. Der Grundriß zeigt, daß an der Stelle des heutigen Ostabschlusses der Kirche ein Turm der römischen Stadtmauer stand. Die Apsis ist auf den kreisrunden Fundamenten des Turmes erbaut; das auf dem Altar aufgerichtete Kreuz bildet das Zentrum einer Wehranlage. „Ein feste Burg ist unser Gott, ein gute Wehr und Waffen …", fällt als Lied des Reformationstages ein. *Solus Christus*, schreibt der sich stärkende Kirchenbesucher, ist der Ertrag der evangelischen Florinskirche zu Koblenz. Allein Christus wird mit der Welt fertig.

Koblenz, St. Florin, Wandmalerei, um 1300, mit dem Martyrium der hl. Agatha in der ersten Seitennische der rechten Vorchorabseite.

KOBLENZ: KATH. LIEBFRAUENKIRCHE

Im Zentrum der Altstadt gelegen, war die Liebfrauenkirche vom späten Mittelalter bis zur Französischen Revolution die Hauptpfarrkirche von Koblenz. Die heutige spätromanische Kirche hatte mehrere Vorgängerbauten, darunter einen römischen Saalbau, der im 5./6. Jahrhundert zu einer Kirche mit Ambo, Chorschranke und Altar umgestaltet wurde.

Die Bauarbeiten zum heutigen Bau begannen 1180. 1205 war die drei-

Koblenz, Liebfrauenkirche, 1180–1205, Chor 1404–30, Doppelturmfassade, um 1220/30, Zwiebeltürme 1693/94, 1953/54 nach Kriegszerstörung rekonstruiert.

schiffige Gewölbebasilika vollendet. Den Chor verlängerte man 1404–30 nach Plänen von Johann von Spay mit dem heutigen spätgotischen Langchor. Um 1470 erschien das Gewölbe des Mittelschiffs nicht mehr repräsentativ genug, und man ersetzte es durch die heutigen prunkvollen Netzrippengewölbe. Die im Krieg 1688 zerstörten Turmhelme wurden 1693/94 nach Plänen des kurtrierischen Hofbaumeisters Johann Christoph Sebastiani erneuert. Die Restaurierung unter dem Kölner Dombaumeister Vinzenz Statz 1852 führte zu einer Stilbereinigung, indem die barocken Veränderung zugunsten neuromanisch-gotischer Formen beseitigt wurden.

Die spätromanische Pfeilerbasilika mit Emporen besitzt einen mächtigen, doppeltürmigen Westbau. Der hohe Obergaden und die steilen Proportionen des Mittelschiffs sind wohl auf den höher erbauten und später begonnenen Chor zurückzuführen. Der Chor der spätromanischen Kirche ist heute der Vorchor des dreischiffigen, gegenüber dem Langhaus etwas breiteren spätgotischen Chors. Er besitzt ein reiches Kreuzrippengewölbe mit figürlichen Schlusssteinen.

links oben: Spätgotischer Chor, 1404–30, von Johann von Spay († 1420), Seitenchöre bis um 1450 vollendet, Fenster mit Fischblasenmaßwerk, vor dem Chor niedriger barocker Sakristeibau, 1776, von Nikolaus Lauxen.

links unten: Ansicht von Nordosten, romanische Basilika mit gotischem Chor und romanischer Doppelturmfassade.

unten: Grundriss (nach Kunstdenkmäler der Rheiprovinz, Bd. 20, Abt. 1, 1937).

rechts: Innenansicht nach Osten.

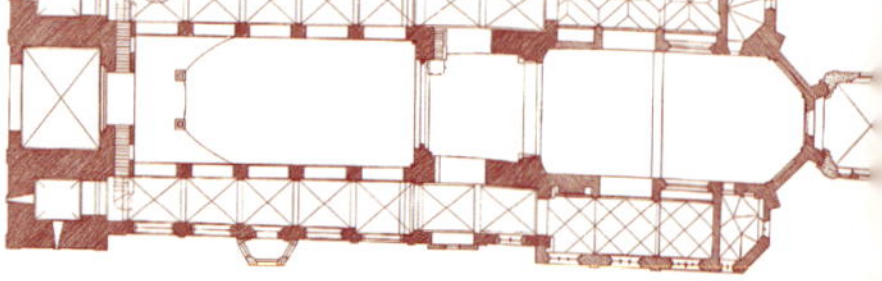

oben: Koblenz, Liebfrauenkirche, Netzrippengewölbe des Mittelschiffs mit Christus-Darstellung als Schlussstein, um 1486/87.

Sakramentshaus von Elmar Hillebrand und Theo Heiermann, 1981, mit einem Flügelaltar von 1584 eines flämischen Meisters mit der Anbetung der Hl. Dreikönige.

links: In der Vorhalle: Grabsteine der Koblenzer Familie von dem Burgtorn mit ganzfigurigen Darstellungen des Reinhart von Burgtorn († 1517), seiner Frau Guta, geb. Blanckerts († 1553, Grabmal von 1554) und seines Sohnes Otto Joachim († 1546).

oben links: Maria Immakulata am Chorbogen, Mitte 18. Jh.
oben rechts: Hl. Josef am Chorbogen, um 1760.
links außen: Muttergottes, 1. Hälfte 18. Jh.
links: Altaraufsatz mit dem Gemälde des hl. Nikolaus von Silvester Baumann, 1680.

Koblenz, Liebfrauenkirche, Christus am Kreuz (Korpus Mitte 14. Jh., Gabelkreuz von Hillebrand und Heiermann 1984), Chorfenster mit dem Thema „Die Frauen in der Heilsgeschichte" von Hans Gottfried von Stockhausen 1992.

KOBLENZ: MICHAELSKAPELLE

An der Südseite der Liebfrauenkirche steht, durch den ehem. Friedhof von ihr getrennt, die 1321 erstmals genannte Michaelskapelle. Der im Kern mittelalterliche Bau wurde 1660 in barocken Formen umgestaltet. Über dem Portal steht eine Figur des Erzengels Michael von 1752. Die zweigeschossige Kapelle wird im Obergeschoss als Kirche mit flachgedecktem Saal und rippengewölbter Apsis genutzt.

Koblenz, Michaelskapelle, 1660.

Koblenz, Jesuitenkirche vor 1944.

Koblenz, ehem. Jesuitenkirche, St. Johann, 1617, 1958/59, Schlussstein der alten Kirche, 1617.

KOBLENZ: EHEM. JESUITENKIRCHE, HEUTE KATH. KIRCHE ST. JOHANN

Die ehem. Jesuitenkirche liegt an zentraler Stelle in der Altstadt. Die Gebäude des Jesuitenkollegiums werden heute als Rathaus genutzt. Die Gründung eines Jesuitenordens in Koblenz geht auf die Bestrebungen des Trierer Erzbischofs Jakob von Eltz zurück. Dieser verfügte 1580 die Umsiedlung der Zisterzienserinnen auf die Insel Niederwerth, um damit ihre Klosteranlage im Stadtzentrum den Jesuiten zur Verfügung stellen zu können. 1613–17 erbauten die Jesuiten ihre eigene neue Kirche als dreischiffige, gewölbte Säulenbasilika mit Seitenschiffemporen im nachgotischen Stil mit Renaissancezierformen. Der Bau steht in einer Reihe mit ähnlichen Jesuitenkirchen z. B. in Köln, Münster und Paderborn. Die Kirche wurde nach Kriegszerstörung 1944 mit Ausnahme der Fassade von 1617 nicht wiederhergestellt. An ihre Stelle trat 1958/59 ein Saalschiff mit flankierenden Kapellen nach Plänen von Dominikus Böhm. Die ansprechenden Glasbilder stammen von Jakob Schwarzkopf (1962). Die alte Westfassade ist in die gelungene Raumgestaltung einbezogen. Das Gnadenbild wird im Eingangsbereich in einem Altar präsentiert. Figürliche Gewölbeschlusssteine und ein Portal von Elias Beck aus der alten Kirche sind im Innenraum eingemauert.

links: Fassade, 1617, Portal mit Renaissancerahmung, Kirchenpatron Johannes der Täufer, Jesuitenheiligen, Bekrönung hl. Michael; Fensterrose mit gotischem Maßwerk (1959 erneuert) und antikisierendem Eierstabmotiv;
links: Kruzifixus, 2. Viertel 16. Jh.
oben und unten: Fenster von Jakob Schwarzkopf, 1962.

Koblenz, ehem. Jesuitenkirche/St. Johann; oben links: Gnadenbild in der Form des 15. Jhs.; oben rechts: Altarraum mit Fenstern von Jakob Schwarzkopf, 1962; unten: Ansicht nach Westen mit großer Fensterrose.

Koblenz, Herz-Jesu-Kirche, 1900–03 von Ludwig Becker. oben: Doppelturmfassade in Anlehnung an die spätromanischen Bauten in Limburg und Andernach. unten: Choransicht.

KOBLENZ: KATH. HERZ-JESU-KIRCHE

Die Herz-Jesu-Kirche ist stadtbildprägend, da sie am verkehrsreichen Friedrich-Ebert-Ring und am Südende der Fußgängerzone (Löhrstraße) liegt. Durch ihre Größe, ihre malerische Wirkung und die filigranen, kunstvollen Detailformen erzielt der Bau zusätzlich große Aufmerksamkeit.

Die Kirche ist einer der bemerkenswertesten neoromanischen Bauwerke Deutschlands. Sie wurde 1900–03 nach Plänen des späteren Mainzer Dombaumeisters Ludwig Becker (1855–1940), einer der meistbeschäftigsten Kirchenarchitekten, zusammen mit Anton Falkowski, im Stil der rheinischen Spätromanik erbaut. Becker vereinigte typische Merkmale der regionalen Spätromanik mit Hilfe einer malerischen Gebäudegruppierung. Wichtige Kompositionselemente waren dabei die dreischiffige Gewölbebasilika, die Doppelturmfassade, der Vierungsturm, die Chorflankentürme und die ortstypischen Fensteröffnungen. Durch die Verwendung eines breiten und kurzen Langhauses, des Querhauses in Verbindung mit der Vierungskuppel zeigt der Bau Tendenzen zum Zentralbau. Der Wiederaufbau 1950–53 nach Kriegszerstörungen stellte das Erscheinungsbild wieder, allerdings unter Vereinfachung einiger Details. So wurden z. B. die spitzen Turmhelme als Rautendächer wiederhergestellt. Der Innenraum wirkt durch den Verlust der Ausstattung und Malereien 1944 und 1950–53 für kath. Kirchen relativ leer. 1979 erfolgte allerdings eine Bemalung in Anlehnung an den Befund.

oben: Innenansicht Richtung Chor.
links: Josefs-Figur von Alexander Iven, um 1903.
rechts: Vierungskuppel.
unten: Kreuzwegstation von Mormann, 1903.

Koblenz, ev. Christuskirche, 1902–04, von Johannes Vollmer.
unten: Gewölbter Innenraum mit großem sechsbahnigem Maßwerkfenster im Chor. Fünfbahnige, breite Maßwerkfenster in den Seitenwänden beleuchten das Langhaus. Nach Kriegsbeschädigungen wurde der Innenraum 1951–54 ohne die ursprüngliche Ausmalung wiederhergestellt.
rechts: Fassadenportal mit Kielbogen.

KOBLENZ: EV. CHRISTUSKIRCHE

Nachdem die Zahl der evangelischen Bevölkerung in Koblenz auf über 10.000 (21 % der Gesamtbevölkerung) um das Jahr 1900 gewachsen war, errichtete die ev. Kirchengemeinde 1902–04 nach Plänen des Berliner Architekten Johannes Vollmer die neugotische Christuskirche. Sie wurde mit ihrer Fassade an der städtebaulich dominanten Prachtstraße Friedrich-Ebert-Ring ausgerichtet und ist daher nicht geostet. Der Wiederaufbau nach großen Schäden im 2. Weltkrieg erfolgte in reduzierten Formen. Dabei beschränkte der Trierer Baurat Heinrich Otto Vogel den Kirchenraum auf den Kirchensaal, während das breite östliche Seitenschiff und der Vorraum (als Werktagskirche) abgetrennt wurden.

Koblenz, ev. Christuskirche, 1902–04, von Johannes Vollmer, repräsentative, mit Tuffstein verkleidete Kirche im neugotischen Stil mit spätgotischen Bauformen und für die Zeit typischer asymmetrischer Baukörpergruppierung und bewegter Dachlandschaft, weshalb der Kirchturm und die Eingangshalle (ursprünglich als Auffahrt für Kutschen) an der Hohenzollernstraße seitlich angeordnet sind. Nach Kriegsbeschädigungen wurde der Turm ohne Turmhelm und Ecktürmchen 1951–54 wieder hergestellt.

KOBLENZ: ALT-KATHOLISCHE JAKOBUSKAPELLE

Am Alten Hospital gegenüber der St. Kastor-Kirche steht im Bereich des 1944 zerstörten Von-der-Leyenschen-Hofs (heute Landesamt für Straßen- und Verkehrswesen) die 1355 erbaute Jakobuskirche. Ihr Äußeres wurde um 1725 nach Entwürfen des kurtrierischen Hofbaumeisters Johannes Seiz mit dem Nachbargebäude zu einer barocken Schaufront umgestaltet. Dieser Bauteil ist der letzte verbliebene Rest des Von-der-Leyenschen-Hofs. Das Kircheninnere zeigt die Bauformen einer aufwendigeren gotischen gewölbten Saalkirche mit zweibahnigen Maßwerkfenstern, figürlichen und floralen Kapitellen und Schlusssteinen (mit den Darstellungen „Geißelung Jesu“ und „Kleiderberaubung“).

unten: Koblenz, Jakobuskirche, Inneres um 1355 und Fassade um 1725.

Koblenz, St. Josef, 1895–97, von Joseph Kleesattel.
oben: Einturmfassade.
unten: Chor und Querhaus im Stil großer gotischer Kathedralen mit Maßwerk und figürlichen Darstellungen, z. B. von Fabelwesen und bei Wasserspeiern.

KOBLENZ: KATH. PFARRKIRCHE ST. JOSEF

Im Zentrum der südlichen Vorstadt in Bahnhofsnähe steht in städtebaulich exponierter Lage die stattliche neugotische Josefs-Kirche. Sie ist ein Hauptwerk der späten Neugotik. Bereits ihr 90 m hoher Fassadenturm wirkt stadtbildprägend und dokumentiert den Anspruch und die Bedeutung des Bauwerks für die Stadtgeschichte des ausgehenden 19. Jahrhunderts. Die Kirche liegt auf einer Straßeninsel. Die Straßenfluchten laufen auf sie zu.

Die dreischiffige Basilika mit Querhaus und Umgangschor sowie Nebenchören wurde 1895–98 nach Plänen von Joseph Kleesattel aus Düsseldorf in aufwendiger Haustein-Technik mit qualitätvollen Steinmetzarbeiten erbaut. Sie rezepiert den Formenapparat gotischer Dome des 13. Jahrhunderts. So wird das Äußere im Sinne der Hochgotik von Strebepeilern, großen Maßwerkfenstern und Fensterrosen im Querschiff geprägt. Der rechteckige Westturm leitet im Obergeschoss durch Fialen und Strebebögen zum Achteck über. Großartig wirkt der hohe Innenraum mit seiner überwie-

oben: Detail des linken Seitenportals.
rechts: Ansicht des Langhauses zum Altar.
unten: Ansicht zur Orgelempore.

gend aus der Erbauungszeit stammenden qualitätvollen Aussattung. Das kreuzgratgewölbte Mittelschiff wirkt schlank und zeigt einen dreigeschossigen Wandaufbau. Vierung und Chor besitzen ein Stern- bzw. Netzgewölbe. Die neugotische Ausmalung ist erneuert.

Koblenz, St. Josef, Seitenkapelle (oben links), Fensterrose Querschiff (oben rechts), Relief Himmelfahrt unter der Empore (oben), Blick Empore–Altar (rechts)

RÜDESHEIM UND EIBINGEN

Rüdesheim ist die größte Stadt des Rheingaus, der zu Hessen gehört und dessen bedeutendste Weingegend ist. Weltberühmt ist die Drosselgasse, eine der meistbesuchtesten Touristenziele Deutschlands. Doch weist die Stadt, die seit alters her ein beliebter Siedlungsort war, trotz ihrer Kriegsschäden von 1944 auch eine historische Altstadt auf und kann auf bedeutsame Baudenkmäler verweisen. Dazu zählen neben seinen Kirchen drei Burgen und mehrere Adelshöfe. Rüdesheim erhielt erst 1818 Stadtrechte und war daher bis zum Einsetzen des Tourismus im Laufe des 19. Jahrhunderts ein vergleichsweise kleiner Ort. Er besitzt daher auch nur zwei Kirchen, zumal im nahen Eibingen bzw. Windeck mehrere Klöster liegen.

RÜDESHEIM: KATH. PFARRKIRCHE ST. JAKOBUS

Am nordöstlichen Rand des Marktplatzes steht die kath. Pfarrkirche, die sich entlang der Kirchamtstraße als Monumentalbau mit großen Rundbogenfenstern präsentiert. Bereits von außen ist die Baugeschichte ablesbar und auch bewusst durch den Rüdesheimer Architekten Johannes Traut präsentiert und unterschieden. Traut leitete den Wiederaufbau bzw. Neubau der Kirche nach der Zerstörung durch den Bombenangriff vom 25.11.1944. Der im Norden liegende Turm ist romanisch und besitzt ein barockes

Rüdesheim, St. Jakob, Außenansichten. Die Westfassade dokumentiert die zwei wesentlichen Bauphasen der Kirche (Abb. links). Die gotische Fassade mit den Ecktürmchen (um 1400, Detail Abb. unten links) zeigt, dass die Kirche klein war und nur aus dem Haupt- und einem Seitenschiff bestand. Der Neubau von 1949–60, der unmittelbar hinter der gotischen Fassade beginnt, greift mit seiner Vorhalle die alte Breite der Kirche auf, zeigt dann aber seine vollständige Größe. Das Hauptportal (um 1400, Abb. oben) zeigt die Anbetung der Könige und das Schweißtuch der Veronika. Ältester Bauteil ist der ursprünglich verputzte Turm mit seinen Zwillingsfenstern und Rundbogenfriesen (12. Jh., oberstes Geschoss und Haube von 1766, Abb. unten rechts).

Rüdesheim, St. Jakobus, Grundrisse, Zustand vor 1912 (oben) und heute (unten). Abb. oben rechts: Außenansicht mit Chor.

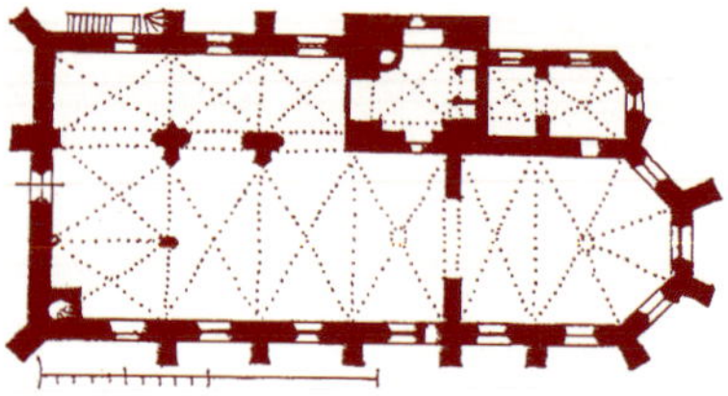

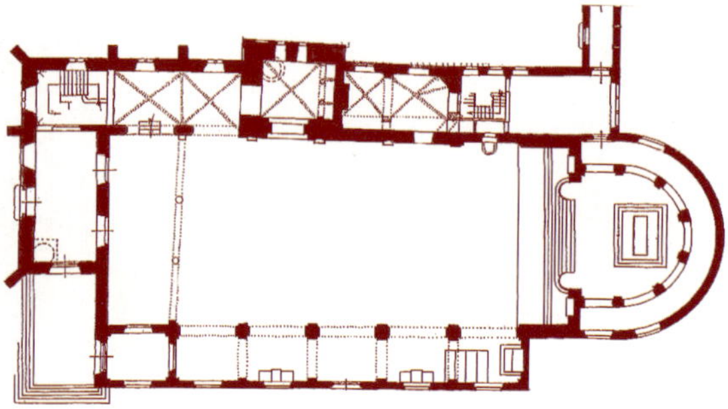

Rüdesheim, St. Jakobus, südliche Eingangstüre aus Bronze, betender Jesus am Ölberg, neben ihm die schlafenden Jünger, 1958 von dem Frankfurter Goldschmied Welcker geschaffen.

Obergeschoss mit zeitgleicher Zwiebelturmhaube. An den Turm schließen sich die Reste des gotischen Baus an, dessen Fassade und nördliches Seitenschiff erhalten blieb. Der gotische Baubestand ist deutlich gegenüber dem Neubau von 1949–60 abgesetzt.

Der heutige Baubestand spiegelt damit auch die Geschichte des Kirchenbaus wieder. Die Kirche geht nach örtlicher Überlieferung auf das Gelübde und damit eine Stiftung des Ritters Engelhard Brömser im 12. Jahrhundert zurück. Wahrscheinlich gab es aber bereits zuvor einen Vorgängerbau. Brömser gehört zu dem bedeutendsten Rüdesheimer Adelsgeschlecht (vgl. Brömserhof Obergasse 6–10). Er hatte an dem 3. Kreuzzug (1189–92) teilgenommen und war in maurische Gefangenschaft geraten. Er gelobte für den Fall seiner glücklichen Heimkehr nach Rüdesheim den Bau der Kirche. Da dieses Wunder eintrat, stiftete er die Pfarrkirche. Aus dieser frühen Bauphase ist der Glockenturm des 12. Jahrhunderts erhalten.

Die Adelsfamilie Brömser blieb auch in den folgenden Jahrhunderten der wichtigste Förderer der Pfarrkirche, da sie – wie andere einflussreiche Adelige auch – die Kirche als Grablege nutzten. Einige Grabmale der Familie aus dem 16. Jahrhundert blieben erhalten.

Bereits zuvor hatten sie um 1390 den gotischen Neubau des Langhauses gestiftet. Es entstand eine asymmetrische, zweischiffige Hallenkirche mit Haupt- und nördlichem Seitenschiff. Die westliche gotische Giebelwand zum Marktplatz mit Ecktürmchen und

rechts: Kapelle im Turm, 12. Jh., mit Bogenarkade und dahinter sitzender Nische mit dem Gnadenbild von Nothgottes (Christus am Ölberg, um 1400, 1950 vergoldet; vgl. auch Beschreibung des ehem. Klosters Nothgottes bei Rüdesheim).

Westportal mit reichprofilierter Laibung und Tympanon (um 1400) sowie das dreijochige nördliche Seitenschiff (mit allerdings erneuerten Gewölben) stehen noch. Von der barocken Umgestaltung (1719 und 1766) blieben nur das Turmobergeschoss und die Zwiebelhaube von 1766 (1959 wiederhergestellt) erhalten. Die Erweiterung der Kirche durch ein südliches Seitenschiff 1913–14 ist am Baubestand nicht mehr ablesbar.

Der heutige Zustand resultiert aus den starken Zerstörungen während des 2. Weltkriegs (1944), als die Kirche nur noch ein Schutthaufen war und auch die Ausstattung zu großen Teilen verloren ging. Von 1949 bis 1960 erfolgte der Wiederaufbau bzw. Neubau.

Der Neubau zeigt den Monumentalstil, wie er für die 1920er bis 1950er Jahre typisch ist. Dabei zeigen die Rundbogenfenster und die Apsis sowie der Innenraum mit seiner Flachdecke Anklänge an die romanische Architektur.

Rüdesheim, St. Jakobus. Im Innenraum sind die Bauphasen deutlich unterschieden. Der romanische Turm (Detail rechts) ist ocker abgesetzt. In einer Nische steht eine Jakobusfigur von 1720, Schutzheiliger der Kirche und des Ortes (ehemals Figur des Marktbrunnens). Nach Westen schließt das gotische Seitenschiff an. unten: Hauptschiff.

Rüdesheim, St. Jakobus, Kreuzigungsgruppe mit Maria und Johannes, um 1420, Nebenaltar im südlichen Seitenschiff. Die Figuren gehörten zu dem 1944 zerstörten Baldachin der Sakristeitür.

Die Außenarchitektur spiegelt sich im Innenraum wieder. Auch hier werden die einzelnen Bauphasen farblich deutlich voneinander getrennt. Den ältesten Teil bilden die Untergeschosse des romanischen Turms, der vielleicht ursprünglich ein Teil der frühen Stadtumwehrung bildete und dessen erdgeschossiger Kellerraum an der Ostwand in eine dreifache Arkatur des 12. Jahrhunderts, bestehend aus zwei gedrungenen Säulen und Würfelkapitellen, aufgelöst ist. Nach Westen schließt sich das gotische Seitenschiff an, in dem spätgotische und frühneuzeitliche Grabdenkmale aufgestellt sind. Die östlich des Turms gelegene ehemalige (gotische) Sakristei wird seit 1961 als neue Marienkapelle genutzt. Hier steht ein qualitätvoller Marienaltar.

Der Neubau von 1949–60 besteht aus einem ansprechenden, sehr breiten, flach gedeckten Mittelschiff mit Apsis und einem Seitenschiff. Es ist ein gewaltiger Saalraum, der an die Architektur des frühen Mittelalters und die Monumentalarchitektur der 1920er und 30er Jahre anknüpft und seine sakrale Stimmung nicht zuletzt aus den farbigen Glasfenstern bezieht. Der Chorraum wird besonders reich durch die zahlreichen Rundbogenfenster, die gleichfalls an die romanische Architektur anknüpfen, beleuchtet und hervorgehoben. Über dem Hochaltar hängt ein lebensgroßer, ehemals gefasster Kruzifixus (Mitte 17. Jahrhundert, 1957 restauriert).

Unter den Ausstattungsstücken stammen die Madonna (um 1330) und das Gnadenbild „Der Blutschwitzende Heiland“ („Jesus am Ölberg“, um 1400, seit 1813 in St. Jakobus) aus dem Kloster Nothgottes nördlich von Rüdesheim.

Rüdesheim, St. Jakobus, qualitätvolles Relief mit der Darstellung der Rückkehr der Heiligen Familie nach Jerusalem, Aufsatz des 1944 zerstörten bedeutenden Marienaltars, heute aufgestellt in der Marienkapelle (ehem. Sakristei), von Hans Richard Brömser zum Andenken an seine Hochzeit mit Anna Margaretha von Kronberg 1587 gestiftet.

unten: Darstellungen des Apostels Paulus (Anfang 19. Jh.) in der Marienkapelle (links), des Erzengels Michael (Mitte) und Erzengels Raphael mit Tobias (rechts), beide in der Vorhalle aufgestellt. Sie stammen vom barocken Hochaltar, 1731 wahrscheinlich von Burkhard Zamels geschnitzt.

Rüdesheim, St. Jakobus, nördliches Seitenschiff. Hier sind die wenigen erhaltenen, jedoch stark beschädigten Bildnisgrabsteine des Rüdesheimer Adels aufgestellt. Darunter befindet sich das frühe Renaissance-Grabmal des Heinrich (II.) Brömser († 1543) mit seiner Gemahlin Apollonia von Ingelheim († 1519). Die Abbildung rechts zeigt das heutige Aussehen, das Foto daneben den ursprünglichen Zustand. Das gleichfalls stark reduzierte, im Renaissancestil gestaltete Grabmal des in jungen Jahren verstorbenen Heinrich Engelhard Brömsers († 1567) hängt – entgegen seiner ursprünglichen Konzeption – einige Meter erhöht an der Westwand des Raums (oberste Abb.). Darunter ist eine dick überstrichene Pietá aus dem frühen 19. Jh. aufgestellt. Die Abbildung oben zeigt (von rechts nach links) die Grabmäler des Fuchs von Rüdesheim († 1364) und des Philipp Stoltz von Becklheim († 1450), beide in Ritterrüstung, daneben das Grabmal des Heinrich Brömser.

oben: Rüdesheim, St. Jakobus, Madonna mit Kind, um 1330, das aus dem Kloster Nothgottes bei Rüdesheim stammt.

RÜDESHEIM: EV. KIRCHE

rechts: Rüdesheim, ev. Kirche, Weinstockfenster von Müller-Linow, 1968, Darstellung biblischer Gleichnisse und Szenen in Verbindung mit Wein; Mittelfenster: Christus in der Kelter – er vollzieht das Gericht an der Welt und nimmt selbst die Stelle der verurteilten Menschheit ein; Abendmahlszene mit dem Symbol seines Leidens und Sterbens in Form von Brot und Wein.

Die ev. Kirche von 1855 ist der früheste evangelische Kirchenbau des Rheinlandes. Zuvor hatte die kleine Gemeinde seit 1835 im Saal des säkularisierten Klosters in Eibingen ihren Gottesdienst abgehalten. 1871 waren von 27.733 Einwohnern im Rheingau nur etwa 1715 Protestanten, 213 Juden, die übrigen Katholiken. Heute zählt die Kirchengemeinde Rüdesheim, zu der auch die Ortsteile gehören, etwa 2100 Seelen.

Die Kirche wurde 1855 nach Entwurf des Architekten Ludwig Hoffmann als Zentralbau in Form eines griechischen Kreuzes errichtet. Im Zuge der Kriegszerstörungen 1944 wurde die Ausstattung vernichtet, nur der Außenbau danach im alten Zustand wiederhergestellt. Die Kirche liegt außerhalb des mittelalterlichen Stadtkerns im sich östlich anschließenden neuen Stadtviertel. Sie ist stadt-bildprägend, da die Kirchamtstraße, an der auch die kath. Pfarrkirche liegt, unmittelbar auf den Turm der Kirche zuführt. Die Architektur ist typisch für die Bauzeit: Einturmfassade mit romanisch-klassizistischen Bauformen, ähnlich der ev. Kirche in St. Goarshausen.

Das Innere ist sehr sparsam eingerichtet und entspricht dem protestantischen Ideal nach Konzentration auf das Wort. Einziges Schmuckstück bildet das große „Weinstock-Fenster" des Darmstädter Malers Müller-Linow von 1968 mit dem Thema „Der Weinstock im Alten und Neuen Testament".

Rüdesheim, ev. Pfarrkirche, Außenansichten (oben und links) und Inneres nach Osten mit dem Weinstockfenster (unten).

80 PSALM
1967
1968
1944

EIBINGEN: KATH. PFARRKIRCHE ST. HILDEGARD

Unmittelbar neben Rüdesheim liegt der Ortsteil Eibingen, der seine Bekanntheit der hl. Hildegard von Bingen verdankt.

Die ehemalige mittelalterliche Pfarrkirche lag am Kuhweg. Sie wurde 1831/33 abgebrochen, da die Kirche des Benediktinerinnenklosters, das infolge der Säkularisation aufgehoben worden war, ungenutzt leer stand und nun als Pfarrkirche dienen sollte.

Kloster Eibingen, das 1165 von Hildegard von Bingern neu besiedelt wurde, im Zustand des 18. Jahrhunderts.

Das ehemalige Kloster ist von großer kulturhistorischer Bedeutung, da es 1165 durch Hildegard von Bingen mit 30 Benediktinerinnen aus dem Kloster Rupertsberg besiedelt wurde, nachdem das 1148 von der adeligen Marka von Rüdesheim gestiftete Augustiner-Doppelkloster von kaiserlichen Truppen gebrandschatzt wurde und leer stand. 1575 bezogen erneut Augustiner-Chorfrauen aus St. Peter in Kreuznach das Kloster, ab 1603 jedoch wieder Benediktinerinnen. Neuen Aufschwung nahm das Kloster 1641, als die Nonnen des 1632 von den Schweden zerstörten Klosters Rupertsberg nach Zwischenstationen in Köln und Mainz in das Eibinger Kloster einzogen. Sie retteten die Reliquien der hl. Hildegard von Bingen, das mit 35 Miniaturen ausgestattete Buch „Scivias" und andere Handschriften nach Eibingen.

Während der Barockzeit wurden die mittelalterlichen Klostergebäude modernisiert bzw. neu erbaut: 1681–1684 durch Giovanni Angelo Barella aus

Eibingen, kath. Pfarrkirche St. Hildegard, 1934–35, Ansicht von Südosten (die Kirche ist gewestet!). Das Äußere knüpft unter Vereinfachung der Bauformen an die traditionelle Bauform mit steilem Dach und Dachreiter an.

Eibingen, kath. Pfarrkirche St. Hildegard.

links: Schrein der hl. Hildegard von Bingen von 1929. Die Reliquien werden seit 1641 in Eibingen aufbewahrt.

rechts: Hildegard-Relief aus Muschelkalk an der Pfarrkirche, von Franz Bernhard aus Frankfurt, 1957.

unten: Der Innenraum (mit Blick nach Osten) zeigt moderne Formen.

Mainz und 1737–1752 durch Johann Valentin Thomann. Nach der Auflösung des Klosters 1814 wurden 1817 die Süd- und Westflügel abgebrochen. Nach dem Brand 1932 stellte man die verbliebenen Gebäude in veränderten Formen wieder her. Der Ostflügel dient seitdem als Pfarrhaus.

Die Kirche von 1683 wurde nicht denkmalpflegerisch wiederherstellt, sondern gänzlich neu in zeitgenössischen Formen als tonnengewölbter Ziegelbau mit Außenaltar 1934–1935 nach Entwurf der Architekten Gebr. Rummel aus Frankfurt errichtet. Der Außenbau zeigt die schlichten, klaren

Kath. Pfarrkirche St. Hildegard.
oben: Taufkapelle mit Taufstein.
links: Das mittlere der drei Kieselsteinmosaike von Ludwig Bauer an der Südwand mit Szenen aus dem Leben der Hildegard von Bingen, hier: Hildegard als Klostergründerin und Patronin von Eibingen.
unten rechts: Reliquiensammlung aus dem Besitz der hl. Hildegard in einem Seitenschrank, darunter Reliquien der hll. Wigbert, Valerian, Gudula, Clemens, Berta.

unten: Glasfenster von Ludwig Bauer, 1961, in Anlehung an die Visionen Hildegards mit Szenen zur Erschaffung, Erlösung und Vollendung der Welt.

Formen des Heimatstils mit Dachreiter, steilem Dach und Ziegelwänden. Das Innere ist im Monumentalstil in Form eines breiten, tonnengewölbten Saalraums mit gleichmäßig angeordneten Rundbogenfenstern in großen Arkadenbögen errichtet.

Im hinteren Teil des Chores, der gegenüber dem Langhause erhöht ist, steht der 96 cm lange und 63 cm hohe Hildegardis-Schrein mit den Reliquien der Hildegard von Bingen. Der Schrein aus vergoldetem Kupfer wurde 1929 nach dem Entwurf des Benediktiners Radbod Commandeur aus Maria Laach durch den Goldschmied Josef Kleefisch (Firma G. Hermeling) in Köln gefertigt.

EXKURS: HILDEGARD VON BINGEN

Die Benediktinerin und Visionärin Hildegard von Bingen (1098–1179) gehört zu den bedeutendsten Persönlichkeiten des Mittelalters. 1098 in Bermersheim bei Alzey als zehntes Kind des Edelfreien Hildebert von Bermersheim und seiner Frau Mechthild geboren, wurde sie mit 14 Jahren der Einsiedlerin Jutta von Sponheim, die in einer Klause neben dem Mönchskloster auf dem Disibodenberg lebte, zur klösterlichen Erziehung und Ausbildung übergeben. Als Benediktinerin konnte Hildegard umfangreiche biblische, theologische, philosophische und naturkundliche Kenntnisse erwerben. Nach dem Tod ihrer Erzieherin Jutta wurde Hildegard 1136 zur Äbtissin des aus der Klause hervorgegangenen Nonnenklosters gewählt.

Seit 1141 verfasste Hildegard drei große theologische Werke. Die erste Schrift „Scivias" wurde dem Papst Eugen III. auf einer Synode in Trier 1147 vorgelegt. Darin beschrieb sie das Schöpfungs- und Erlösungsgeschehen, das Verhältnis, die Abkehr und Hinwendung des Menschen zu seinem Schöpfer. Der Papst erkannte, dass es sich bei den Visionen Hildegards um Gottesbegegnungen handelte. Fortan rückte sie in den Mittelpunkt des geistlichen und politischen Lebens ihrer Zeit. Hildegard wurde eine Ratgeberin für Bischöfe, Könige und den Kaiser und unternahm Predigtreisen durch Deutschland. 1150 übersiedelte sie mit zwanzig Nonnen in das neu errichtete Kloster auf dem Rupertsberg bei Bingen. Hildegard verfasste hier zahlreiche Liedkompositionen, darunter das Mysterien- bzw. Singspiel „Ordo Virtutum" (Spiel der Kräfte), in dem Hildegard den ewigen Kampf zwischen Gut und Böse anhand von 35 dramatischen Dialogen zwischen Tugenden und Lastern zur Darstellung brachte. 1152 erlebte das allegorische Musikdrama – das früheste überlieferte mit Musikbegleitung – seine Uraufführung im Kloster Rupertsberg. Außerdem sind mehrere öffentliche Predigten u. a. in Mainz, Würzburg, Bamberg, Trier, Metz und Köln bekannt. Zusätzlich sind 350 Schreiben aus ihrer umfangreichen Korrespondenz bis heute überliefert.

oben: Hildegard-Statue, um 1930, kath. Pfarrkirche St. Hildegard in Eibingen.
unten: Eibingen mit Abtei St. Hildegard (links) und Pfarrkirche.

Miniaturen aus dem Rupertsberger „Scivias"-Kodex (Original verschollen, Handkopie Abtei St. Hildegard).

Seit 1158 schrieb sie am „Liber Vitae Meritorum" (Buch der Lebensverdienste), bei dem es erneut um die immer wieder zu treffende Entscheidung des Menschen zwischen Gut und Böse, zwischen Glaube und Unglaube, zwischen Hinwendung zu und Abkehr von Gott geht. Der Mensch, so Hildegards Auffassung, sei frei geschaffen und sei sein Leben lang vor die Entscheidung gestellt, sich für oder gegen Gott zu entscheiden. In ihrem dritten Hauptwerk, dem „Liber divinorum operum" (Welt und Mensch), das sie 1174 abschloss, beschreibt sie die Welt als Kunstwerk Gottes und somit auch den Menschen, der die Gesetzmäßigkeit des Kosmos widerspiegle, als dessen Werk. Ihre Visionen sind auch in 42 farbenprächtigen Miniaturen (davon 35 zum „Scivias" und sieben zum „Liber divinorum operum") überliefert, die allerdings wohl nicht mehr unter dem direkten Einfluss Hildegards, sondern erst kurz nach ihrem Tod entstanden sind.

1165 gründete sie ein zweites Kloster in Eibingen. Schon zu Lebzeiten begann 1174/75 der Mönch Gottfried mit der Niederschrift seiner Hildegard-Vita. Sie verstarb am 17.9.1179 im Kloster Rupertsberg. Das Heiligsprechungsverfahren für Hildegard aus den Jahren 1223–37 scheiterte aus unbekannten Gründen.

unten links: Miniatur „Engelchöre" aus dem Rupertsberger „Scivias"-Kodex.

unten rechts: Miniatur „Hl. Dreieinigkeit" aus dem Rupertsberger „Scivias"-Kodex.

EIBINGEN: ABTEI ST. HILDEGARD

Weithin sichtbar liegt malerisch die Benediktinerinnen-Abtei St. Hildegard von 1900–04 oberhalb der Weinberge von Eibingen. Die Errichtung der Abtei und somit die Wiederbelebung der benediktinischen Tradition in Eibingen hat ihre Wurzeln in der Hildegard-Verehrung, die Mitte des 19. Jahrhunderts erneut einsetzte und durch den Limburger Bischof Peter Josef Blum (1842–1883) und Pfarrer Ludwig Schneider, der von 1840 bis 1864 in Eibingen tätig war, gefördert wurde. Infolge des Kulturkampfs musste Bischof Blum von 1876 bis 1883 ins Exil und fand bei Fürst Karl zu Löwenstein-Wertheim-Rosenberg (1834–1921), einer der führenden Persönlichkeiten des deutschen Katholizismus im 19. Jahrhundert, auf Schloss Haid in Böhmen Zuflucht. Fürst Karl hielt auch zu Blums Nachfolger Bischof Dr. Karl Klein Kontakt und unterstützte dessen Pläne zur Wiederbelebung des alten Klosters Eibingen. Seine älteste Tochter Benedicta, die Nonne der Abtei St. Cécile in Solesmes/Frankreich war, sollte ursprünglich die erste Äbtissin des neuen Klosters werden. Obgleich sie 1896 mit nur 36 Jahren unerwartet starb, förderte Fürst Löwenstein weiterhin die Baumaßnahmen. Am 17.9.1904 konnten 12 Benediktinerinnen der Abtei St. Gabriel in Prag, dem ersten Frauenkloster der Beuroner Kongregation, die neue Abtei besiedeln. 1908 war die Ausmalung der Kirche so weit fortgeschritten, dass die Kirche durch den Limburger Bischof Dominikus Willi geweiht werden konnte. Einen Tag später wurde die bisherige Priorin des Kloster, Regintrudis Sauter, zur ersten Äbtissin ernannt. Sie war damit die 36. Nachfolgerin der hl. Hildegard. Bereits zuvor hatte Papst Leo XIII. durch zwei Dekrete das Kloster zur Abtei erhoben und mit allen Rechten und Privilegien des ehemaligen Klosters der hl. Hildegard ausgestattet. Damit untersteht die Abtei nicht dem Bischof, sondern unmittelbar dem Hl. Stuhl in Rom.

Den eindrucksvollen Gebäudekomplex aus unverputztem Bruchstein (ein von Quarzit durchsetzter Sandstein aus dem Felsen oberhalb des Bauplatzes) hatte Pater Ludger Rincklage

Eibingen, Abtei St. Hildegard. oben: Hildegard-Figur von 1998 unten: Klostergebäude, 1900–08.

Eibingen, Abtei St. Hildegard, Fassade der Klosterkirche mit 35 m hohen Türmen (oben) und Nordwand der Kirche mit Malereien, die als ein Hauptwerk der „Beuroner Kunstschule“ gelten (unten).

(1850–1927) aus der Abtei Maria Laach, der zuvor ein erfolgreicher Architekt gewesen war, in wuchtigen, neuromanischen Formen entworfen. Baubeginn war 1900. Die Abteikirche besitzt eine mächtige Doppelturmfassade in Anlehnung an spätromanische Kirchen, wie sie allenthalben im Bistum Limburg (Limburger Dom, Dietkirchen) oder am Mittelrhein, z. B. Koblenz, Andernach, anzutreffen sind. Die dreigeschossigen Klostergebäude gruppieren sich um zwei Höfe.

Der Innenraum überrascht durch seine farbige Malerei. Es handelt sich um eine Basilika, dessen nördliches Seitenschiff allerdings abgetrennt ist und Teil des Kreuzgangs ist. An den Chor schließt sich nach Norden der Nonnenchor an, in dem die Ordensgemeinschaft siebenmal täglich zum Chorgebet zusammenkommt. Der Kirchenraum knüpft wie der Außenbau an die romanische Architektur an, die unter den Baustilen des Abendlandes im Hinblick auf die große Zeit des Mönchstums im frühen und hohen Mittelalter, in der auch Hildegard von Bingen lebte, als die für einen Klosterbau geeignetste erschien.

Die Malerei gliedert die Wände und knüpft damit gleichfalls an mittelalterliche Vorbilder an, wie es auch für andere historistische Ausmalungen neoromanischer oder mittelalterlicher Kirchen gilt, die jedoch oft zerstört sind. Stilistisch sind die Figurendarstellungen und -anordnungen sowie die ornamental gestalteten Baumdarstellungen vom Jugendstil und der ägyptischen Kunst beeinflusst. Die Heiligen sind stilisiert, heroisch und steif, klar nebeneinander gruppiert dargestellt. Hierin zeigt sich der stilistische Unterschied gegenüber der Malerei vor und um 1900. Diese neue Darstellungsweise ist als sogenannter Beuroner Stil in die Kunstgeschichte eingegangen. Tatsächlich wurden die Malereien in den Jahren 1907 bis 1913 unter der Leitung von Pater Paulus Krebs (1849–1935) aus dem Kloster

Beuron geschaffen. Er war ein Schüler des Malermönchs Pater Desiderius Lenz (1832–1928), des Begründers der „Beuroner Kunstschule“, die als monastisch-benediktinische Kunst zeitlos ist und zur Versenkung in das Geheimnis Gottes hinführen soll.

In der Apsis sind in der Tradition frühchristlicher Kirchen als zentrales Thema eine monumentale Christusfigur als Pantokrator, als erhabener König und Herrscher über das All, auf Goldgrund und darunter dreizehn Lämmer als Sinnbild für Christus und die zwölf Apostel dargestellt.

Der Chorbogen zeigt die Stadt Gottes, das himmlischen Jerusalem, seitlich die Begründer des Benediktinerordens, die hll. Benedikt und seine Schwester Scholastica, darunter Petrus und Moses. Die Südwand schildert Szenen aus dem Alten Testament (Arche Noah; Besuch Gottes bei Abraham und Sarah; Traum Jakobs von der Himmelsleiter; Zug der Priester mit der Bundeslade; Predigt des Paulus) zwischen den vier Evangelisten – Matthäus, Markus, Lukas und Johannes. Die Nordseite stellt zwischen den vier Propheten – Daniel, Ezechiel, Jesaja und Jeremia – Adam und Eva im Paradies, Weihnachten, das letzte Abendmahl, Pfingsten und die Aussendung der Jünger in die Welt dar. Die Bogenfelder zeigen Szenen aus dem Leben der Hildegard von Bingen. Sie wird neben anderen weiblichen Heiligen des Benediktinerordens auch im Seitenschiff dargestellt.

Eibingen, Abtei St. Hildegard, Inneres der Klosterkirche nach Osten (oben) und Seitenschiff (unten).

WINDECK: EHEM. KLOSTER NOTHGOTTES

Nothgottes, Kopie des Gnadenbildes, blutschwitzender Heiland („Jesus am Ölberg"), Original um 1400 in der Rüdesheimer Pfarrkirche (vgl. auch Abb. dort).

rechts: Südtrakt der Klostergebäude, wohl um 1604 (Inschrift des Türsturzes) und 1621–27.
unten: ehem. Kreuzgang, neu gestaltet, im Hintergrund die Klosterkirche von 1390, die südlich 1728 angebaute Antoniuskapelle (im Bild links) und der nachträglich östlich angebauten Mönchschor mit kleinem Dachreiter (rechts).

Nur etwa 15 Minuten Fußweg nördlich der Abtei St. Hildegard liegt eine der am besten erhaltenen Klosteranlagen im Welterbegebiet Mittelrhein, das ehem. Kloster Nothgottes. Es gehört heute zum Rüdesheimer Stadtteil Windeck, ein Neubaugebiet, das erst nach dem 2. Weltkrieg anlegt wurde.

Wie die kath. Pfarrkirche St. Jakobus soll nach örtlicher Legende auch die um 1300 sicher anzunehmende Kapelle auf das Gelübde und die daraus folgende Stiftung des am 3. Kreuzzug (1189–92) teilgenommen Rüdesheimer Kreuzritters Engelhard oder nach anderer Überlieferung auf Johann (III.) Brömser zurückgehen (vgl. St. Jakobus in Rüdesheim). Die Legende ist in der heutigen Kirche als Wandmalerei thematisiert (s. u.).

Belegbar ist, dass bereits vor der Erstnennung 1390 die Kapelle ein bekanntes Wallfahrtsziel war. Sie lag an einer alten Straße nahe einer Quelle und wurde wegen ihres Gnadenbildes aufgesucht. Diese kleine Figur – ein betender Heiland – war, der bereits genannten Legende nach, in einem alten hohlen Baum gefunden worden. Dies ist ein bei vielen verehrten Marienfiguren häufiger Topos.

Den heutigen Kirchbau stiftete tatsächlich 1390 die Familie Brömser. Er wurde zu Ehren des Erlösers und der Jungfrau Maria geweiht und mit reichen Ablässen an mehreren Feiertagen ausgestattet. Diese förderten zusätzlich den Zustrom an Pilgern und Wallfahrern. Neben der Kirche stand eine Pilgerherberge, die ebenso wie die Kirche in Privatverwaltung der Familie Brömser stand. Ab 1620 errichteten hier Mainzer Kapuziner zur Betreuung der Wallfahrer ein Kloster, das 1674 immerhin 16 Priester zählte.

Mit der Säkularisation erfolgte 1813 die Aufhebung des Klosters, das Freiherr von Zwierlein erwarb, der die Kirchenausstattung verkaufte. Große Teile des Hochaltars kamen so in die kath. Pfarrkirche in Appenheim/Rheinhessen. Das Gnadenbild gelangte 1813 in

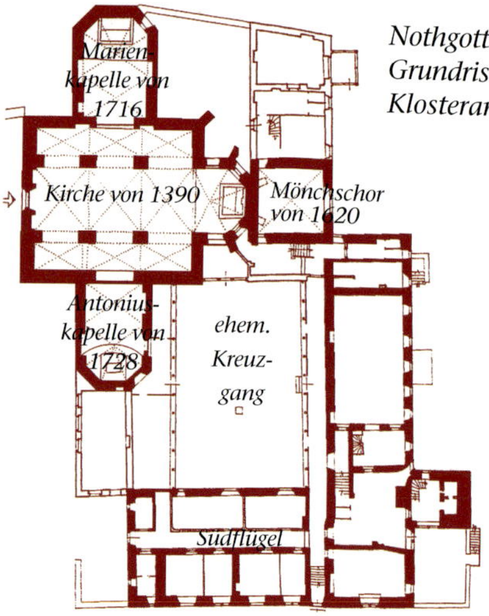

Nothgottes, Grundriss d[...] Klosteranla[...]

die kath. Pfarrkirche in Rüdesheim. Die landwirtschaftlich genutzten Gebäude verfielen. Das Mittelschiffgewölbe der als Schweinestall genutzten Kirche stürzte ein. Ab 1903 erfolgte unter der Initiative der Familie Rust der Wiederaufbau. 1932 erwarb die Diözese Limburg die Anlage als kirchliches Bildungszentrum. Die Kirche wurde wieder der gottesdienstlichen Nutzung übergeführt.
Das Gnadenbild, nun in der Rüdesheimer Pfarrkirche, wird seit 1949 jährlich im September anlässlich der Wallfahrt der Gemeinde Kruft in der Eifel nach Nothgottes gebracht. Die Gemeinde hatte im 17. Jahrhundert geschworen, als sie von der Pest heimgesucht worden war, jährlich zu Fuß über Bacharach zum Gnadenbild von Nothgottes zu wallfahren.

rechts: Nothgottes, Kirchenfassade mit Ölberg-Christus-Relief im Tympanon des Eingangsportals, über dem Seitenschiff abgeknicktes Dach (vgl. St. Jakobus in Rüdesheim).

Nothgottes, Kirche
oben: Antoniuskapelle von 1728.
links: Blick nach Osten, dreischiffige Hallenkirche von 1390 mit spitzbogigen Rechteckpfeilern und Gewölbe aus schlichten Rippen auf noch originalen Blattkonsolen. Hinter dem Chor wurde 1620 der Mönchschor erbaut.

Nothgottes, Kirche. oben links: Barockmadonna. oben rechts: Darstellungen der Legende zur Auffindung des Gnadenbildes „Jesus am Ölberg“, Malereien um 1910.

Die 1390 geweihte Kirche mit Dachreiter nimmt den südwestlichen Teil der Anlage ein. Die dreischiffige, dreijochige Hallenkirche wird durch die erneuerten Kreuzgewölbe auf quadratischen Pfeilern überspannt. Die Ausstattung ist reduziert. Auffällig ist die Ausmalung des Mittelschiffs, die im Zeitraum von 1905 bis 1910 entstand. Dargestellt ist die Legende von Nothgottes. Demnach gelang dem Kreuzritter Brömser während seiner Gefangenschaft im Heiligen Land die Flucht. Sein Gelübde erfüllte er, indem er in Bornhofen und Rüdesheim Kirchen stiftete. Seinen Vorsatz, eine weitere Kapelle zu erbauen, vergaß er. Als einer seiner Knechte bei der Feldarbeit war, hörte dieser plötzlich die Worte „Not Gottes“ und fand eine Holzfigur mit dem betenden Christus am Ölberg. Nachdem weder der Junge noch sein Herr etwas mit dem Vorfall anfangen konnte, wiederholte sich der Ruf noch zweimal, bis Ritter Brömser am Fundort eine Kapelle erbauen ließ, und die Vorfälle hörten auf.

Beim Kloster steht im Wald die Leyendecker-Kapelle, die 1713 durch den Mainzer Offizial Leyendecker gestiftet wurde. Sie war im 19. Jahrhundert die einzige Gebetsstätte in Nothgottes.

unten links: südliches Seitenschiff mit Maßwerkbrüstung, Rest der massiven Empore, deren Gewölbeanfänger noch an den Pfeilern erkennbar sind.

unten rechts: Blick vom mittleren Joch in Richtung Antoniuskapelle.

ASSMANNSHAUSEN, AULHAUSEN, PRESBERG

Der Winzerort Assmannshausen liegt unmittelbar am Rhein zwischen Rüdesheim und Lorch, zwei Kilometer unterhalb des Rheindurchbruchs im Binger Loch. Noch Mitte des 19. Jahrhunderts war Assmannshausen ein kleines Dorf mit wenigen und niedrigen Häusern. Doch Brände und der Tourismus änderten das Gesicht des zu Rüdesheim gehörenden Stadtteils. So stehen heute im Ortskern die Häuser dicht gedrängt.

Das nur wenige Kilometer entfernt an der Nordseite des Niederwaldes gelegene Straßendorf Aulhausen war seit dem Mittelalter ein bekanntes Töpferdorf.

Der Rüdesheimer Stadtteil Presberg liegt rund 10 Kilometer vom Rhein entfernt und zeigt eine von der traditionellen Landwirtschaft geprägte Bebauungsstruktur, bestehend aus Zwei- oder Dreiseithöfen mit Wohnstallhäusern überwiegend aus dem 18. Jahrhundert.

Assmannshausen, Pfarrkirche zur Kreuzerhöhung. Das Langhaus wurde 1888–90 nach Westen verlängert und die gotische Fassade entsprechend verschoben. Über dem Hauptportal steht eine Figur mit der Darstellung des Guten Hirten. Der seitliche Treppenturm für die Empore stammt von 1890.

ASSMANNSHAUSEN: KATH. PFARRKIRCHE ZUR KREUZERHÖHUNG

Spätestens seit dem frühen 14. Jahrhundert bestand eine erste kleine Kirche. Aus dieser frühen Zeit ist eine Glocke von 1383 erhalten. Im Laufe des 15. Jahrhunderts wurde die alte Kirche durch einen Neubau ersetzt. Es handelt sich um die heutige gotische Kirche. Sie war ursprünglich dreischiffig. Doch infolge der gestiegenen Bevölkerungszahlen durch den Tourismus wurde die Kirche 1888–90 um ein Joch nach Westen vergrößert und zu einer einschiffigen Saalkirche umgebaut. Durch die Vergrößerung rückte die neue Fassade, für die das alte Portal in die westliche Schildwand übernom-

Assmannshausen, Pfarrkirche zur Kreuzerhöhung, 15. Jh., mit 43 Meter hohem Turm, der ungewöhnlicherweise zwischen Schiff und schmalem Chor mit 5/8-Schluss und Maßwerkfenstern gestellt ist. Der Außenbau wird durch die Maßwerkfenster des Kirchenschiffs, die Strebepfeiler und den dreigeschossigen Turm mit Spitzhelm geprägt.

Assmannshausen, Pfarrkirche, Taufstein mit Johannes d. T.-Darstellung (18. Jh.), Ölgemälde (1. H. 19. Jh.) mit den hll. Nikolaus, Agathe, Sebastian, Christus und den 14 Nothelfern sowie der Hl. Familie – eine Kopie nach Raffael.

men wurde, noch weiter in die Straßenflucht vor. Um weitere Sitzplätze zu schaffen, wurde 1890 die drei Joche tiefe Westempore eingefügt.

Der breite Saalraum ist kreuzgratgewölbt. Die Strebepfeiler liegen gleichenteils am Außen- wie im Innenraum und gliedern mit den Fenstern die Wände. Im Chorvorjoch, über dem sich der Turm erhebt, befindet sich ein Sterngewölbe mit Konsolköpfen (mythische Darstellungen?).

Neben dem Marienaltar (um 1480 und 1872) sind die barocken Seitenaltäre von 1744–48 von Beachtung. Der linke zeigt eine Darstellung (1. H. 19. Jh.) der Patrone gegen ansteckende Krankheiten, Feuersbrunst und Wassernot (Nikolaus, Agathe, Sebastian), darüber Christus und die 14 Nothelfer.

rechts: Bedeutendstes Ausstattungsstück ist die gemalte Altartafel des Marientods, eine fränkische Arbeit aus der Zeit um 1480. Die Tafel gelangte Mitte des 19. Jahrhunderts als Stiftung nach Assmannshausen und wurde zusammen mit den heutigen Seitenflügeln (um 1872 gemalt) mit dem Weihnachtsthema und der Marienkrönung in einen neugotischen Altar von 1872 integriert, der mit Ausnahme der Bildrahmungen durch den heutigen modernen ersetzt wurde.

Assmannshausen, Pfarrkirche zur Kreuzerhöhung; oben: Blick nach Osten: breiter, kreuzgratgewölbter Saalraum, im Triumpfbogen Kruzifix (wohl um 1800, ehem. Feldkreuz), an den Strebepfeilern links Muttergottes (Mitte 18. Jh.) und rechts hl. Euphemia (qualitätvolle Figur mit Originalfassung, um 1700); unten links: Grundriss und Empore von 1890; unten rechts: Blick nach Westen mit Empore, vor der Empore links gute Herz-Jesu-Figur (Ende 19. Jh.).

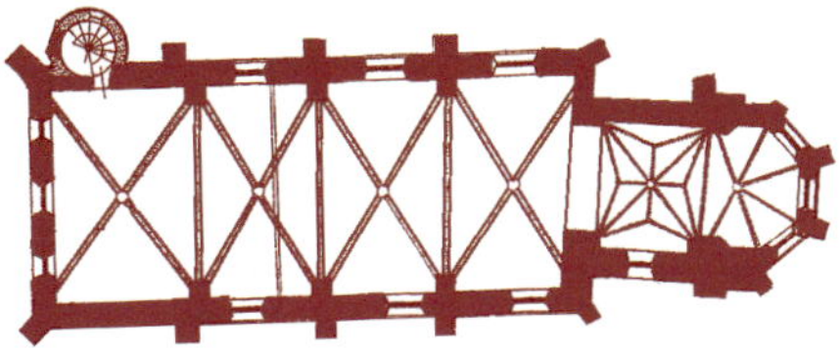

AULHAUSEN: KATH. PFARRKIRCHE ST. PETRONELLA

Aulhausen, Pfarrkirche, hl. Petronella, gefasste Holzfigur, 18. Jh., Patronin der Kirche. Sie trägt einen Palmenzweig als Zeichen ihres Märtyrertods. Sie wurde in den Katakomben in Rom begraben und ist auch in der Stiftskirche in St. Goar dargestellt.

Die Kirche aus verputztem Bruchsteinmauerwerk liegt erhöht zur Hauptstraße und an der Abzweigung zur Schlossstraße, die hinauf zum Niederwalddenkmal führt.

Der gotische Charakter der Kirche, die im Kern aus dem 14. Jahrhundert stammt, ist auch nach der barocken Veränderung, bei der die gotischen Spitzbogen- durch größere Rundbogenfenster ersetzt wurden, infolge der bewahrten Proportionen einschließlich der Dachform noch spürbar. Die Architektur fügt sich gut in die Topographie ein.

Es ist ein einschiffiger Bau mit dreiseitigem Schluss, an dessen Stirnwand eine Nische mit einer sehr kleinen, serienmäßig gefertigten Antonius-von-Padua-Statue (wohl frühes 20. Jahrhundert) steht. Der Dachreiter mit geschweifter Haube und Laterne ist barock (18. Jahrhundert). 1965 wurde die Kirche nach Westen unter Wahrung des gotischen Charakters (Übernahme der Dachneigung und Breite und Höhe des Kirchenschiffes) erweitert. Dabei musste die barocke Empore des Innenraums entfernt werden. Die ehemalige Lage der Empore zeich-

Aulhausen, Pfarrkirche, Madonna mit Jesuskind aus dem Hochaltar, um 1700.

Aulhausen, Pfarrkirche, 14. Jh., barock verändert, 1965 nach Westen erweitert.
oben: Blick auf den Chor.
rechts: Ansicht von Südwesten.

Aulhausen, Pfarrkirche, qualitätvolle barocke Jesuitenheiligen-Figuren (Mitte 18. Jh.): Franz Xaver (links) und Ignatius von Loyola (rechts). Sie dürften als Assistenzfiguren aus einem Altar stammen, zu dem vielleicht auch die Figur des Jesuiten Johannes Berchmans gehört.
An den Wänden sind weitere Heiligenfiguren des 18. Jahrhunderts aufgestellt: Aloisius, Margareta und Apollonia.

net sich an der Decke ab. Am Außenbau ist die jüngste Bauphase durch die geringfügig geringere Firsthöhe und die Rechteckfenster ablesbar. Für die Westwand übernahm man das gotische Maßwerkfenster der alten Fassade, in der sich ursprünglich auch der verloren gegangene spitzbogige Eingang befand.

Heute betritt man die Kirche von Norden durch einen Windfang von 1965.

Aulhausen, Pfarrkirche, Ansicht nach Osten.
Der schlichte Innenraum ist mit einer flachen, verputzen Holztonne gewölbt. Wichtigstes Ausstattungsstück bildet der Hochaltar (1. Hälfte 18. Jh.) mit einer Madonnenfigur (s. Detailabbildung), schräggestellten Säulenpaaren, Gottvater in und Engeln auf gesprengten Giebeln. Ansprechend sind die Figuren der hll. Walpurgis und Odilia neben dem Tabernakel.

AULHAUSEN: EHEM. KLOSTER MARIENHAUSEN

Aulhausen, ehem. Kloster Marienhausen, Klosterkirche, Pieta aus Wachs

unten links: Klosterkirche, Innenraum nach Osten.

unten rechts: Neobarocke Gebäude (um 1920–25) prägen die Bebauung, die die ehem. Vierflügelanlage der ehem. Klostergebäude mit Ausnahme des fehlenden Ostflügels wieder aufgreifen. Im Nordosten der Anlage steht zurückgesetzt die kleine Zisterzienserinnenkirche.

Das ehemalige Zisterzienserinnenkloster liegt noch heute malerisch in der parkähnlichen Talsenke. Es wurde vor 1189 (erste Erwähung) gegründet. 1219 weihte der Mainzer Bischof die Klosterkirche. Die mittelalterlichen Klostergebäude ersetzte man ab Mitte des 18. Jahrhunderts durch barocke Neubauten. Mit der Säkularisation wurde das Kloster 1810 aufgegeben und verkauft. 1887 erwarb die Diözese Limburg als Rettungsanstalt und Knabenheim die Anlage und baute sie um. Die Kirche erhielt eine neoromanisch-gotische Ausmalung und -ausstattung. Als Folge eines Brandes 1915, der auch die Kirche betraf, entstanden zeitgenössische Neubauten unter Verwendung älterer Bausubstanz des 18. Jahrhunderts. Die Anlage ist heute Bestandteil des St. Vincenz-Stifts.

Die auf der Nordseite der heutigen Anlage gelegene Kirche stammt im Kern aus dem 13. Jahrhundert. Es ist ein lang gestreckter Saalbau mit Rundbogenfries unter dem Dachgesims und Dachreiter mit geschweifter Haube. Die Rundbogenfenster sind gegenüber dem ursprünglichen Zustand vergrößert. Die Westfassade besitzt eine gestaffelte Dreigruppe mit gotischem Maßwerkfenster und seitlichen genasten Spitzbogenfenstern.

Das Innere wurde 1925 vollständig erneuert. Es handelt sich um einen Saal mit Balkendecke. Vom gotischen Seitenschiff sind geringe Teile erhalten. Im Inneren befindet sich eine barocke Pieta aus Wachs (18. Jahrhundert). Sie ist das einzige erhaltene Aussattungsstück aus der Klosterzeit, da sie ab 1795 aus Angst vor den Franzosen in einem Forsthaus im Bingerwald aufbewahrt worden war und erst 1937 wieder in der Kirche Aufstellung fand.

Aulhausen, ehem. Kloster Marienhausen.
oben: Klosterkirche von Südosten mit barockem Dachreiter und ehem. Klostergebäuden, 1925 stark verändert.
unten: Kirchenfassade.

PRESBERG: KATH. PFARRKIRCHE ST. LAURENTIUS

Der Rüdesheimer Stadtteil Presberg gehört historisch betrachtet zur näher gelegenen Stadt Lorch. So war Presberg gerichtlich von Lorch abhängig. Auch aus kirchenhistorischer Sicht bestanden enge Verbindungen. 1400 schenkte beispielsweise der Lorcher Pfarrer der Presberger Kapelle liturgische Geräte, darunter einen Kelch, ein Messbuch und ein Messgewand. Bis zur Erhebung als selbständige Pfarrei 1655 wurde die Presberger Gemeinde von einem Kaplan aus Lorch betreut.

Die um 1400 genannte gotische Kapelle ist im Chor der heutigen Kirche noch erhalten. Das Aussehen der

Presberg, Pfarrkirche. Die Kirche fügt sich gut in die ländliche Bebauung ein, wenngleich durch die stetigen Erweiterungen des Kirchbaus inzwischen die Westfassade bis zur Straße reicht und ein Kirchplatz fehlt. Die Bauphasen zeichnen sich am Außenbau gut ab. Zur Straße steht der jüngste Bauteil von 1928 aus unverputztem Schiefer-Bruchsteinmauerwerk mit Rundbogen- und Rundfenstern sowie neobarockem, achtseitigem Dachreiter mit Haube. Hinter dem Strebepfeiler beginnt der Barockbau (um 1700) mit hohen Rundbogenfenstern. Der gotische Chor ist barock verändert.

Der Innenraum ist ein Saalraum mit ausgeschiedenem Chor. Der Hochaltar (2. Hälfte 18. Jh.) mit der Kreuzigungsgruppe (Kruzifix, Maria und Johannes) zeigt Rokoko-Formen in Verbindung mit klassizistischem Aufbau und weißer Fassung sowie klassizistischem Tabernakel und Kruzifix. Die Seitenaltäre sind älter (um 1680). Der linke Altar zeigt eine Josefsfigur (2. Hälfte 18. Jh.), der rechte eine spätgotische Muttergottes-Figur (um 1480, Detailabbildung siehe folgende Seite).

mittelalterlichen Kirche dürfte der heutigen barockisierten Pfarrkirche in Aulhausen entsprochen haben. Um 1700 wurde das heutige Langhaus erbaut und 1928 nach dem Einsturz der Westgiebelmauer nach Westen erweitert. Dadurch konnte die Westempore unter Verwendung alter Teile verlängert werden.

Das Innere ist ein schlichter Saalbau mit eingezogenem Chor und flacher Decke mit Längsunterzug. Die Orgel (18. Jh.) wurde um 1801/02 von der Kreuzkapelle in Lorch erworben.

Presberg, Pfarrkirche.
oben links: Glasfenster, 1930er Jahre, Darstellungen der hl. Theresia von Avila, Canisius und Georg.

unten links: Johannes der Täufer, Holzfigur, 1. H. 16. Jh.

unten Mitte: Ölgemälde mit der Taufe Jesu und Taufstein, beide 18. Jh.

oben Mitte: qualitätvolle Muttergottes-Figur des linken Seitenaltars, um 1480.

oben rechts: Glasfenster (frühes 20. Jh.) aus dem Chor mit der Darstellung der Anbetung der Heiligen Drei Könige. Das Fenster im Chor gegenüber zeigt die Weihnachtsszene.

unten: Barockfigur des hl. Laurentius, Patron der Kirche, 1. H. 18. Jh.

LORCH, LORCHHAUSEN UND RANSEL

In Lorch, das an geographisch wichtiger Stelle an der Wispermündung liegt, wird seit der Römerzeit, für die ein römischer Militärstützpunkt vermutet wird, besiedelt gewesen sein. Der 1128 genannte Saalhof und die Kirche bestanden wohl schon in fränkisch-karolingischer Zeit. Ihre wirtschaftliche Blüte erlebte die Stadt jedoch vom 14. bis Mitte 16. Jahrhundert. Die Tuchmacherei, Weberei und Färberei waren neben dem traditionellen Weinbau und Holzbau die herausragenden Wirtschaftszweige. Als sich die wirtschaftlichen Verhältnisse nach 1550 verschlechterten, sank auch die Einwohnerzahl und zugleich die Bedeutung der Stadt. Aus der Blütezeit hat sich die Martinskirche erhalten, die aufgrund ihrer wertvollen Ausstattung zu den sehenswertesten Kirchen im Mittelrheintal gehört.

Nördlich von Lorch liegt malerisch an dem schmalen Rheinuferstreifen an dem Retzbach der Ortsteil Lorchhausen. Das Straßendorf wird durch die neugotische Bonifatiuskirche des ausgehenden 19. Jahrhunderts geprägt.

Der Lorcher Ortsteil Ransel erhebt sich auf der Anhöhe etwa 12 Kilometer nordöstlich von Lorch. Er wird durch seine ländliche Bebauung aus mit Schiefer verkleideten Gebäuden geprägt. Am Ortsrand steht die von einem Kirchhof umgebene barocke Kirche mit historistischer Ausmalung.

Lorch, Pfarrkirche St. Martin. Sie gehört zu den sehenswertesten Kirchen im Mittelrheintal. Erhöht gelegen, ist ihr Äußeres auf Fernwirkung ausgelegt. Turm, Langhaus und Chor (Ende 13. Jh. begonnen, Chor 1876/77 stark erneuert) überragen die Stadt. Bedeutend ist auch die Ausstattung, darunter ein Triumphkreuz (2. Hälfte 13. Jh., Abb. oben).

LORCH: KATH. PFARRKIRCHE ST. MARTIN

Baugeschichte: Vom spätromanischen Vorgängerbau sind Teile z. B. in der Mittelwand des Chores und Taufkapelle erhalten. Ende des 13. Jhs. Baubeginn des heutigen Chors, ab 1304 des Hauptschiffs, ab 1398 Anfügung des Seitenschiffs, 1480 Umbau der Westfront mit Vorhalle und Empore, 1576 Turmerneuerung.

Besuch in St. Martin zu Lorch von Stephan Weyer-Menkoff

Dem in Lorch am unteren Ende des schmalen Marktplatzes Stehenden stellt sich breit und alles andere überragend St. Martin gegenüber. St. Martin war Offizier. Platzbeherrschend steht die Fassade von St. Martin. Massive Mauern mit starken roten Strebepfeilern und drei breiten gotischen Fenstern im oberen Stock samt hohem Dach und dominantem Turm dahinter mit spitzem blauem Turmhelm ergeben ein imposantes Bild. Um hier weiterzukommen, muß man höher gestellt sein als der Offizier St. Martin. Merkwürdig ist allerdings die militärisch unkorrekte Haltung des Kirchturms, in seinen Ursprüngen ein Wehrturm. Er dreht sich lässig zur Seite und widerspricht der Exaktheit rechtwinkliger Anordnung. Das bringt Spannung in die Szene auf dem Marktplatz.

Gespannt und langsam geht der Betrachter den Marktplatz bergan auf den beherrschenden Eingang zu. Vor dem Portal ist das Konstantinische Heereszeichen eingelassen: Das Übereinander von C und P, den Initialien des griechischen Namens

Lorch, Pfarrkirche St. Martin, Westfront mit offener äußerer Vorhalle von 1480, Turm 1576 umgebaut, 1912 durch Maßwerkbrüstung ergänzt. Eine gotische Maßwerkbrüstung besitzt auch die Westempore, die in das Kirchenschiff hinein und über die innere bis zur äußeren Vorhalle der Fassade hinaus reicht und einen Balkon bildet.

unten: Detail aus dem Chorgestühl, Ende 13. Jh.

oben: Pietà, Mitte 14. Jh.
rechts: Taufkapelle in der inneren Vorhalle, Teil der alten Kirche mit romanischem Fenster, Taufstein von 1464 mit Blendmaßwerk, Löwen- und Hunddarstellungen auf der Sockelplatte, 4 sitzenden Kirchenvätern an den Ecken im Wechsel mit Evangelistensymbolen.

„Christus". Ab hier betritt man den Herrschaftsbereich des römischen Heeres und dessen obersten Befehlshabers. Der Besucher nimmt sich vor, allen Anordnungen des Offiziers St. Martin Folge zu leisten.

15 Stufen geht es im geschlossenen Portaldurchgang nach oben. Dann kreuzt mit drei querlaufenden Jochen ein überdachter Weg nach beiden Seiten. Ein kurzes Innehalten – und ein leiser Befehl läßt nach links gehen. Der Weg führt an der Kirche vorbei auf einen breiten, aber tauben Platz. Die Seitenwand der Kirche ist glatt und lediglich mit langen Fenstern durchbrochen. Erst an der Stirnseite kommt wieder Spannung auf. Hier irritieren zwei Chorabschlüsse. St. Martin hatte seinen Feldumhang zerteilt; vielleicht sind das hier zwei Teile der Kirche St. Martins, der kleinere für die Bettler und der größere für die Heiligen.

Nachdem der Weg um beide Teilabschlüsse herumgeführt hat, bietet sich dem Blick ein Park, der an der Seite mit einer starken Mauer nach unten abgesichert ist. Beherrschend steht man hier weit über den Dächern der zum Rhein hin abwärts liegenden Häuser. St. Martin hat alles unter Kontrolle. Auch der Kirchturm hat jetzt die Stellung Hab-Acht angenommen und vollzieht den rechten Winkel zur Seite wie nach oben. Auf diesem beherrschenden Beobachtungsposten könnte man gut bleiben, wäre da nicht wieder der leise Befehl, den angefangenen Rundweg um die Kirche abzuschließen.

Der dreijochige Vorraum wird nun von der anderen Seite betreten, nach rechts geht es jetzt in das Innere. Noch einmal sind fünf Stufen zu überwinden – und dann ist man immer noch nicht drinnen. In einem weiteren, niedrigen Vorraum angekommen, hindert ein quergestelltes deckenhohes Gitter am Weitergehen. Erst dahinter fängt die Kirche an. Hoch und breit öffnet sich der Raum nach vorne, goldbraun und weiß glänzt es von dort zurück; aber St. Martin verwehrt den Zugang. Ist mein Rang denn zu niedrig, fragt sich der Besucher, oder bin ich hier etwa nur der Bettler, der draußen stehen

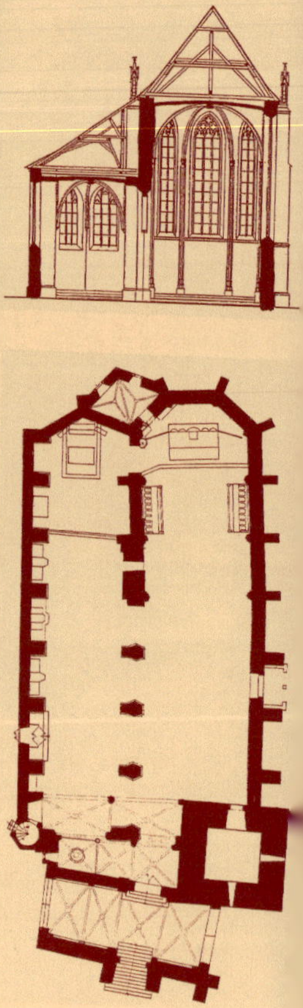

Lorch, St. Martin, zweischiffiger Grundriss, südliches, steiles, aufwändig mit Bündeldiensten gestaltetes Hauptschiff (Abb. rechts) ab 1304, niedrigeres, schlichteres Seitenschiff (Abb. links) ab 1398 erbaut, hochwertige figürliche und ornamentale Bauplastik.

muß und nur einen Zipfel des Ganzen zu fassen bekommt? Verwirrt, entrüstet und enttäuscht sieht sich der durch die hermetische Sperre Ausgeschlossene um und entdeckt eine kleine Bank, auf die er sich niederlässt. Hier also ist sein Platz: im niedrigen, dunklen und engen Vorraum, hinter einer Säule und vor dem unüberwindlichen, schwarzen Gitter der strahlenden Weite der Kirche. Ist das nicht die Arme-Sünder-Bank? Wer hier sitzt, der ist von der vor Augen liegenden Majestät der Kirche strikt getrennt. Zwar teilt St. Martin seine Pracht in zwei ungleiche Teile, aber der Bettler auf der Bank bekommt keines davon.

Zur Linken des ihm vor Augen gesetzten und schon vergitterten Pfeilers erstreckt sich ein schmaler langer Kirchenraum, und zur Rechten des Pfeilers macht sich ein anderer, weiterer und höherer Kirchenraum breit. Die linke Kirche ist eher wie eine Höhle und endet mit einem Altar, der die Beweinung Christi durch Maria zeigt, ohne dass durch die

nicht sehr hohen bunten Fenster viel Licht einfiele; die rechte Kirche führt dagegen über den wie eine gotische Kirche gestalteten Altar mit Maria und dem Jesuskind, darüber St. Martin mit dem Bettler, in die Höhe des lichtdurchfluteten Raumes. Zu St. Martin gehören zwei Seiten, aber keine ist für den bettelnden Besucher da.

Traurig schaut er aus, wie er da hinter dem Pfeiler draußen sitzt. Traurig schaut er zurück, der Pfeiler vor ihm. – Wer schaut da wen traurig an? Maria schaut traurig aus. Sie sitzt ihm gegenüber an dem Pfeiler mit einem sternenumsäumten grünlichen Umhang über rötlichem Gewand und sieht ihn traurig an. – Schaut sie ihn wirklich an? Auf jeden Fall schaut sie traurig aus, genauso wie der vor ihr sitzende ausgeschlossene Bettler. Sie blickt ihn nicht an. Ihre großen Augen, ihr weiches Gesicht, sie schauen ins Leere. Der Bettler vor ihr schaut ins Volle der beiden Kirchen, aber er kommt nicht hin. Leere tut sich auf, direkt vor Augen: Maria hält den toten Jesus auf dem Schoß; seine offene Seite klafft dem auf der Bank Sitzenden gegenüber. Dem so Fixierten wird ganz anders zumute. Wer schaut hier wen an? Maria blickt immer noch traurig ins Leere, und die Augen des Dornengekrönten sind erloschen. Nur die derbe Seitenwunde ist es, die zum Betrachter schaut. Ein römischer Soldat hatte sie mit einer Lanze beigebracht. Mit einem Schwert hatte der Offizier Martin den Mantel zerteilt. Fünf große Gestalten mit Lanzen sind in der rechten Kirche eingangs an der Seitenwand postiert. Hier wird alles zerstückelt. Der von Maria vor Augen gehaltene Leib Jesu ist zerbrochen; die Einheit der vor Augen liegenden Kirche St. Martin ist wie die eine heilige und allgemeine christliche Kirche in zwei Teile zertrennt; zerstückelte Szenen des eigenen Lebens treten vor Augen; gespaltene Erinnerungen steigen auf; ganz schwarz wird es vor Augen. Es ist gut, daß er schon sitzt. Zwar ist es nur die Bank der ausgeschlossenen Bettler, aber sie trägt und erhält ihn jetzt. Maria sitzt hier schon lange; sie trägt und hält den toten Jesus mit seiner offenen Wunde auf ihrem Schoß. Maria trägt den Gottessohn; so war es zu Weihnachten draußen in Bethlehem und so ist es hier wieder bei dem ihr draußen auf der Büßerbank gegenüber Sitzenden. Hier sitze ich richtig, denkt der so in den Schmerz Marias Hineingenommene, hier ist der zerschlagene Gottessohn bei mir.

Viel macht er ja nicht, wie er da kraftlos in Mariens Armen liegt; aber er ist wenigstens da. Wenn nur das Gitter nicht dazwischen wäre. Aber wäre das Gitter nicht, dann hätte sich der Besucher niemals längere Zeit an diesem Ort aufgehalten. Wäre das Gitter nicht dazwischengetreten, so hätte es kein Sitzen im Gegenüber Mariens gegeben. Wäre St. Martin mit seiner strikten Absperrung nicht aktiv geworden, dann wäre der tote Jesus nicht auf Augenhöhe des Betrachters gekommen. Das Gitter ist also weniger wegen Diebstahls und Vandalismus nötig, als vor allem für die Aufstellung eines Gegenübers. Durch das querlaufende Gitter bleibt der tote Jesus gegenüber. Er wird nicht eingeholt vom eigenen Leid; er wird nicht ersetzt mit dem eigenen Glauben; er wird nicht geheilt durch die eigenen guten Absichten. Im Gegenüber bleibt immer der tote Jesus. Aber hinter ihm erstreckt sich die unbetretbare Weite glänzenden Raumes. Hinter dem zerbrochenen Leib Christi leuchtet der Glanz einer anderen Welt; es ist die Welt des Heils. Hinter dem verblichenen Jesus auf Mariens Schoß eröffnet sich die Fülle eines anderen Lebens; es ist das göttliche Leben unsterblicher Ewigkeit. Der tote Jesus ist der Sohn, die Zuwendung des lebendigen Gottes. Wo jener stirbt, da gibt dieser sein ewiges Leben. –

Wenn das so ist, wie es hier vor dem Gitter sich zeigt, dann gilt dem, der den toten Jesus vor Augen hat, die Auferstehung von den Toten. Auf diesen Gedanken hin wird es unvermeidlich, aufzustehen. Die Büßerbank hat ihren Dienst getan. Der Ausgeschlossene hat Teil bekommen an der Auferstehung des ihm gegenüber in das Leben Gottes aufgenommenen toten Jesus. Es ist St. Martin in Lorch, der dem Bettler Teil gegeben hat am ewigen Leben des vom Tode Auferstandenen. Hier kommen Befehlsempfänger und Be-

Sakramentshaus (1. Viertel des 15. Jh.) in Form eines gotischen Tabernakels mit einer wertvollen zeitgleichen Monstranz, die durch eine mittelalterliche Eisenkette gesichert wird, wohl in einer Koblenzer Werkstatt entstanden.

Lorch, Pfarrkirche St. Martin.

oben: Chorgestühl mit reicher figürlicher Schnitzerei, Ende 13. Jh.

rechts: Hochaltar, inschriftlich auf 1483 datiert, eine Stiftung des Lorcher Adels, Figuren aus Lindenholz, Teile der Schreinarchitektur auch aus Eiche, ältester monochromer, d. h. nicht (farbig) gefasster Schnitzaltar Deutschlands, daher und aufgrund der hohen Qualität herausragende kunstgeschichtliche Bedeutung.
Das fast 14 m hohe Schnitzwerk des Altaraufsatzes zeigt zehn Felder: in der Mitte die übergroße Muttergottes, daneben die kleineren Heiligenfiguren (von links) der Katharina mit Schwert, Barbara mit Turm, Margaretha mit Drachen und Dorothea mit Knaben und Brotkörbchen. Darüber ist der Kirchenpatron St. Martin in höfischer Tracht bei der Mantelteilung mit dem Bettler dargestellt. Seitlich stehen der hl. Matthias und Johannes der Täufer, außen Wendelin und Antonius der Einsiedler. Im Gesprenge sieht man den gekreuzigten Christus, umgeben von Maria und Johannes. Die Büsten der zwei seitlichen Ritterheiligen (Quirinus und Georg) wurden erst 1858 hinzugefügt.
Der Schnitzer ist unbekannt. Zuschreibungen versuchen einen Zusammenhang mit dem Niederrheingebiet (Kreis um Nikolaus Gerhaerts) oder einer mittelrheinischen Werkstatt (Hans Bilger von Worms) herzustellen.

fehlende, Bettler und Satte, Arme und Herrschende, Suchende und Blasierte auf ihre Kosten.
Eine Opferdose am Ausgang nimmt die zum Abschied gegebenen Geldstücke auf. Durch die Treppe im Portal wird der beschenkte Bettler wieder hinaus auf den Marktplatz entlassen. Unten, an der langen Straße zum Bahnhof findet er die originelle Wirtschaft eines Winzers, in der er beim hauseigenen Riesling dem unverhofften Geschenk des hl. Martins von Lorch in aller Ruhe nachsinnt.

Lorch, Heilig-Kreuz-Kapelle, 1677, 1738, Innenansicht mit barockem Altar und seitlich hl. Josef und Maria (auch Abb. unten rechts) sowie Außenansicht.

LORCH: HEILIG-KREUZ-KAPELLE

Zwei Kilometer östlich von Lorch an der Straße in Richtung Bad Schwalbach steht die 1486 erstmals erwähnte Kapelle. Sie war früher eine bedeutende Wallfahrtsstätte und ist bis heute Ziel einer Prozession am Fest der Kreuzauffindung. Die heutige Kapelle wurde 1677 geweiht, 1738 um die doppelte Größe erweitert und 1960/61 um einen steinsichtigen gegenüber dem Langhaus schmäleren Vorbau anstelle eines alten hölzernen ergänzt. Der Saalbau mit dreiseitigem Schluss besitzt Rundbogenöffnungen. Das barocke Walmdach von 1738 wird von einem wohl zeitgleichen achteckigen Dachreiter mit Laterne bekrönt. Die südliche Eingangstür ist mit dem Baudatum 1738 und darunter einer Restaurierung von 1826 bezeichnet. An der Südwand befindet sich links oben eine kleine Nische, in der die Kopie des sog. „Heilig-Kreuzer Bäuerchens“ – einst Küster in Lorch – (Original im Pfarrhaus, 18. Jahrhundert) steht.

Im Innenraum steht ein Hochaltar, der ins 18. Jahrhundert datiert werden kann. Im linken Seitenaltar steht ein Vesperbild (um 1700), im Altaraufsatz ein Antonius.

Weitere Ausstattungsstücke sind eine bäuerliche Marienfigur aus Holz, als Himmelskönigin auf Weltkugel, in Rokokovitrine, vor 1800; eine Statue des heiligen Josef mit Kind (Mitte 18. Jahrhundert). In einem Fenster der Nordwand befindet sich ein eingeschliffenes Wappen und Inschriftfeld mit der Jahreszahl 1753.

An den Chor ist ein Außenaltar mit einer Grablegung Christi aus dem 19. Jahrhundert angebaut. Er stellt den Rest eines zugehörigen Kreuzwegs dar, dessen übrige Stationen im Wald bei der Kapelle nach 1983 modern ersetzt wurden, nach Zerstörung durch Vandalismus.

RANSEL: KATH. PFARRKIRCHE ST. KATHARINA

Auf dem Hochplateau des Rheingauer Gebirges liegt der Lorcher Ortsteil Ransel. Wie Presberg stand Ransel im Mittelalter im Filialverhältnis zu Lorch. Die Kirche liegt in einem Kirchhof, in dem ein Beinhaus bis zu seinem Abriss 1783 stand. Über die Vorgängerbauten gibt es keine Kenntnisse.

Prägend für das Äußere der heutigen Katharinenkirche ist ihre Steinsichtigkeit. Schmuckformen fehlen. Wahrscheinlich war der Bau ursprünglich weiß geschlemmt oder verputzt, da er in der Barockzeit 1740–45 erbaut und 1748 geweiht wurde. Der im Westen angefügte Vorbau als Eingangshalle ist gleichfalls steinsichtig. Dieses Gestaltungsmittel war zu seiner Bauzeit (1954) modern. Wie im benachbarten Presberg wurde im Zuge dieser Erweiterung die alte Empore nach Westen versetzt und in Teilen übernommen.

Das Innere ist ein Saalraum mit eingezogenem Chor und rückwärtiger Empore. Die Muldendecke wird durch die süßliche Malerei mit Heiligendarstellungen (um 1900) hervorgehoben. Raumprägend sind zudem der Hochaltar (um 1680), der etwas jüngere linke Seitenaltar mit einer späteren einfachen Madonnendarstellung und der anspruchsvollere rechte Seitenaltar

Ransel, kath. Pfarrkirche St. Katharina; oben: Innenansicht; unten links: Ansicht von Südosten, Kirche mit unverputztem Bruchsteinmauerwerk aus Schiefergestein, Rundbogenfenstern, achteckigem Dachreiter mit Haube und Laterne sowie jüngerem Sakristeianbau; unten rechts: qualitätvolle Madonna mit Kind, Ende 15. Jh.

oben: Detail aus dem Hauptaltar mit den hll. Barbara und Katharina.
unten: Detail aus dem rechten Seitenaltar mit Alabaster-Margaretha-Figur und dem Teufel an der Kette.

oben: Hauptaltar (um 1680) mit spätgotischen Figuren, die zwischen 1480 und 1530 von unterschiedlichen Schnitzern entstanden und neu zusammengestellt wurden: Kreuzigungsgruppe und seitlich die hll. Barbara mit Turm und Katharina mit dem Rad.
unten: Rechter Seitenaltar (Ende 17. Jh.) mit Pieta- bzw. Elisabeth-Ölgemälde und kleinen Alabasterfiguren mit den Darstellungen der hll. Cäcilia, Dorothea, Katharina und Margaretha.

Ransel, kath. Pfarrkirche St. Katharina
oben: Deckenmalerei um 1900 mit der Darstellung einer heiligen Ordensfrau (hl. Äbtissin Reginlindis?).
unten: Taufstein aus Marmor, Ende 18. Jh.

aus dem ausgehenden 17. Jahrhundert. An den Wänden hängen weitere Heiligendarstellungen, darunter die barocken Skulpturen (18. Jahrhundert) des Antonius von Padua mit Christuskind, Johannes Nepomuk und Sebastian während seines Martyriums sowie im Chor der Apostel Petrus mit Schlüssel und Paulus mit Schwert. Die große Figur der hl. Katharina im Chor stammt aus dem 15. Jahrhundert. Die Orgel schuf 1791 die Firma Ripple in Mainz.

SAUERTHAL: KATH. PFARRKIRCHE ST. ANNA

Sauerthal liegt abgelegen an einer Nebenstraße östlich von Kaub und wird von der mächtigen Sauerburg mit einer Burgkapelle überragt.
Das Ortszentrum bildet die kleine Pfarrkirche, eine für die Barockzeit typische Saalkirche von 1748 mit dreiseitigem Chorschluss und achteckigem Dachreiter.
Der schlichte Innenraum besitzt eine reizvolle Ausstattung, deren Anordnung sich allerdings von der ursprünglichen, als der Hochaltar noch in der Mitte stand, unterscheidet. Heute hängt eine barocke Anna-Selbtritt-Skulptur (18. Jahrhundert) als zentrales Motiv im Chor. Damit rückt die Patronin der Kirche, die hl. Anna, die Mutter Mariens sogleich ins Blickfeld. Das künstlerisch anspruchsvollste Werk ist der Hochaltar von 1670. Die Skulpturen an den Außenwänden stammen aus dem 18. Jahrhundert. Am anspruchsvollsten ist die Figur des Evangelisten Johannes. Die übrigen Darstellungen (Antonius von Padua, Laurentius, Barbara und die Muttergottes mit Kind) sind von eher volkskundlichem Interesse.

Sauerthal, kath. Pfarrkirche St. Anna, Saalkirche von 1748.
unten rechts: Außenansicht.
unten links: Inneres nach Osten mit barocker Kanzel und St. Annen-Figur.
links: ehem. Hochaltar von 1670 mit gedrehten Säulen, Knorpelwerk-Dekor und Kreuzigungsgruppe.

LORCHHAUSEN: KATH. PFARRKIRCHE ST. BONIFATIUS

Nördlich von Lorch liegt malerisch auf dem schmalen Uferstreifen an der Mündung des Retzbachs in den Rhein der Ortsteil Lorchhausen. Das Straßendorf, dessen Bebauung infolge von Bränden überwiegend aus dem ausgehenden 19. und dem 20. Jahrhundert besteht, wird durch die überdimensionierte Bonifatiuskirche von 1877–79 geprägt. Die Kirche zeugt durch ihre Größe und Dreischiffigkeit von einem hohen Anspruch. Sie stellt ein weithin sichtbares Zeugnis für die Verehrung des hl. Bonifatius am Mittelrhein dar. Als Apostel der Deutschen wurde er im 19. Jahrhundert insbesondere von der katholischen Kirche, die durch den sogenannten Kulturkampf ab 1873 unter Druck gesetzt war, als Glaubenszeuge verehrt.

Der Vorgängerbau – gleichfalls eine Bonifaituskirche, nur wenige Meter vom Neubau gelegen, 1342 erstmals erwähnt und 1551 zur Pfarrei erhoben – wurde nach einem Brand im Januar 1872 zugunsten des Neubaus aufgegeben und profanisiert.

Schon im Mai 1872 begann man mit der Terrassierung des erhöht gelegenen Geländes für den Kirchenneubau, 1877 mit der Grundsteinlegung nach Plänen des Architekten Kontzen. Nach Schwierigkeiten übernahm der bedeutende Limburger Diözesanbau-

Lorchhausen, St. Bonifatius, 1877–79 von Max Meckel im neugotischen Stil mit typischer Einturmfassade und malerischen Dachaufbauten erbaut, Innenraum (Abb. rechts), Bonifatiusfigur (um 1885, oben), hll. Anna und Maria (16. Jh., unten). Ansicht vom Rhein (rechte Seite) mit der 1908 erbauten Clemenskapelle oberhalb des Ortes.

30

links: Detail des Hochaltars (1884), Ermordung des Bonifatius und Fällung der Donar-Eiche durch Bonifatius.

Lorchhausen, St. Bonifatius, dreischiffige Hallenkirche mit kurzem Querhaus, 5/8 Chor und Westturm. Gut erhalten ist die neugotische Ausstattung einschließlich Glasgemälden (Abb. unten links) und Malereien; neugotische Altäre (z. B. Herz-Jesu-Altar, Abb. rechts), Kanzel (Detail Abb. unten rechts), Hochaltar mit Bonifatiusmotiven, 1884 aufgestellt (Abb. oben).

unten: Lorchhausen, Rheinstraße 1, ehem. Kirche, 1872 aufgegeben und profanisiert, im Kern romanischer Turm, vielleicht Teil der Ortsbefestigung, einschiffiges Langhaus, heute Wohnungen, um 1600 mit späteren Veränderungen.

meister Max Meckel (1847–1910) die Bauleitung und arbeitete die Pläne um. 1879 waren die Baumaßnahmen, 1884 ein Großteil der Ausstattung vollendet. Die Kirche wirkt für die Größe des Ortes überdimensioniert und durch seine Lage ortsbildbeherrschend. Typisch für die Bauzeit ist die Verwendung des gotischen Baustils als Kirchenbaustil, da er für besonders christlich gehalten wurde. Charakteristisch sind gleichfalls die Einturmfassade, die enge Anlehnung an die mittelalterlichen Vorbilder und die Verwendung örtlichen Bruchsteins in Verbindung mit anderen Materialien, die entsprechend der Maxime des „ehrlichen" Bauens, die „Material- und Konstruktionsgerechtigkeit" forderte, sichtbar gezeigt werden.

Oberhalb des Ortes steht die Clemenskapelle, 1908 aus Bruchsteinmauerwerk mit kleinem Dachreiter erbaut.

KAUB, DÖRSCHEID, WEISEL, BORNICH

Kaub, ev. Kirche St. Trinitatis, der westliche Teil des Kirchenbaus wird von der evangelischen Kirchengemeinde genutzt. Das im Kern gotische Langhaus (vgl. die spitzbogigen Eingänge) wurde im 18./19. Jh. analog zu anderen evangelischen Kirchen zu einer dreischiffigen Halle mit Emporen und einem Kanzel-Orgel-Altar umgebaut (Orgelbühne von 1793, 1879 beim Einbau der heutigen Orgel verändert, Kanzel um 1800).

Das am Rheinuferstreifen gelegene Kaub, das bereits 1275 als ummauerte Stadt bezeichnet wird, gehört durch die malerische Gruppierung von Stadt, Burg Gutenfels und der auf einer Felsenklippe im Rhein gelegenen Zollburg Pfalzgrafenstein zu den am meisten fotografierten Orten des Mittelrheintals. Der Rheinzoll war an dieser Stelle sehr ergiebig. Zudem wohnten hier die Rheinlotsen für die gefahrvolle Schifffahrt zwischen Bingen und Kaub. Auf dem Hochplateau des Rheingauer Gebirges liegen nordöstlich von Kaub die Ortschaften Bornich, Weisel und Dörscheid. Die kleine Stadt Weisel war einst von einer Stadtmauer umgeben. Die historische Stadtstruktur ist gut ablesbar. Gleichfalls blieb die Dorfstruktur mit Gebäuden des 17. bis 19. Jahrhunderts im Ortskern von Bornich erhalten.

KAUB: EV. KIRCHE ST. TRINITATIS/ KATH. PFARRKIRCHE ST. NIKOLAUS

Der Kirchenbau von Kaub ist ein seltenes Beispiel ökumenischen Verständnisses seit der Barockzeit, da sie seit 1705 von zwei Konfessionen genutzt wird, der östliche Teil von der katholischen, der westliche von der evangelischen Gemeinde.

Der Kirchbau wird durch den mächtigen spätromanischen Turm (12. Jahrhundert) geprägt. An ihn schließt sich ein gotischer Bau des 15. Jahrhunderts an, der mehrfach umgebaut wurde und von der seit dem 16. Jahrhundert bestehenden evangelischen Kirchengemeinde genutzt wird. 1705 wurde, nachdem die Abtrennung des spätgotischen Chores vom Langhaus erfolgt war, die Kirche simultan für Katholiken und Protestanten gleichermaßen genutzt. Die Katholiken erhielten fortan den Chor für ihren Gottesdient. Die Situation einer Simultankirche ist nicht ganz ungewöhnlich, da auch in St. Goar auf der gegenüberliegenden Rheinseite in der Stiftskirche von 1652 bis 1660 ein reformierter und katholischer Gottesdienst nebeneinander in der Stiftskirche abgehalten wurde – wenn auch unter Protesten.

Jedenfalls nutzten die Katholiken in Kaub ihre zunehmenden Möglichkeiten der Religionausübung zum Bau ei-

Kaub, ev. Kirche (rechter Gebäudeteil) und kath. Pfarrkirche (linker Gebäudeteil), Weitgehend romanischer Turm mit Rundbogenfriesen und Rombendach. Die gekuppelten Schallarkaden von 1873. Kirchenwand längs der Metzgergasse teils noch 14. Jahrhundert mit doppelter Fensterreihe und spitzbogigen Blendarkaden. Die beiden anderen Außenwände 15. Jahrhundert, Südseite mit Maßwerkfenstern und Nordseite mit Barockfenstern.

Kaub, ev. Kirche St. Trinitatis, Innenraum nach Nordwesten mit dem Turm in der Raumecke. Die umlaufenden Emporen prägen den Innenraum. An der Turmwand ist eine mittelalterliche Eisentür aufgehängt.

nes neunen Gebäudes, indem sie den Chor der Kauber Kirche abbrachen und 1769–72 durch den heutigen Barockbau nach Plänen des Bau- und Werkmeisters Rodenbach aus Lambsheim ersetzten. Der Barockbau zeichnet sich durch seine großen Fenster, das Eingangsportal mit der barocken, qualitätvollen Nischenfigur des hl. Nikolaus, dem Patron der Kirche, und das Chordach mit Dachreiter und geschweifter Haube, der 1904 nach altem Vorbild erneuert wurde. Der Saalraum wurde 1953/54 nach Süden durch den heutigen Chorraum und darunter liegender Sakristei erweitert. Der Innenraum der kath. Kirche besitzt eine barock-klassizistische Ausstattung.

Den Westteil der Kirche nutzt die evangelische Kirchengemeinde. Zum Einbau der für evangelische Kirchen typischen Emporen wurde das Langhaus umgebaut, und es wurde nicht wie bei der katholischen Gemeinde die alte Kirche durch einen Neubau ersetzt. Die Südtür besitzt sogar noch ihre gotischen Beschläge (darüber Epitaph von 1722). Die drei Schiffe werden im Innern durch eine weitgespannte Arkade im Norden und drei Säulenarkaden im Süden getrennt.

Kaub, kath. Pfarrkirche St. Nikolaus, Kopie der sog. „Kauber Madonna“ (um 1420), eines der bedeutendsten Werke seiner Zeit, 135 cm hoch, Original im Hessischen Landesmuseum Wiesbaden.

Kaub, kath. Pfarrkirche St. Nikolaus, 1770–72 von Rodenbach. Den östlichen Teil des Kirchengebäudes nutzt die katholische Gemeinde. Die Saalkirche mit Voutendecke besitz einen Rechteckchor, der seitlich eine hölzerne Herrschaftsloge aufweist. Die Ausstattung, bestehend aus Altären, einer Kanzel, einer Kommunionbank und dem Taufstein, ist frühklassizistisch und stammt aus der Erbauungszeit um 1772. Die Orgel kam 1879 hinzu.
links: Taufe Jesu auf dem Deckel des Taufsteins.
oben: Beweinung Christi, klassizistische Figurengruppe.

VEISEL: EV. KIRCHE

er kleine Ort erhielt 1324 zeitgleich ıit Kaub Stadtrecht. Leicht abgeickt von der Ortsmitte liegt die ev. irche St. Andreas. Sie besteht aus eiem breiten, fünfachsigen Saalbau on 1776/77. Die Außenwände gliern Rundbogenfenster und Wandfeiler. Der schlichte Westturm mit em kleinen Zeltdach wurde 1815–23 ıach Plänen von Joh. Chr. Zais angeügt.

Der Innenraum wirkt durch seine Größe. Die Ausstattung stammt im Wesentlichen aus der Erbauungszeit, wurde um 1960 jedoch in Details verändert. Typisch für evangelische Barockkirchen sind die Empore mit Orgel, die Bänke und der Kanzelaltar. Der Altar und die Windfänge stammen aus dem 19. Jahrhundert.

Weisel, ev. Kirche, Saalbau mit Wandpfeilern 1776/77 und Westturm von 1815–23.

Weisel, ev. Pfarrkirche, Innenraum mit Altarkanzel und Gestühl von 1777 (rechts) und neobarockem Windfang (Ende 19. Jh.).

WEISEL: KATH. SEBASTIANSKAPELLE

An der Straße nach Kaub liegt die kath. Sebastianskapelle (Altpfortenstraße 21), ein neuromanischer Kirchbau von 1855/56 mit Dachreiter. Seine malerische Wirkung wird durch die kleinteiligen Dekorationsformen und -motive und das unterschiedlich farbige Baumaterial aus unverputztem Bruchstein erzielt.

Weisel, kath. Sebastianskapelle, kleiner Bau in neuromanischen Bauformen mit Anklängen an den Rundbogenstil (Rundbogenfenster) von 1855/56, malerische, bewegte Fassade mit erkerartig vorkragendem Dachreiter, Vordach und Ecklisenen und unterschiedlichem Baumaterial (Bruch- und Werkstein sowie Schiefer).

DÖRSCHEID: EV. KIRCHE

Dörscheid liegt auf der Hochebene des Rheintals nur wenige hundert Meter vom Rhein entfernt unmittelbar oberhalb von Kaub. Westlich des Ortsrands beginnen die Weinhänge.

Die gut proportionierte Kirche ist im Kern mittelalterlich und wurde mehrfach umgebaut. Prägend ist der romanisch wirkende, aber wohl erst im Kern aus der Gotik stammende schlichte Westturm, der im 19. Jahrhundert sein Obergeschoss mit Zwillingsfenster und den steilen Turmhelm erhielt. Der niedrige Chor mit seinen Spitzbogenfenstern ist in die 1. Hälfte des 14. Jahrhunderts zu datieren. Das Langhaus wurde 1688 modernisiert. Dabei brach man die drei Rundbogenfenster ein. Der zweiachsige, flachgedeckte Saalraum war wohl ursprünglich gewölbt, wie die Konsolen und Rippenansätze zeigen.

Dörscheid, ev. Kirche, 1. Hälfte 14. Jh.

oben: Ansicht von Südwesten mit im Kern spätmittelalterlichem Turm, Turmobergeschoss und Turmhelm 19. Jh.

oben links: Innenansicht des Chors mit Spitzbogenfenstern und Rippengewölbe.

links: Ansicht von Südwesten mit dem 1688 durch die Rundfenster veränderten gotischen Langhaus.

unten: Ansicht auf den Chor, über dem sich ein wahrscheinlich nachträglich hinzugefügter Raum befindet.

BORNICH: EV. KIRCHE

Im historischen Ortskern des stattlichen Dorfes steht die Pfarrkirche. Sie ist ein wenig bekanntes Kleinod. Auch die Ortschaft mit ihren Fachwerkhäusern des 17. bis 19. Jahrhunderts, die z. T. verschiefert oder verputzt sind, gilt es zu entdecken. Die Ortschaft war ursprünglich von einem Wall mit zwei Toren und einem Graben umgeben.

Die ev. Kirche, die 1138 als Neubau erwähnt wird und noch zu großen Teilen aus dieser Zeit stammt, ist die alte Mutterkirche von St. Goarshausen. Ihre malerische Wirkung resultiert aus den baulichen Veränderungen, die sich im Verlauf der Jahrhunderte ergeben haben.

Weithin sichtbar ist der romanische Westturm (12. Jahrhundert), der 1573 ein neu errichtetes, achteckiges Schieferdach erhielt. Daran schließen sich die gleichfalls romanische, barock veränderte schlichte vierjochige Pfeilerbasilika und der dreiseitig geschlossene gotische Chor an. Im Zuge der barocken Veränderungen wurde u. a. das südliche Seitenschiff 1777 neu errichtet.

Bornich, ev. Kirche. Der romanische Westturm (1. Hälfte 12. Jh.) besitzt Eck- und Mittellisenen, spitzbogig gekuppelte Schallöffnungen mit erneuerten Säulchen. Vom Langhaus sind noch das Haupt- und nördliche Seitenschiff romanisch, die Arkaden kämpferlos aus der Wand geschnitten. Die Südseite ist unter Wegfall der Arkaden 1777 erhöht und das Dach bis an die Südwand abgeschleppt worden, vier Dachgauben bilden die Oberlichter für den Innenraum.

Ölgemälde mit Maria und Johannes unter dem Kreuz, 18. Jh.

Das Innere besitzt eine dreiflügelige Langhausempore, die entlang der West-, Nord- und Ostwand verläuft.

Der Nordflügel der Empore wurde nach einem Brand im Jahr 1559 in einer Fachwerkschmuckform mit genasten und geschweiften Andreaskreuzen errichtet, die im 19. Jh. auch für die Brüstung der Süd- und Westflügel übernommen wurde. Die Kanzel (1724), der Orgelprospekt (1708) und die Stuckleistendecke gehören zur barocken Ausstattung.
unten: Chorempore mit Brüstungsmalerei (1. Hälfte 18. Jh.). Die Malerei zeigt Blumendekorationen und Putten mit religiösen Symbolen.

ST. GOARSHAUSEN, WELLMICH

St. Goarshausen am Rhein liegt an der Einmündung des Forstbachtals in das Rheintal gegenüber von St. Goar. Der kleine Ort erhielt 1324 das Stadtrecht. Viel fotografiert ist seine Ansicht mit der über der Stadt malerisch liegenden Burg Katz.

Wellmich liegt nur wenige Kilometer rheinaufwärts. Auch hier bilden Burg und Ort mit seiner mittelalterlichen Kirche eine romantische Rheinansicht. Neben Wellmich gehört auch das benachbarte Ehrenthal heute zur Gemeinde St. Goarshausen.

ST. GOARSHAUSEN: EV. KIRCHE

St. Goarshausen, ev. Kirche, Außenbau vor seiner Umgestaltung in den 1960er Jahren (Abb. oben) und 2002 (unten).

An der Uferstraße gelegen, ist die ev. Pfarrkirche vom Rhein aus gut einsehbar. Ihr Standort resultiert aus dem Eisenbahnbau, dem um 1860 die alte Kirche und 16 weitere Gebäude in St. Goarshausen weichen mussten. Mit Hilfe der Entschädigungssumme von 27.000 Gulden errichtete die Gemeinde von 1860 bis 1863 nach Plänen des nassauischen Baurats Eduard Zais (1804–95) aus Wiesbaden, Architekt der ev. Kirchen in Erbach, Niederlahnstein und Opladen, die heutige Kirche.

Sie ist ein typischer Bau des frühen Historismus, da sie einen Mix aus Stilelementen des Mittelalters in Verbindung mit dem Rundbogenstil bildet. Dabei gilt zu berücksichtigen, dass die Kirche ursprünglich gotischer aussah. Denn 1963/68 wurden nach der Beseitigung von Beschädigungen infolge des 2. Weltkriegs der spitz zulaufende hohe, neugotische Turmhelm und die an den Turm- und Fassadenecken aufgesetzten Fialen entfernt. Dadurch blieben lediglich die neoromanischen Motive, wie z. B. die Rundbogenfriese, und die großen Rundbogenfenster mit romanisierendem Maßwerk stilprägend bestehen. Die Purifizierungen (d. h. die Entfernung dekorativer Detailformen) in den 1960er Jahren beruhen auf dem Missverständnis, die Architektur des 19. Jahrhunderts sei minderwertig und eine schlechte Kopie älterer Bauten. Die vereinfachten Fassaden entsprachen besser dem eigenen Zeitgeschmack und der zeitgenössischen modernen Architektur, in der romanisierende und dekorlose Wände in den 1920er bis frühen 1960er Jahren dominierten (vgl. Rüdesheim, Niederlahnstein).

Die Kirche zeigt den häufigen Typus für kleine Kirchen: Saalbau mit eingestelltem Westturm und eingezogenem Chor. Das Innere entspricht dem Schema frühchristlicher bzw. -romanischer Kirchen. Der Saalraum, der noch seine originale Ausstattung mit Empore, Orgelprospekt und Kanzel über dem Altartisch besitzt, ist flach gedeckt und endet in einer Apsis mit Polygonrippengewölbe. Gegenüber den frühmittelalterlichen Vorbildern sind die Fenster deutlich größer. Sie entsprechen in ihren Formen dem Rundbogenstil (vgl. z. B. Koblenz-Stolzenfels). Das in der Farbigkeit der Erbauungszeit wiederhergestellte Innere wird zudem durch die mit Vierpässen verzierten Emporen, die um den Saalraum verlaufen, und die farbige Kassettendecken geprägt.

Innenansicht (oben), Glasfenster von 1929 mit der Dreifaltigkeitsdarstellung – Gott Vater/Sohn/Hl. Geist (Taube) – (links) und den Evangelisten Lukas und Johannes (unten).

St. Goarshausen mit Burg Katz, der ev. Kirche links und der kath. Pfarrkirche rechts.

ST. GOARSHAUSEN: KATH. PFARRKIRCHE ST. JOHANNES

Die kath. Johanneskirche liegt wie die ev. Pfarrkirche an der Uferstraße. Sie wirkt durch ihre Längslage zur Straße größer als der evangelische Kirchenbau, obgleich sie für eine Diasporagemeinde gebaut wurde. Die Pläne für den von 1923 bis 1925 errichteten Bau lieferten Hans und Christoph Rummel. Stilprägend sind der späte Neobarock (geschweifte Dachformen) und der Heimatstil (sichtbares Mauerwerk, klare Formen, reduzierter Dekor). Die Bauteile – quadratischer Westturm, Saalraum und halbrunder Chor – sind klar von einander unterschieden.

rechts: Im neobarocken Hauptaltar ist ein Gnadenstuhlgemälde, d. h. die Darstellung der Dreifaltigkeit in Form von Gott Vater, Sohn und Heiligem Geist (Taube), aus dem Umkreis von Lucas Cranach d. Ä. (um 1530) integriert, das 1925 aus Privatbesitz für die Kirche erworben wurde.

St. Goarshausen vom Rhein mit der kath. Johanneskirche rechts und der ev. Kirche links

St. Goarshausen, kath. Johanneskirche. Der Innenraum wirkt durch seine Breite und helle Farbigkeit sehr großzügig. Er wird durch die Rundbogen- und Rundfenster, die Rundbogennischen, die Voutendecke und der Chorbogen geprägt. Das Deckengemälde von 1941 zeigt die Verklärung Jesu. Dargestellt sind zudem die Propheten Mose und Elija, die drei Jünger Petrus, Jakobus und Johannes und in der Mitte der durch die Sonne verklärte Jesus.

Linker Seitenaltar mit der Darstellung des hl. Josef, um 1925.

Rechter Seitenaltar mit der Darstellung der Gottesmutter mit Kind, um 1925.

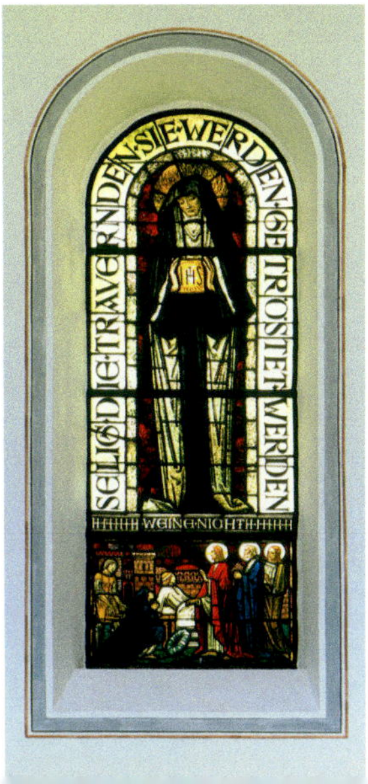

Glasgemälde mit Jugendstilelementen, um 1925. Heiligendarstellungen, hl. Caecilia von Rom mit Orgelmodell (links), hl. Elisabeth von Thüringen mit Kirchenmodell der Elisabeth-Kirche in Marburg (Mitte).

WELLMICH: KATH. PFARRKIRCHE ST. MARTIN

Wellmich, Pfarrkirche St. Martin, 14. Jh. Malerisch liegt der Ort mit seiner mittelalterlichen Kirche und der Burg Maus im Rheintal. Der Kirchturm wurde als Wehrturm mit Bogenblenden, Eck- und Mittellisenen, Spitzbogenfenstern sowie Schießscharten um 1360 errichtet.

Zu den kunsthistorischen Entdeckungen entlang des Mittelrheins gehört Wellmich, wenige Kilometer rheinaufwärts von St. Goarshausen gelegen. Der kleine Ort erlebte in der 2. Hälfte des 14. Jahrhunderts seine kurze Blütezeit, als er befestigt und die landschaftsprägende Burg Maus errichtet wurde, Wellmich sogar 1357 Stadtrechte verliehen bekam.

Aus dieser Zeit stammt auch die heutige Kirche, wenngleich der Turm aufgrund seiner wehrhaften Form älter, nämlich romanisch wirkt. Er besitz jedoch spitzbogige, d. h. gotische, genaste Fensteröffnungen im obersten Geschoss und im 2. Geschoss Schieß-

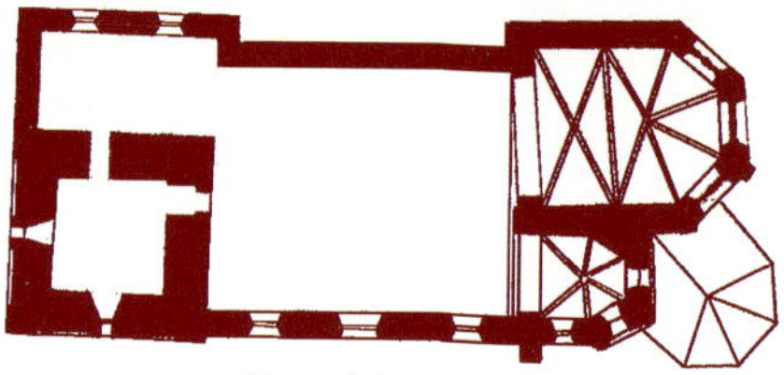

Grundriss.

scharten und Sitznischen, die ihn als Wehrturm ausweisen. Bis um 1830 besaß der Turm zudem nachgotische Ecktürmchen, die man anlässlich der Errichtung des heutigen Turmhelms entfernte. Die Baugeschichte ist relativ kompliziert, wie auch der verwinkelte Grundriss verdeutlicht, wenngleich die Bauphasen wohl überwiegend in das 14. Jahrhundert zu datieren sind. So könnte das Langhaus zeitgleich mit dem Turm um 1360 errichtet worden sein. An den Saalbau schließen sich zwei Chöre an. Der nördliche liegt leicht versetzt zum

Langhaus und ist etwa zeitgleich, während der kleinere, südliche Seitenchor (heute Marienkapelle) um 1300 datiert wird und vom Vorgängerbau stammt. Das Tonnengewölbe des Langhauses geht auf einen Umbau in der 1. Hälfte des 18. Jahrhunderts zurück, als der Seitenchor bis auf die Höhe des Chores aufgestockt und die Kirche ein neues Dach erhielt, das nun den gesamten Baukörper überspannt. Der neugotische Sakristeibau zwischen den Chören stammt von 1881. 1914 wurde das Langhaus verlängert, das gegen den Fels auf seiner Nordseite fensterlos ist. Die Südwand besitzt Lanzettfenster und ein Portal mit Spitzbogennische, in der sich eine Martinsdarstellung mit dem Bettler befindet.

Wellmich, Pfarrkirche St. Martin.
oben: Inneres nach Osten mit Hauptchor (um 1360) und Marienkapelle (um 1300). Zwischen den Choranlagen Madonna, um 1520, auch Madonna mit der Weintraube genannt, da die ersten geernteten Trauben ihr in die Hände gelegt werden.
links: Figurengruppe über dem Hauptportal mit dem hl. Martin, der dem Bettler sein Gewand reicht.

Wellmich, Pfarrkirche St. Martin.
links: Sakramentsnische und Konsolfigur des Hauptchors, um 1360.

oben Mitte: Frührenaissancegrabmal für Coryn von Nassau († 1538) von 1545 mit dem Flachrelief eines betenden Ritters in Turnierrüstung, zu dessen Füßen ein Helm mit Maskenvisier.

oben rechts: Kruzifix im Hauptchor, 2. Viertel 15. Jh.

links: Verperbild aus Lindenholz in der Marienkapelle, Mitte 14. Jh.

oben: Malerei (1. Hälfte 15. Jh.) an der Chornordwand mit der Darstellung der Heimsuchung, der Maria Magdalena und des Johannes d. Täufers

Wellmich, Pfarrkirche St. Martin. oben: nördliche Langhauswand mit gotischer Wandmalerei, darunter Skulptur mit der Darstellung des hl. Martin (Mitte 15. Jh.), rechts am Pfeiler zwischen den Chören qualitätvolle Muttergottes-Figur aus einer Kreuzigungsgruppe, um 1520, auf barocker Engelkonsole. Die Malereien (10 x 2 m, um 1400) wurden 1906 entdeckt und 1948 freigelegt. Der obere Streifen zeigt die Kreuzigung und die Martyrien der 12 Apostel, der untere Streifen das Jüngste Gericht mit Christus als Weltenrichter in der Mandorla, den Seligen im Himmel links und den Verdammten rechts, durch einen Engel in die Hölle gewiesen. rechts: Detail der Höllenrachen.

EHRENTHAL: EHEM. KLOSTERKIRCHE ST. SEBASTIAN

Ehrenthal, ehem. Klosterkirche St. Sebastian, verputzter Saalbau mit rundbogigen Fenstern, 3/8-Chorschluss und Dachreiter. Die ehem. barocke Holztonne wurde 1945 durch eine Voutendecke ersetzt.
oben: Sebastian-Darstellung, 1949, von Anton Wogner.

Der etwa 1,5 km von Wellmich rheinabwärts gelegene kleine Ort wird 881 im Zusammenhang mit einem Wein- und Hofgut im Besitz der Benediktinerabtei Prüm (Eifel) erstmals genannt. Seit dem späten Mittelalter diente die Anlage, zu der das Gasthausgebäude „Zur Klosterschenke" (16. Jahrhundert) und der Vorgängerbau der heutigen Kirche gehörten, dem Abt des Benediktinerklosters Gronau (bei Grebenroth im Taunus) als Sommersitz. Nach Auflösung des Klosters Gronau 1552 gründeten der Abt und die Mönche ein Nachfolgekloster in Ehrenthal. 1705–08 entstand unter dem Trierer Erzbischof Hugo von Orsbeck (Wappen oberhalb der Eingangstür) durch den Hofarchitekten Johann Honorius Ravensteyn die heutige Kirche. Das Kloster wurde 1803 profaniert, die Kirche Pfarrkirche. 1945 vernichtete ein Brand nach einem Beschuss die Ausstattung mit dem Hochaltar von 1669 (aus St. Martin in Lorch). Im Rahmen der Wiederherstellung 1946–58 erhielt der Innenraum nur wenige Ausstattungsstücke, darunter das Relief des Mayener Bildhauers Anton Wogner von 1949 mit dem Martyrium des hl. Sebastian.

PATERSBERG, REICHENBERG, REITZENHAIN

Patersberg, Reichenberg und Reizenhain liegen östlich von St. Goarshausen auf der Hochebene des Rheintals. Insbesondere Patersberg kann sich rühmen, eine der außergewöhnlichsten Lagen im Welterbegebiet einzunehmen, da unmittelbar vor dem Ort der Steilhang zum Rhein beginnt. Auch Reichenberg mit seiner Burg liegt in einer bezaubernden Landschaft.

PATERSBERG: EV. KIRCHE

Die Kirche von Patersberg gehört zu den malerischsten und ältesten entlang der rechten Rheinseite im Welterbegebiet. Weithin sichtbar ist der Westturm. Er wirkt zwar romanisch, stammt aber wohl wie der stilistisch verwandte Kirchturm in Wellmich erst aus dem 14. Jahrhundert (vgl. Spitzbogenblenden, spitzbogige Zwillingsfenster). Der Turmhelm wurde

Patersberg, ev. Kirche, Außenansichten (Abb. rechts). Der Turm dürfte trotz romanischer Stilmerkmale, wie z. B. dem Rundbogenfries und den gekuppelten Schallöffnungen, erst im 14. Jahrhundert erbaut worden sein. Das Langhaus (Abb. links oben) ist romanisch (12. Jh.). Abb. links unten: Innenansicht nach Westen, an der Westwand Grabstein Reinhard Wiederholdts († 1590).

Patersberg, ev. Kirche, Inneres nach Osten. Der flachgedeckte Saalraum (12. Jh.) mit dreiseitigem Chorschluss (14. Jh. nach Verlängerung der Kirche) zeigt nach seiner barocken Umgestaltung (Einbau der großen Rundbogenfenster, Emporen mit Balusterbrüstung, Kanzel, Abendmahlstisch, Gestühl, Orgel und Taufstein) die typischen Gestaltungs- und Ausstattungsmerkmale evangelischer Kirchen. Damit konzentriert sich die Ausstattung, die mit Ausnahme des modernen Taufsteins einheitlich aus der Zeit um 1750 stammt, auf die wesentlichen Elemente: dem Hören der Predigt und der Botschaft (auch durch die Kirchenmusik) und das Feiern der Sakramente.

im 19. Jahrhundert aufgesetzt. Dagegen ist das Langhaus wohl im Kern noch romanisch (12. Jahrhundert). Die ursprünglich kleinen Fenster wurden bis auf zwei im Rahmen der Barockisierung ausgetauscht. Der Chor wird ins 14. Jahrhundert datiert.

unten: Blick von der anderen Rheinseite auf Patersberg.

REICHENBERG: EV. KIRCHE ST. CHRISTOPHORUS

Malerisch liegt die Kirche auf einem Felsen oberhalb des Dorfes und am Südende der Vorburg der Burg Reichenberg, einer eindrucksvollen Burgruine. Die südliche Kirchenwand bildet einen Teil der Ringmauer. Burg Reichenberg war ab 1319 erbaut worden, nachdem der Trierer Erzbischof dem Grafen Wilhelm I. von Katzenelnbogen die Errichtung der Burg genehmigt hatte. Innerhalb der Burg stehen die Ruine des sogenannten Zwerchbaus, der als Multifunktionsgebäude den Bergfried, den Tor- und Wohnbau sowie die Burgkapelle aufnahm.

Die heutige ev. Kirche, die außerhalb der Kernburg liegt, wurde 1380 geweiht und 1737/38 barock verändert. Es handelt sich um einen kleinen dreiachsigen Saalbau mit barockem Walmdach und Dachreiter mit geschweifter Haube. Im Zuge der baulichen Veränderungen im 18. Jahrhundert wurde die Kirche gewestet.

Der Innenraum ist ein schlichter Saal mit barocker Voutendecke und Ausstattung, zu der eine Westempore mit sieben Apostelgemälden an der Brüstung und die Kanzel von 1738 gehören. An der Westwand beim Aufgang zur Orgel wurden Reste der spätbarocken Ausmalung freigelegt.

Reichenberg, ev. Kirche, Ansicht von Süden mit Burg Reichenberg im Hintergrund rechts und Innenansichten.

REITZENHAIN: EV. KIRCHE

Die ev. Dorfkirche von Reitzenhain liegt am Rande des Ortszentrums, deutlich von der Straße abgerückt. Sie ist ein typischer protestantischer Barockbau von 1738 mit Mansarddach, achteckigem Dachreiter mit geschweifter Laterne und Eckgliederung durch Pilaster mit eingeritzten Profilen. Die Ritzungen laufen an der Fassade merkwürdig aus und waren vielleicht mit einer Bemalung kombiniert.

Das Innere zeigt die für evangelische Kirchen charakteristische Ausstattung aus der Bauzeit, bestehend aus einer dreiflügeligen Empore, die im Westen zweistöckig ausgeführt ist, der Kanzel, dem Abendmahlstisch und der Orgel mit barockem Prospekt und der Darstellung von Moses und Aaron.

Reitzenhain, ev. Kirche, 1738, Ansicht von Nordwesten (oben), Doppelempore (oben rechts), Altarraum und Orgel (rechts), Detail der Orgel mit der Darstellung von Moses und Aaron (unten).

OBER- UND NIEDERWALLMENACH

Etwa 12 Kilometer östlich von St. Goarshausen liegen die Dörfer Ober- und Niederwallmenach. Sie sind von nur regionaler Bedeutung und haben ihren ländlichen Charakter bewahrt.

OBERWALLMENACH: EV. KIRCHE

Am Dorfrand, abseits der Hauptstraße liegt auf der Anhöhe die ev. Kirche, die für vier Dörfer errichtet worden war, umgeben vom Friedhof. Es handelt sich daher um einen im Verhältnis zur Dorfgröße stattlichen Saalbau von 1733 mit Mansarddach und turmähnlichem Dachreiter mit achteckiger Laterne und spitzem Turmhelm über der Westwand. Das Innere besitzt eine vierseitig umlaufende Empore. Der Raum wird von einer Tonne bedeckt, in die Mansardfenster mit Stichkappen einschneiden. Typisch ist wie in den Kirchen der Nachbarorte die Anordnung der auf der Empore stehenden Barockorgel über dem Abendmahlstisch.

Oberwallmenach, ev. Kirche, 1733, Ansicht von Süden (unten) und Orgel mit Kanzel, um 1770 (oben).

oben: Oberwallmenach, ev. Kirche, 1733, Inneres nach Osten, Kanzel um 1770.

NIEDERWALLMENACH: EV. KIRCHE ST. JOHANNES

In der Ortsmitte liegt ortsbildprägend und leicht erhöht die Kirche. Sie ersetzt ein Kapelle, die 1590 genannt wird. Der Saalbau von 1717–19 – errichtet von Johannes Vetters und dem Maurermeister Karl Muden aus Niederwallmenach sowie dem Zimmerer Joachim Heil aus Nastätten – besitzt ein Mansarddach und einen hohen, quadratischen, verschieferten Dachreiter mit geschweifter Laterne. Das barocke Innere wird von der dreiseitig umlaufenden Empore geprägt, die im Westen – wie in Reitzenhain – zweigeschossig verläuft. Die Emporen sind mit Bauernmalerei verziert. Bemerkenswert ist die stuckierte Tonnendecke aus der Erbauungszeit. Zur Ausstattung gehören die gleichfalls barocke Kanzel und der Pfarrstuhl. Der sehenswerte Orgelprospekt von 1754 zeigt die Figur König Davids.

rechts: Niederwallmenach, ev. Kirche, 1717–19, Fassade mit Glockenturm.

oben: *Niederwallmenach, ev. Kirche, 1717–19, mit Orgelprospekt von 1754 und Emporen mit Bauernmalerei.*
links: *Ansicht der Doppelempore im Westteil.*
unten links: *Stuckdecke, um 1720.*
unten: *Detail der Orgel mit der Figur des Königs David und vier musizierenden Putten.*

Lierschied, ev. Kirche, gotischer Chorturm 14. Jh., Langhaus Ende 18. Jh.
unten links: Ansicht von Nordosten, mächtiger Chorturm mit schmalen spitzbogigen und mit Holz-Maßwerk gestalteten Fenstern.
unten rechts: Ansicht von Nordwesten mit nachträglich angebautem spätbarockem Langhaus.

LIERSCHIED, NOCHERN, WEYER, ESCHBACH

Liederschied, Nochern, Weyer und Eschbach liegen östlich von St. Goarshausen. Es handelt sich um stattliche Dörfer mit überwiegend noch gut erhaltenen Ortskernen und interessanten Kirchen.

LIERSCHIED: EV. KIRCHE

Lierschied erreicht man – vom 3 km entfernt liegenden St. Goarshausen kommend – über eine steile Straße. Das Dorf bestand schon 845 als königliche Ortschaft und wurde in jenem Jahr dem Grafen Gebhard zur Klosterstiftung in Kettenbach geschenkt. Auf einer Anhöhe inmitten des Ortes liegt die ev. Kirche, die von einem Kirchhof – dem ehem. Friedhof – umgeben wird. Der Vorgängerbau der heutigen Kirche wird 879 erstmals erwähnt.
Der heutige Bau wird durch den mächtigen gotischen Chorturm (14. Jahrhundert) geprägt. Der Turm besitzt einen hohen Spitzhelm, den ursprünglich vier Ecktürme umgaben, und sehr schlanke Fensteröffnungen mit hölzernen Maßwerkfenstern. Der Chorraum (des Ostturms) ist sehr steil und wird von einem spitzbogigen Kreuzgratgewölbe überspannt.
An den Turm ist nach Westen ein barocker Saal (Ende 18. Jahrhundert) angebaut. Das dreiachsige Kirchenschiff besteht aus verputztem Fachwerk.
Die Kanzel und das Gestühl stammen aus dem ausgehenden 18. Jahrhundert, die figürlichen Grabplatten vom 1367, 1554; ein Wappengrabstein ist auf 1703 datiert.

Lierschied, ev. Kirche; oben: Großartige Raumwirkung des Chorturms mit guter Renaissancemalerei (Beschlagwerkornamentik um 1600); unten: Gotische Nischen im Chorturm; rechts: Blick nach Osten, Empore mit Aposteldarstellungen.

unten: Nochern, ev. Kirche, Fassade.

NOCHERN: EV. KIRCHE

Beengt steht die ev. Kirche zwischen den Hofanlagen der Ortschaft. Sie liegt an der Hauptstraße, jedoch leicht erhöht und deshalb nur über eine Treppe erreichbar. Die Kirche nimmt durch ihre Größe eine ortsprägende Stellung ein.

Die neugotische Kirche von 1892/93 nach Plänen von Ludwig Hofmann aus Herborn, der auch die ev. Markuskirche in Braubach entwarf, wurde – typisch für die Bauzeit – als Einturmkirche und Saalraum mit Querhaus errichtet. Verwendung fanden frühgotische Detailformen, wenngleich diese vereinfachend ausgeführt sind. Charakteristisch für das Verständnis des ausgehenden 19. und des 20. Jahrhunderts ist die ungleichmäßige farbige Absätzung der Eckquaderung. In früheren Jahrhunderten wurden dagegen die Ecksteine geschlemmt und dann mit einer gleichmäßigen Eckquadermalerei versehen.

Der Innenraum zeigt als breit gelagerter Saalraum eine von der mittelalterlichen Baukunst gänzlich andere und daher eigenständige, historistische

Nochern, ev. Kirche, 1892/93.
oben links: Abendmahlsszene, Glasmalerei im Vierpassmaßwerk im Chor.
oben rechts: Nördliches Querhaus.
unten links: Ansicht nach Osten mit halb offenem Dachstuhl.
unten rechts oben: Ansicht des Chores mit 5/8-Schluss, Strebpfeilern und Vierpassmaßwerk.
unten rechts unten: Ansicht nach Westen mit dreiseitiger Empore und Orgel aus Erbauungszeit.

Raumauffassung. Dazu tragen auch die dreiseitig umlaufenden Emporen und der halb offene Dachstuhl bei.

WEYER: EV. KIRCHE

In der Mitte des stattlichen Dorfes liegt leicht erhöht die Kirche. Sie zeigt in den Architekturformen Ähnlichkeiten mit den zeitgleichen Kirchen in Ober- und Niederwallmenach. Die Kirche in Weyer ist von diesen Bauten die jüngste. Er wurde als Saalbau mit Rundbogenfenstern 1744 errichtet und wird durch seinen quadratischen Dachreiter mit barock geschweifter Laterne an der Westfassade geprägt.
Im Innern befindet sich eine stuckierte Tonnendecke mit geometrischen Feldern und ornamentaler Malerei. Zur Ausstattung gehören die zweiflügelige Empore, die Orgel und die Kanzel von 1771, die Schöler aus Bad Ems fertigte. Der Kruzifixus stammt aus dem frühen 16. Jahrhundert.

Weyer, ev. Kirche, 1744.
links: Ansicht von Südosten. Saalbau mit geradem Schluss, kleinen Rundbogenfenstern und kleinem verschiefertem Glockenturm über der Westfassade.

oben: Fassade,1744, mit Glockenturm.
links: Inneres nach Osten, tonnengewölbter Saal mit zweiflügeliger Empore und zusätzlicher Orgelempore, Orgel mit barockem Prospekt, um 1770, Stuckdecke, Kanzel und Wangen des Gestühls aus der Bauzeit, 1744.

ESCHBACH: EV. KIRCHE

In der Ortsmitte liegt die kleine Kirche. Der Westteil des heutigen Baus könnte noch vor seiner ersten Nennung im Jahr 1100 errichtet worden sein. Im späten Mittelalter verlängerte man die Kirche nach Osten, indem ein neuer gotischer, dreiseitiger Chor angefügt wurde. Während des Dreißigjährigen Kriegs wurden die Kapelle und das Dorf 1623 geplündert und verwüstet. Baumaßnahmen fanden 1737 statt, als die dreiflügelige Empore eingebaut wurde.

Es handelt sich um einen flachgedeckten Saalbau mit gotischem, dreiseitigem Chor. Der Dachreiter besitzt einen Spitzhelm und zwei Glocken von 1471 und 1922. Die Kanzel stammt von 1719. Die Tontafeln im Altarraum wurden 1986 von Kindern unter Leitung der Töpferin Witt-Zechner und das Altarkreuz 1972 von Horst Zils geschaffen.

Eschbach, ev. Kirche, 11. Jh. (?) und jünger.
oben: Ansicht von Westen.
oben rechts: Innenansicht nach Osten mit Abendmahlstisch, Empore mit Orgel und Kanzel von 1719.
rechts: West- und Nordempore von 1737 mit Brettbalustern und Marmorimitationsmalerei.
unten: Ansicht von Nordosten.

KESTERT, LYKERSHAUSEN, PRATH, DAHLHEIM

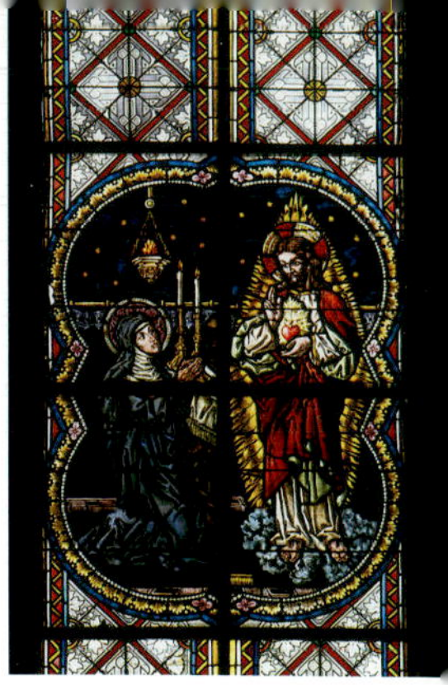

Linkes Chorfenster, frühes 20. Jh., Hildegard (?) vor Christus als Herz-Jesu-Figur.

estert ist ein Straßendorf am Rheinferstreifen, während Lykershausen, rath und Dahlheim nordöstlich von Kestert auf der Hochebene liegen und eine ländliche Dorfstruktur mit ihren Zwei- und Dreiseithöfen aufweisen.

ESTERT: KATH. PFARRKIRCHE ST. GEORG

ie Kirche St. Georg in Kestert gehört u den schlichten Kirchen entlang es Mittelrheintals. Ihre Fassade ist chmucklos und wird durch den chmalen Westturm mit Spitzhelm geprägt. Der Grundriss entspricht der üblichen Form einer kleinen Barockkirche: Saalkirche mit dreiseitgem Chorschluss und Einturmfassade. Allerdings wurde die Kirche 1958 um ein Seitenschiff erweitert, so dass der Zustand der 1779 errichteten Saalkirche verändert ist. Der Innenraum besitzt eine Voutendecke und einige Barockfiguren, wie z. B. eine Muttergottes auf der Weltkugel und den Apostel Matthias (18. Jahrhundert). Die ehemaligen Barockaltäre sind nicht erhalten. Die Rundbogenfenster besitzen Glasgemälde des frühen 20. Jahrhunderts.

Kestert, kath. Pfarrkirche St. Georg, 1779.
links: Ansicht vom Rhein mit Turmfassade
unten links: Innenansicht nach Osten mit dem Seitenschiff von 1958.
rechts: Kreuzigungsgruppe, 17./18. Jh., in Kombination mit modernem Hochaltar.
unten rechts: hl. Georg, 1720.

LYKERSHAUSEN: KATH. KIRCHE ST. JOHANNES D.

Hl. Barbara, 18. Jh., auf Engelkonsole, 19. Jh.

In einer Seitenstraße des Dorfes liegt die Johannes-Kirche von Lykershausen. Es ist ein kleiner Backsteinbau, der bewusst als Sicht-Backstein-Gebäude errichtet wurde. Rundbogenfries und Wandvorlagen gliedern die Architektur, die 1886 in neoromanischem Stil erbaut wurde. Geprägt wird der Bau durch die unterschiedliche Materialwahl und den Dachreiter mit Spitzhelm.

Das Innere besitzt eine Flachdecke und beeindruckt durch seine klaren Formen. Der dreiseitig geschlossene Chor wird durch die Chorwand vom Langhaus getrennt. Der Altaraufsatz von 1755 mit einer Muttergottes stammt aus der Deutschordenskirche in Frankfurt a. M. Die Figuren an den Wänden stellen Johannes d. T. und die hl. Barbara (beide 18. Jahrhundert) dar. Die Josefs- und die Herz-Jesu-Figur dürften aus dem ausgehenden 19. Jahrhundert stammen.

PRATH: KATH. KIRCHE ST. GOAR

Am Ortsrand neben dem Friedhof steht die Kirche St. Goar, ein spätbarocker Saalbau. Sie wurde 1803 durch den Baumeister Ludwig Rauch erbaut und erhielt 1889 den heutigen Dachreiter mit spitzem Haubendach.
Der Innenraum ist sparsam ausgestattet. Bemerkenswert ist der Hochaltar aus dem ausgehenden 17. Jahrhundert, der vielleicht aus Boppard stammt. Die Kanzel wurde um 1760 geschaffen. Im Westen steht eine tiefe Westempore.

Prath, Kirche St. Goar, 1803.
oben: Außenansichten von Süden (links) und Nordwesten (rechts), Saalbau mit Dachreiter und geschweifter Haube.
rechts: Altar mit marmornem Aufsatz, Ende 17. Jh., nachträglich eingestellter hl. Kirchenpatron Goar, wohl 17. Jh., seitlich die hll. Josef und Johannes Nepomuk, als Bekrönung Kreuzigungsfiguren, alle 18. Jh., an den seitlichen Chorwänden als Einzelfiguren die Apostel Petrus und Paulus, 18. Jh.
unten: Detail des Hochaltars mit der Darstellung des Heiligen Rocks in Trier.

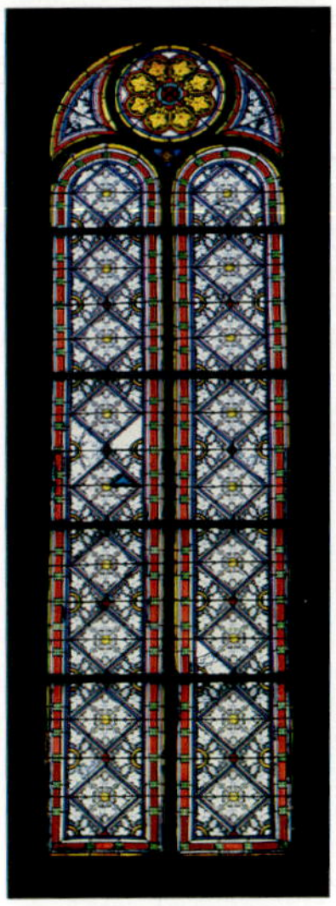

Rundbogenfenster, Verglasung wohl frühes 20. Jh.

DAHLHEIM: KATH. PFARRKIRCHE ST. JAKOBUS

In der Ortsmitte liegt auf der Anhöhe die kath. Pfarrkirche St. Jakobus, die 1838–40 wahrscheinlich über den Grundmauern der 1818 abgerissenen Vorgängerkirche errichtet wurde. Es ist ein harmonischer, ansprechender klassizistischer Saalbau mit 4 x 5 Fensterachsen, angefügtem Chor und in die Westwand (Fassade) integriertem und in das Langhaus eingebautem Westturm mit geschweifter Haube.

Das Innere ist für eine katholische Kirche sehr sparsam mit wenigen Figuren aus Keramik (20. Jahrhundert) ausgestattet. Bemerkenswert sind die doppelte klassizistische Westempore aus der Erbauungszeit und die ansprechende Glasmalerei der Rundbogenfenster.

Dahlheim, kath. Pfarrkirche St. Jakobus, 1838–40.
oben: Inneres nach Osten bzw. Westen.
links: Fassade mit Glockenturm.
unten: Kreuzigungsgruppe im Chor, 20. Jh.

KAMP-BORNHOFEN, FILSEN, OSTERSPAI

Kamp-Bornhofen, Kamp, Filsen und Osterspai liegen unmittelbar am Rhein. Sie zeichnen sich durch ihre romantische Lage, ansprechende Kirchen und ortsbildprägende Fachwerkbauten (16.–19. Jahrhundert) aus.

KAMP-BORNHOFEN: WALLFAHRTSKIRCHE

Eine Kapelle wird in Bornhofen erstmals 1224 und das Gnadenbild 1289 genannt. Beschädigungen der Kapelle sind für das Jahr 1314 anzunehmen, als Bornhofen infolge der Auseinandersetzungen zwischen dem Trierer Erzbischof Balduin von Luxemburg und dem Grafen Diether von Katzenelnbogen um die Reichspfandschaft der oberhalb gelegenen Burg Sterrenberg zerstört wurde. 1391 veranlasste der Amtmann der Burg Sterrenberg, Ritter Johannes Brömser von Rüdesheim († 1420), den heutigen Kirchenbau, der 1435 geweiht wurde. 1679 beauftragte der Trierer Erzbischof Johann Hugo von Orsbeck Kapuziner-Mönche mit der Betreuung der bestehenden Wallfahrt. Diese ließen von 1680 bis 1684 die noch heute vorhandenen Klosterbauten, die um einen Innenhof gruppiert sind, nach Entwürfen von Leonhard von Feldkirch

Kamp-Bornhofen, Wallfahrtskirche und Franziskanerkloster liegen malerisch am Rheinufer unterhalb der Burg Sterrenberg.

Kamp-Bornhofen, Wallfahrtskirche. An der Langhausnordseite wurde 1688–91 die quadratische Gnadenkapelle mit reich stuckierter Kuppel und marmorner Säulenarkade nach Plänen von Johann Christoph Sebastiani im Auftrag von Erzbischof Johann Hugo von Orsbeck angebaut. Der Steinmetz Johann Theobald Weidemann war an der Ausführung des Projekts beteiligt. Die Ausstattung von 1690 erfolgte weitgehend mit dunklem Lahnmarmor. Das 1,1 m hohe Gnadenbild ist ein Vesperbild aus der 2. Hälfte des 15. Jahrhunderts.

Kamp-Bornhofen, Wallfahrtskirche, Dankestafeln an den Wänden im Eingangsbereich.

und wenig später die Gnadenkapelle, die 1691 geweiht wurde, und die Vorhalle um 1698 errichten. Mit der Säkularisation 1803 wurde auch das Kloster aufgelöst. 1890 zogen schließlich die Franziskaner in die Klostergebäude ein. Ein Brand 1949 zerstörte die Klostergebäude, die bis 1952 unter Verwendung der alten Umfassungsmauern vereinfachend wieder aufgebaut wurden.

Die zweischiffige Hallenkirche aus verputztem Bruchstein besitzt eine schlichte äußere Gestalt. Sie hebt sich gegenüber den Klostergebäuden nur durch das hohe, schiefergedeckte Satteldach, den schmalen Westturm mit Achteckhelm und gotischen Maßwerkfenstern und die Vorhalle mit geschweiftem Barockdach hervor. Langhaus und Westturm wurden von 1391 bis 1435 unter der Verwendung wohl

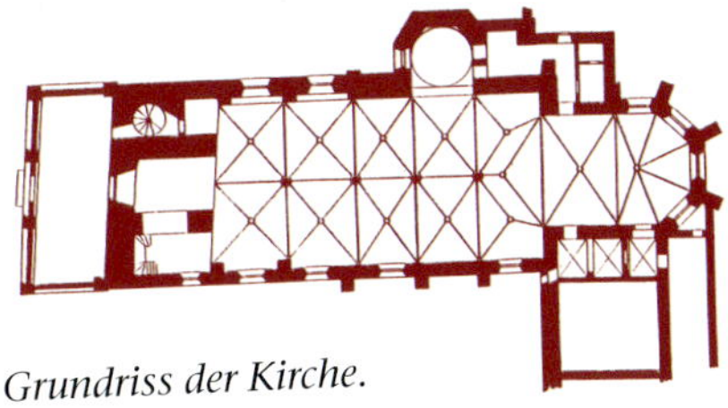

Grundriss der Kirche.

romanischer Mauerreste des Vorgängerbaus errichtet. Die offene Bogenhalle mit geschwungenem Walmdach ließen die Kapuziner 1698 an den Westturm anfügen. Als Baumeister wird der kurtrierische Hofbaumeister Johann Christoph Sebastiani angenommen. In der Bogenhalle sind Jugendstil-Malereien (um 1900) und daneben eine Kreuzigungsgruppe von 1889 zu sehen.

Der zweischiffige Innenraum der Kirche war ursprünglich reich mit spätgotischen Fresken ausgestaltet. Die

Kruzifix, 15. Jh.

Der 37,5 m lange Innenraum ist ungewöhnlich, da es sich um eine symmetrische, zweischiffige Halle mit Kreuzrippengewölbe und Achteckpfeilern handelt. Zweischiffige Kirchen sind selten. Neben der Wallfahrtskirche in Weidbach (Kreis Biedenkopf) ist es die einzige zweischiffig geplante Kirche im ehem. Herzogtum Nassau. Alle übrigen zweischiffigen Kirchen (Lorch, Eltville, Oberursel, Rüdesheim) erhielten ihre Zweischiffigkeit erst nachträglich durch den Anbau eines Seitenschiffs.

Kamp-Bornhofen, Wallfahrtskirche, barocke Josefs-Figur, 18. Jh.

oben: Den bronzenen Zelebrationsaltar von 1986 schuf ebenso wie den Ambo Arnold Morkramer. An der Stirnseite des Altars ist das Brotwunder dargestellt: Jesus erscheint im Kreis der Apostel, neben ihm ein Knabe mit fünf Broten und zwei Fischen. Die mehr als 5000 Menschen, die damals gespeist haben, sind symbolisch in fünf Gruppen zu je 10 Personen angeordnet. Auf der rückwärtigen Seite befindet sich die Abendmahlsszene, an den Schmalseiten die Speisung der Israeliten in der Wüste bzw. die Stärkung des Propheten Elias.

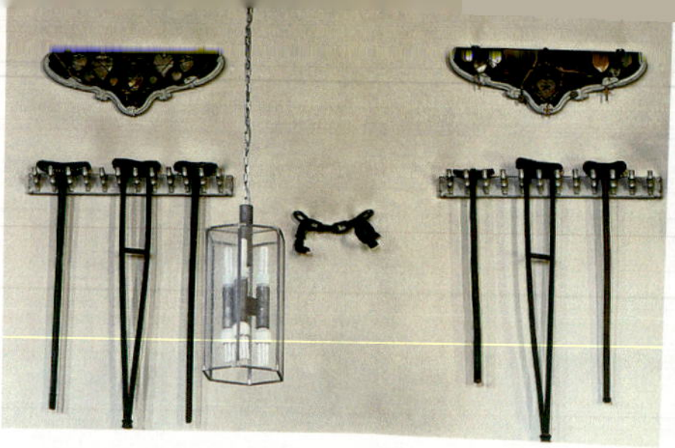

oben: Krücken, die Gläubige nach ihrer Heilung zurückgelassen haben, dazwischen die Eisenketten, mit denen Johann Brömser von Rüdesheim bei den Sarazenen gefesselt gewesen sein soll, darüber Votivgaben in Form goldener und silberner Herzen und Kreuze.

heutige Farbfassung wiederholt den Zustand von 1760.
Der ehemalige mittelalterliche Hauptaltar war ein spätgotischer Flügelaltar, dessen Tafeln sich heute im Rheinischen Landesmuseum in Bonn bzw. Hessischen Landesmuseum in Darmstadt befinden. Der jetzige Hochaltar – 1765 von Erzbischof Johann Philipp von Waldersdorff dem Kapuzinerkloster geschenkt – zeigt ein Ölgemälde mit der Aufnahme Mariens in den Himmel, darüber eine Josefs-Figur und als Abschluss einen Strahlenkranz mit dem Auge Gottes im Zentrum. An der Südwand des Langhauses steht das Grabmal für Landgraf Ernst von Hessen-Rheinfels († 1693).

rechts und unten links: Pilgerhalle, 1967–69, nach Plänen von Heinrich Feldwisch-Drenturp aus Osnabrück.

unten rechts: Franziskus-Statue in frühbarocker Nische (Ende 17. Jh.) bei der Wallfahrtskirche.

KAMP: KATH. PFARRKIRCHE ST. NIKOLAUS

Nahe der 1251 erstmals erwähnten Kirche bestand seit 1388 ein Nonnenstift, das sich später zum Augustinerinnenkloster entwickelte und 1806 aufgelöst wurde. 1870 ersetzte man den spätromanischen Westturm durch einen neuen neoromanisch-gotischen. Die Pfarr- bzw. ehem. Klosterkirche wurde 1904 profanisiert, nachdem die neue Kirche St. Nikolaus (siehe unten) geweiht worden war. Der alte, nicht mehr liturgisch genutzte Kirchenbau brannte 1954 ab. 1964 beseitigte man die Reste des zweijochigen frühgotischen Hallenlanghauses sowie des frühgotischen Chors mit spätgotischem Nebenchor. Erhalten blieb der dreistöckige Westturm von 1870 und ein zweigeschossiger Anbau des 15. Jahrhunderts mit dem ehem. Kapitelsaal (?) sowie ein Gebäude mit barockem Portal und Figurennische von 1737.

Die heutige kath. Pfarrkirche St. Nikolaus ist ein stattlicher neoromanischer Bau, 1902–04 nach Plänen des Wiesbadener Architekten Dormann als dreischiffige Pfeilerbasilika mit Westturm, Querhaus und Apsis errichtet. Ihre „Schmuckseite" bildet die Front zum Rhein und damit die rückwärtige Choransicht. Hier hat der Architekt die typischen Motive der rheinischen Romanik vereint und zu einer malerischen Gesamtansicht gestaltet: Apsis, Querhaus und Bauplastik, vornehmlich Rundbogenfriese. Die Hinwendung zur Einturmfassade – im Gegensatz zur typisch romanischen Doppelturmfassade – dürfte vor

Kamp mit Resten der ehem. kath. Pfarr- und Klosterkirche St. Nikolaus und ehem. Klostergebäuden links sowie der neuen Pfarrkirche von 1902–04 rechts.

Kamp, Turm von 1870 der ehem. Pfarr- und Klosterkirche St. Nikolaus (oben) und neue Pfarrkirche von 1902–04 (rechts).

Kamp, kath. Pfarrkirche St. Nikolaus. oben: Innenansicht der dreischiffigen Pfeilerbasilika. unten: gotische Madonna mit Kind, frühes 15. Jh.

allem finanzielle Gründe gehabt haben. Ohnehin tritt der Turm städtebaulich kaum in Erscheinung. Dennoch setzt die Kirche einen Akzent innerhalb des Ortsbildes und zeugt vom Stolz der Pfarrgemeinde.

Im Inneren hat sich noch die neoromanische Ausstattung einschließlich Malereien, Fußböden, Sitzbänken und Beichtstühlen erhalten. Die Farbfassung orientiert sich an Farbbefunden, die an romanischen Kirchen gemacht wurden. Sie gliedert die Wandflächen durch Gesimse, betont die Arkadenbögen, Sockelzone und Gewölbe und rahmt die Fenstergewände.

Im Chor steht als Volksaltar eine frühgotische Altarmensa (Ende 13. Jahrhundert) mit nasenbesetzten Spitzbogenblenden. Sie stammt ebenso wie das spätgotische Sakramentshaus (15. Jahrhundert) aus der alten Kirche.

Büste mit der Darstellung des hl. Nikolaus im Bischofsornat und mit seinem Attribut, den drei Goldkugeln, um 1700.

Qualitätvolles Renaissance-Grabmal des Franz von Liebenstein († 1558) und Margarete von Enschringen († 1551), unterhalb der Empore aufgehängt.

Kamp, kath. Pfarrkirche St. Nikolaus. oben: Neoromanischer Beichtstuhl, um 1905. rechts: Chorraum mit neoromanischer Raumfassung von 1904, frühgotischer Altarmensa (13. Jh., mit genasten Spitzbögen), spätgotischem Sakramentshaus (15. Jh.) und Kreuzigungsgruppe aus Sandstein von 1716, ehemals auf dem Friedhof aufgestellt.

FILSEN: KATH. PFARRKIRCHE ST. GALLUS UND MARGRETHA

Die neugotische Kirche mit steilem Turmhelm liegt malerisch an einer Rheinkrümmung gegenüber von Boppard und ist daher vom linken Rheinufer aus weithin sichtbar. Gut proportioniert und einschließlich ihrer Ausstattung und Malerei vorzüglich erhalten, ersetzt sie einen 1276 genannten Vorgängerbau, der aufgrund der Erschütterungen durch den Bahnverkehr baufällig geworden war. 1877/78 wurde die Kirche nach Plänen von Augener aus Limburg erbaut. Der Außenbau erinnert an Entwürfe des Neugotikers Georg Gottlob Ungewitter. Die Bauteile sind malerisch nebenander gruppiert: der Westturm mit Ecktürmchen, das Dach mit Dachaufbauten, die Wandgestaltung mit Strebepfeilern und der eingezogene Chor. Der Innenraum ist in seiner ursprünglichen Farbigkeit wiederhergestellt.

Filsen, kath. Pfarrkirche, 1873, Außenansichten der neugotischen Kirche.

Filsen, Pfarrkirche, 1873, gewölbter Saal im Stil der frühen Gotik mit originaler Malerei, Empore und Gipsfiguren beliebter Heiliger des 19. Jhs., Christ-König-Wandbild im Chor von Brei aus Geldern 1932/33, Kreuzweg 1935, Madonna und hl. Bischof an der Empore 18. Jh.

OSTERSPAI: KATH. PFARRKIRCHE ST. MARTIN

Umgeben von gepflegten Fachwerkhäusern des 17. bis 19. Jahrhunderts steht die kath. Pfarrkirche St. Martin. Sie tritt fast ausschließlich durch ihre Turmfassade in Erscheinung, auf die die Hauptstraße zuläuft. Der Westturm mit Ecklisenen stammt mit seinen drei unteren Geschossen, die durch Rundbogenfriese und Gesimse voneinander getrennt werden, aus dem 12. Jahrhundert. Das achteckige Turmobergeschoss ist eine gute Anpassungsarchitektur von 1837/38.
Erst im Innenraum nimmt man den beeindruckend weiten, hellen spätbarocken Saalbau von 1778/79 zur Kenntnis, der 1954/1955 seinen heutigen Chor erhielt. Sehenswert ist der spätbarocke-frühklassizistische Hochaltar in Form eines Ziboriumaltars mit der zentralen Martins-Figur, dem Kirchenpatron, in Bischofstracht von hoher Qualität. Den Altar assistieren seitlich die Apostel Petrus und Paulus. Die Seitenaltaraufsätze und die Kanzel stammen aus der Zeit um 1700,

Osterspai, kath. Pfarrkirche St. Martin, Turm 12. Jh., Turmobergeschoss 1837/38 (Abb. unten links), Saalraum von 1778/79 mit Barockausstattung (Abb. oben), Hochaltar um 1779 mit Martinsfigur.

Osterspai, kath. Pfarrkirche St. Martin, qualitätvolle Altaraufsätze, um 1700: linker Seitenaltar mit Muttergottes und darüber hl. Wendilinus (oben links) und rechter Seitenaltar mit dem hl. Nikolaus und dem hl. Sebastian darüber (oben rechts). Gute Heiligenfiguren (Mitte 18. Jh.) mit der Darstellung der hll. Valentin, Barbara und Jakobus (unten).

die Orgel von 1795, die Marmornische mit einer Madonnenfigur links neben dem linken Seitenaltar von 1784. Auf dem neuen Taufstein sitzt ein gravierter Messingdeckel von 1749. An den Außenwänden sind mehrere Spätbarock-Figuren aufgehängt, darunter die Heiligen Josef, Johannes Nepomuk, Valentin, Barbara und Jakobus. Die spätbarock-klassizistische Pieta ist wohl ins letzte Drittel des 18. Jahrhunderts zu datieren. Die Kirche besitzt somit eine vorzügliche Barockausstattung.

OSTERSPAI: KAPELLE ST. PETRUS

Osterspai, Petruskapelle, um 1200.

An der Rheinuferstraße steht in der Nordwestecke des Burgbereichs der ehem. Wasserburg, von der sich ein Wohnturm des 14. Jahrhunderts erhalten hat, die Petruskapelle. Der spätromanische Bau aus der Zeit um 1200 besteht aus einem Keller als Lagerraum und einem Kapellengeschoss. Er ist ein interessanter Beleg für die vielfältige Nutzung von Kirchennebenräumen. An der Ostseite kragt über einem gestuften Fuß ein flachrunder Chorerker mit unbedecktem, außen durch ein Gesims abgesetztem Gewölbe vor. Die Apsis umgibt einen dreiseitigen Schluss, in dem ein niedriger Altartisch steht.

DACHSENHAUSEN, BECHELN, FRÜCHT

Die Dörfer Dachsenhausen, Becheln und Frücht liegen östlich von Braubach bzw. Osterspai auf der Hochebene des Rheintals. Sie haben ihre ländlich-bäuerliche Struktur und Teile der alten Bausubstanz bewahrt, wenngleich auch hier viele Neubauten vor allem am Ortsrand entstanden sind.

Dachsenhausen, ev. Kirche, Turm von 1712 (oben) und Saalbau von 1834/35 (unten).

DACHSENHAUSEN: EV. KIRCHE

Die evangelische Kirche liegt heute in einer Nebenstraße innerhalb des stattlichen Dorfs, die vor den Erweiterungen seit dem 19. Jahrhundert Hauptstraße nach Braubach war. Der 33 Meter hohe Turm ist breitgelagert und wuchtig. Trotz seines mittelalterlichen Charakters ist er 1712 entstanden. Er bildete ursprünglich den Westturm bzw. die Westfassade einer 1358 erstmals erwähnten St. Goar-Kapelle, mittelalterlichen Saalkirche (14 x 5,5 m groß), die sich nach Osten anschloss. Dieses Langhaus, dessen Anschluss noch heute durch den Rundbogen am Mauerwerk des Turms abgelesen werden kann, wurde wegen Baufälligkeit und zu geringer Größe zugunsten des heutigen Baus abgebrochen.

Dieses neue Langhaus baute man ungewöhnlicherweise nun nach Westen an den Turm an und rückte den Bau damit unmittelbar an die Straße. Es handelt sich um einen ansprechenden klassizistischen Kirchensaal von 1834/35 nach Plänen von Eberhard Ph. Wolff. Die Architektur ist entsprechend dem klassizistischen Ideal symmetrisch aufgebaut. Die Westfassade ist als klassische Tempelfront mit flachem Dreiecksgiebel und Doppelpilastern ausgeführt. Die Südwand mit dem in der Fassadenmitte gelegenen Eingang bzw. auch die Nordwand werden durch hohe Rundbogenfenster mit Bogenblenden gegliedert. Zur strengen Architekturauffassung gehört auch das flache Walmdach.

Die symmetrische und klare Gestaltungsweise findet man auch im Inneren wieder. Erhalten ist die einheitliche klassizistische Ausstattung. Charakteristisch für den Klassizismus sind die Emporenarchitektur und die helle, dezente Farbigkeit, die bei der letzten Renovierung im Jahr 1978 ge-

Dachsenhausen, ev. Kirche, Westfassade von 1834/35 als Tempelfront (oben). Innenraum mit dreiflügeliger Empore, die durch jährlich wechselnde Brüstungsbilder der Konfirmanden aufgewertet ist.

wählt wurde. Typisch insbesondere für den evangelischen Kirchenbau ist der Kanzel-Orgel-Altar, d. h. die in einer Achse angeordnete Positionierung von Abendmahlstisch, Kanzel im 1. Geschoss und die Orgel im 2. Geschoss der Empore darüber. Die Orgel besitzt noch den Prospekt von 1836, wurde jedoch 1935 durch die Firma Förster und Nicolaus erneuert.

BECHELN: EV. KIRCHE

Becheln, ev. Kirche, Ansicht von Südwesten.

In der Ortsmitte steht, vom ehemaligen Friedhof umgeben, die bemerkenswerte ev. Kirche. Sie besitzt noch einen spätromanischen Westturm (Anfang 13. Jahrhundert). Der eingezogene, polygonale Chor und das zweiachsige Schiff sind im Kern gotisch und erhielten 1765 ein barockes Mansarddach.

Der Innenraum wird – wie andere evangelische Kirchen auch – durch die barocke dreiflügelige Empore mit bemalter Brüstung geprägt. Zudem besitzt der Saalraum eine stuckierte und bemalte Voutendecke gleichfalls von 1765. Die Malereien sind von einer bäuerlich-volkstümlichen Qualität, die fasziniert. An der Chorsüdwand haben sich qualitätvolle Wandmalereien aus dem 3. Viertel des 14. Jahrhunderts mit der Darstellung der Apostel erhalten. Ebenso ist der Wandtabernakel an der Chornordwand gotisch.

unten: Becheln, ev. Kirche, qualitätvolle Malerei auf der Südwand im Chor, 3. Viertel 14. Jh.

Becheln, ev. Kirche, Ansicht von Südosten (links), Deckenmalerei mit Rokokomotiven und der Darstellung des auferstandenen Christus.

Der Innenraum fasziniert durch seine Rokoko-Deckenmalerei (2. Hälfte 18. Jh.) in Form von Medaillons, in denen Heilige dargestellt sind. Die Malerei hat dekorativen Charakter. Die figürliche Darstellungsweise wirkt einfach, was allerdings auch an der Zerstörung oberer Malschichten im Zusammenhang mit unzulänglichen Restaurierungen liegen könnte. Gleichfalls zeigen die Emporenbrüstungen und die Wangen der Sitzbänke florale Rokokomalereien.

FRÜCHT: EV. KIRCHE

Am Ortsrand liegt die ev. Kirche, an die sich der Friedhof anschließt. Es ist ein ansprechender, rechteckiger Saalbau, der klassizistische und neoromanische Bauformen gelungen vereint. Die Entwürfe für den von 1845–47 entstandenen Bau lieferte der Baumeister Merz aus Nassau. Er integrierte

Frücht, ev. Kirche, Ansicht von Südwesten und Süden sowie Innenansichten.

oben links: Frücht, Gruftkapelle des Reichsfreiherrn Heinrich Friedrich Karl vom und zum Stein, 1817 nach Plänen von Johann Claudius von Lassaulx erbaut.

oben Mitte und rechts: Frücht, ev. Kirche, Wandepitaph für Karl Philipp vom und zum Stein († 1788) und seiner Frau mit rundbogigem Aufsatz mit dem Alabasterrelief der Auferstehung Christi.

vom Vorgängerbau den spätromanischen Ostturm (Anfang 13. Jahrhundert) mit Zwillingsfenstern und aufsteigenden Bogenfriesen.
Der Innenraum besitzt eine dreiflügelige Empore mit klassizistischer Orgel und schlichtem Kanzelaltar. Einziges Schmuckstück ist das Wandepitaph für Karl Philipp vom und zum Stein († 1788) und seiner Ehefrau.

Neben dem Friedhofsgelände steht die Gruftkapelle des Reichsfreiherrn Heinrich Friedrich Karl vom und zum Stein. Sie wurde um 1817 nach Plänen von Johann Claudius von Lassaulx (1781–1848) erbaut. Der neugotische Bau mit Eckstreben, Maßwerkfries und Fialen sowie vom Klassizismus beeinflussten Putzfugen besitzt im Innern ein Tonnengewölbe und eine netzrippengewölbte, polygonale Chornische. An den Wänden stehen die Grabmäler des Reichsfreiherrn, seiner Frau und seiner Eltern mit figürlichen Marmorreliefs, die der Kölner Bildhauer Peter Joseph Imhoff nach Vorlage von Wallraf und Fuchs herstellte. Die Gruftkapelle ist eines der frühesten anspruchsvollen Bauwerke der Neugotik im Rheinland.

FRIEDRICHSSEGEN: KATH. KIRCHE HERZ-JESU

Die Kirche wurde 1937 im Heimatstil erbaut. Im Innern befinden sich Fenster mit Darstellungen des hl. Josef, des hl. Bonifatius und der hl. Barbara, die als Schutzpatronin der Bergleute im Zusammenhang mit dem nahegelegenen Bergwerk besondere Verehrung genießt.

Friedrichssegen, Herz-Jesu-Kirche, 1937. Typisch für den Heimatstil ist die Verwendung einer traditionellen Bauweise mit Steildach und klarem Baukörper mit reduziertem Dekor. Die Kirche besitzt daher einen klassischen kreuzförmigen Grundriss mit Lang- und Querhaus sowie großen Dachflächen mit Dachreiter. Rundfenster und Fensterbänder gliedern die Wandflächen.

Braubach, ehem. ev. Kirche St. Barbara. links: Kirchturm (frühes 14. Jh., Dachaufbau 1688), der gleichzeitig als Stadtturm genutzt wurde. rechts oben: Langhaus, Chor mit Fischblasenmaßwerk (15. Jh.) und angebauter Sakristei rechts unten: Chor (14. Jh.) mit schieferverkleidetem Fachwerkaufsatz (17./18. Jh.).

BRAUBACH, LAHNSTEIN

Braubach und Lahnstein sind zwei größere Ortschaften am Rhein, wenige Kilometer südlich von Koblenz gelegen. Braubach wurde bereits 691/92 erstmals erwähnt, erhielt 1276 das Stadtrecht und war von 1643–51 Residenz des Landgrafen Johann des Streitbaren von Hessen-Darmstadt. Die Stadt mit ihrer gut erhaltenen alten Bausubstanz mit zahlreichen Fachwerkhäusern wird von der Marksburg überragt, der am besten erhaltenen mittelalterlichen Burg im Mittelrheintal. Lahnstein ist römischen Ursprungs und erhielt 1332 Stadtrechte. In unmittelbarer Nähe liegt Burg Lahneck.

BRAUBACH: EHEM. EV. KIRCHE ST. BARBARA

Die ehem. Kirche St. Barbara, heute unmittelbar neben der Eisenbahnstrecke gelegen, wird seit 1969 nach einem gelungenen Umbau als ev. Ge-

Braubach, ehem. ev. Kirche St. Barbara, Innenraum mit den Figuren Moses, Christus und Aaron (ursprünglich in einem Altar, 17. Jh.) auf dem Querbalken im Chorbogen (Detail Abb. unten), Wandmalereien der Klugen und Törichten Jungfrauen (14. Jh.) am Chorbogen (Detail oben), dreiseitig umlaufende, reich geschnitzte Empore von 1580 (gleicher Meister wie in St. Martin), Doppelgrabstein für Didericus de Rinberg († 1396) und Frau Utilia († 1390).

meindehaus genutzt. Schon Ludwig Hofmann, Architekt der neugotischen Markuskirche, hatte um 1900 als Restaurator der Kirche gewirkt.

Die Barbarakirche übernahm von der Martinskirche (siehe Seite 262) die Funktion als Pfarrkirche, nachdem man infolge der Verleihung der Stadtrechte 1276 mit dem Bau der Stadtmauer begonnen hatte und selbstverständlich eine Kirche innerhalb des Ortskerns wünschte. Der Kirchturm erhielt dabei zugleich die Funktion als Nordwesteckturm der Stadtmauer und als Glockenturm für St. Barbara. Der Turm und der Chor sind seit der ersten frühgotischen Bauphase (Anfang 14. Jahrhundert) noch fast unverändert erhalten. Das ebenso alte Langhaus wurde in den folgenden Jahrhunderten dagegen mehrfach umgebaut, wie z. B. die großen Barockfenster verdeutlichen.

Der Innenraum mit flach gedecktem Saalraum und rippengewölbtem Chor ist gut erhalten. Die baulichen Veränderungen hängen mit der seit 1526 eingeführten Reformation zusammen, da 1581 die Emporen im Kirchenschiff eingebaut wurden, um mehr Raum zu schaffen für die Verkündigung des Wortes Gottes. Darauf verweist auch eine Inschrift: VDMIAE = Verbum domini manet in aeternum (Das Wort des Herrn bleibt in Ewigkeit).

Braubach, Martinskapelle, Kirchenschiff 12. Jh., Chor 13. Jh., Seitenschiff 16. Jh.

BRAUBACH: EV. MARTINSKAPELLE

Älteste Kirche von Braubach ist die ehem. Pfarrkirche St. Martin, heute Friedhofkapelle, am südlichen Ortsrand (nahe der Auffahrt zur Marksburg). Sie geht wahrscheinlich auf eine frühmittelalterliche Straßenbefestigung zurück und wird 1242 erstmals genannt. Der die Kirche umgebende Friedhof diente bis 1246 als Gerichtsplatz. Bedeutung gewann die Kirche gegen Ende des 16. Jahrhunderts, als die Witwe des Landgrafen Philipp II. von Hessen, Anna-Elisabeth, sie zu ihrer Hofkirche ausbauen ließ. Damals entstanden die Empore mit ihren reich geschnitzten Pfosten, deren Dekor auch in der Deckenbemalung und in den Emporen der Braubacher Barbarakirche wiederkehren.

Das Kirchenschiff der Martinskapelle ist romanisch (12. Jahrhundert). Eine Mittelstütze trägt die flache Holzdecke des 16. Jahrhunderts. Der rippengewölbte Chor wurde im 13. Jahrhundert frühgotisch neu errichtet. Im 16. Jahrhundert wurde die Kirche um ein Seitenschiff nach Süden erweitert und

links: Auf der Brüstung des Fürstenstuhls der Empore, die die Witwe des Landgrafen Philipps II. von Hessen, Anna-Elisabeth, in Auftrag gab, sind das kurpfälzische Geburtswappen der Landgräfin zwischen zwei hessischen Wappen und die Inschrift „WER GOT VERTRAUT, HAT WOL GEBAUT. ANNO 1587" abgebildet.

rechts: Ansicht von Norden mit romanischem Portal.

unten: Ansicht von Südosten, im Hintergrund die Marksburg.

Braubach, Martinskapelle, Inneres nach Osten mit frühgotischem gewölbtem Chor (13. Jh.), Kanzel mit Intarsien, 1581, Brüstung der umlaufenden Empore, 1587, Martinsfigur, 1957, von dem Münchner Bildhauer Weber Hartl.

die westliche Apsis abgebrochen. Bedeutend ist die Wandmalerei des 16. Jahrhunderts, ein Wappenfries unter den Fenstern des Chores und die Gewölbemalerei im Chor mit dem richtenden Christus zwischen Maria und Johannes dem Täufer, Petrus, einigen Engeln.

BRAUBACH: EV. MARKUSKIRCHE

Da die Barbarkirche im Ortskern stets hochwassergefährdet, alleine im 19. Jahrhundert viermal dadurch verwüstet worden und für längere Zeit unbenutzbar geworden war, entschloss sich die Gemeinde zu einem Neubau. Dieser wurde außerhalb des mittelalterlichen Stadtkerns am nördlichen Stadtrand und in dem damals für Kirchen üblichen neugotischen Baustil von 1897 bis 1901 erbaut. Der bekannte Architekt Ludwig Hofmann aus Herborn wählte dabei frühgotische Formen und eine zu dieser Zeit beliebte malerische, asymmetrische Baukörpergruppierung mit Türmchen, Giebeln, Erkern, Dachaufbauten, Strebepfeilern, stark reliefierten Wandflächen und eine sich aus der topographischen Situation am Hang ergebende große Freitreppe. Außerdem steigern die unterschiedlichen Baumaterialien (Bruch- und Werkstein, Schiefer) die malerische Wirkung. Dominierend ist der Fassadenflankenturm, der neben das Langhaus gestellt ist. Er ist aus Werkstein errichtet, nachdem

Braubach, ev. Markuskirche, 1897–1901, von Ludwig Hofmann, neugotische, asymmetrische Fassade mit Flankenturm.

Braubach, ev. Markuskirche, 1897–1901, Ansicht von Norden mit der malerischen Baukörpergruppierung und bewegten Dachlandschaft.

Altarbereich mit dem aus der Barbara-Kirche übernommenen spätgotischen achteckigen Taufstein.

sein höherer Vorgänger kurz vor Vollendung 1899 eingestürzt war.
Im Innern sind die Ausstattungsstücke mit Ausnahme der Kriegsverluste (Glasmalereien) weitestgehend erhalten, darunter befinden sich die Kanzel, die Glasfenster mit Geburt, Kreuzigung und Auferstehung Christi sowie die von der Orgelbaufirma E. F. Walcker in Ludwigsburg 1899 gefertigte Orgel. Die ehemals prächtige farbige Ausmalung wurde jedoch 1960 zerstört.

BRAUBACH: KATH. PFARRKIRCHE HEILIG GEIST

Braubach, Pfarrkirche, Innenansicht.

Nördlich der Altstadt an der Rheinstraße steht die kath. Pfarrkirche. Sie wurde als Sichtbeton-Kirche 1968 nach Plänen des Frankfurter Architekten Hans Busch erbaut. Große, klare Linien und Flächen, aber auch Asymmetrien prägen den Bau, der von einem mächtigen, dunkel hervorgehobenen Dach, das weit vorkragt, bedeckt ist. Die Architektur wirkt wie eine Plastik, die von jedem Standort aus sein Erscheinungbild ändert. Das Innere ist mit zeitgenössischer Kunst ausgestattet. Für sie war insbesondere Jupp Jost aus Wiesbaden-Schlangenbad zuständig.

Braubach, Pfarrkirche Heilig Geist, Außenansicht mit Eingang (links) und Hängekreuz über dem Altar.

LAHNSTEIN (OBERLAHNSTEIN): KAPELLENBAUTEN

Kurz nach ihrer Errichtung wird die ehem. Hospitalkapelle St. Jakobus (Rödergasse 5, am Platz gegenüber dem Fachwerk-Rathaus) 1332 erstmals genannt. Im flachgedeckten Saal mit rippengewölbtem Chorschluss (Mitte 14. Jahrhundert) wurde 1982 das spätmittelalterliche Grab eines Jakobus-Pilgers entdeckt. Die gotische Architektur ist der Jakobskapelle in Koblenz verwandt (vgl. S. 167).

Die Liebfrauen-Kapelle, sogenannte Wenzels-Kapelle (Max-Schwarz-Straße 2), wurde 1905 zugunsten des neuen Rangierbahnhofs unter Verwendung des aus dem ausgehenden 14. Jahrhundert stammenden Chors an der heutigen Stelle neu errichtet.

Die Heilig-Geist-Kapelle (Rheinhöhenweg 16), d. h. die mittelalterliche ehem. Hospital-Kapelle, liegt östlich von Oberlahnstein am Berghang und soll um 1300 in der Nähe einer heiltätigen Quelle errichtet worden sein.

oben: Liebfrauen-Kapelle, 14. Jh.
links: Heilig-Geist-Kapelle, um 1300.

unten rechts und links: Lahnstein, St. Jakobus, Mitte 14. Jh., Ansicht des Chors mit Strebepfeilern und Maßwerkfenstern und Ansicht der Fassade zum Platz mit gotischem Giebel und Portal mit modernem Tympanonrelief mit einer Jakobusdarstellung.

LAHNSTEIN (OBERLAHNSTEIN): KATH. PFARRKIRCHE ST. MARTIN

Die Pfarrkirche St. Martin dürfte aufgrund ihres Patroziniums einen frühmittelalterlichen Vorgänger besessen haben, der 977 erstmals erwähnt wird. Die ältesten heutigen Bauteile sind die spätromanischen Chorflankentürme (um 1190), die zu einer nicht mehr erhaltenen spätromanischen Basilika gehörten. Der alte Chor wurde ab 1332 durch den heutigen, das Langhaus 1775–77 nach Plänen von Thomas Neurohr durch eine größere Saalkirche, dem heutigen Mittelschiff, ersetzt. 1864 erhielt der Südturm seinen Geschossaufsatz. 1895–99 fügte man die Seitenschiffe mit Seitenchören an. Dadurch entstand die heutige dreischiffige Stufenhalle.

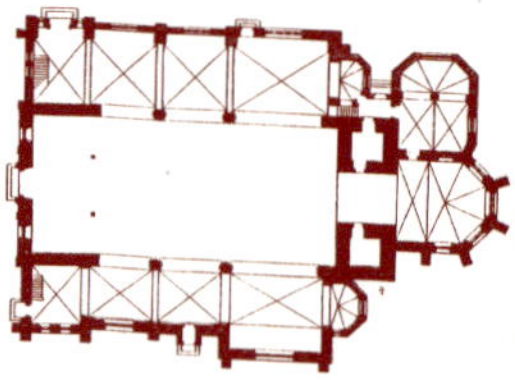

Oberlahnstein, St. Martin, Außenansichten, verschachtelte äußere Gestalt, die im Rahmen der Umgestaltung 1895–99 (Anfügung der Seitenschiffe) bewusst gesteigert wurde. links oben und unten: Ansicht von Südosten bzw. von Osten mit den romanischen, fünfgeschossigen Chorflankentürmen (um 1190), dem gotischen Chor (ab 1332), der gotischen Sakristei (14. Jh., E. 19. Jh. erweitert) an der Chornordseite und den Seitenschiffen. unten: Ansicht von Westen mit barocker Westfassade, 1777.

Oberlahnstein, kath. Pfarrkirche St. Martin.
oben: Ansicht nach Osten, dreischiffige Staffelhalle mit barockem Mittelschiff (1775–77) und neugotischen Seitenschiffen (1895–99), Mittelschiff mit stuckierter Voutendecke, die Seitenschiffe und der Chor rippengewölbt, Chorbogen 1954 geweitet.
links: Ansicht nach Westen mit doppelstöckiger Westempore (um 1780) mit einer Orgel von 1742.

oben und rechte Seite: Neugotische Altäre von P. Tillmann aus Erkelenz, gefasst von Kaspar Weis aus Niederlahnstein, um 1899, mit Szenen aus dem Leben des hll. Martin und Josef.

Oberlahnstein, kath. Pfarrkirche St. Martin. oben: Gotischer Chor, heute Taufkapelle, 1332.

oben: Pieta, frühes 15. Jh.
links: Madonna mit Kind, Ende 15. Jh.
rechts: Anna mit Maria und Jesuskind, um 1900.

Johannes d. T. und Madonna, Figuren stammen ebenso wie Evangelist Johannes aus dem Hochaltar (um 1700) des ehem. Prämonstratenserklosters Rommersdorf/Kr. Neuwied, dem Würzburger B. Esterbauer zugeschrieben.

Oberlahnstein, ev. Kirche, 1872–75, neoromanische Kirche mit Westturm.
unten: Fassade mit romanischem Rundbogenportal und gotischer Turmbekrönung.
rechts oben: Ansicht von Südosten mit Chor.

LAHNSTEIN (OBERLAHNSTEIN): EV. KIRCHE

Die Kirche steht im nördlichen Teil von Oberlahnstein (Nordallee 1). Sie wurde 1872–75 als neoromanischer Saalbau mit Rundbogenfriesen und Lisenen sowie eingezogenem, gewölbtem Chor mit Strebepfeilern erbaut. Der Turm wird von einem Spitzhelm und gotischen Eckfialen bekrönt. Der flachgedeckte Innenraum besitzt eine auf drei Seiten umlaufende Empore.

oben: Gewölbte Chorapsis mit Rundbogenfenstern.
unten: Ansicht nach Westen mit Empore und Orgel.

LAHNSTEIN (NIEDERLAHNSTEIN): KLOSTERKIRCHE ST. JOHANNES DER TÄUFER

Unmittelbar am Rhein steht die ehem. kath. Pfarrkirche St. Johannes des Täufers, seit 1906 Klosterkirche, eine der kunsthistorisch bedeutendsten Kirchen im Mittelrheintal. Die heutige Kirche wurde ab etwa 1136 über einem wohl karolingischen Saalbau und einem wohl älteren Bau (Grabkapelle ?) errichtet. Von der alten Kirche blieben die drei bis 1046 vollendeten Turmuntergeschosse erhalten. Dieser romanische Bau der Mitte des 12. Jahrhunderts ist fast vollständig erhalten. Zu dieser Bauphase gehören die drei Turmobergeschosse, das Kirchenschiff und der Chor. Ein weiterer Turm entstand gegen Ende des 12. Jahrhunderts an

Niederlahnstein, Klosterkirche St. Johannes der Täufer, Mitte 12. Jh., die drei Turmuntergeschosse um 1046, eine der bedeutendsten Kirchenbauten im Mittelrheintal, mit sechsgeschossigem Turm und niedrigem Rechteck-Chor, der im Innern als runde Apsis in Erscheinung tritt.

Niederlahnstein, Klosterkirche St. Johannis der Täufer, Ansicht vom Rhein. Lisenen und Rundbogenfriese werden durch den farbigen Wechsel von rotem Sandstein und schwarzer Basaltlava hervorgehoben. Das ehem. Westportal im Turmuntergeschoss ist z. T. vermauert und dient heute als Fenster. Das Zeltdach des Turms besitzt Reste einer Eichenholzkonstruktion von 1136.

links: Ansicht der Kirche kurz vor 1844 mit dem nicht erhaltenen Nordostturm.

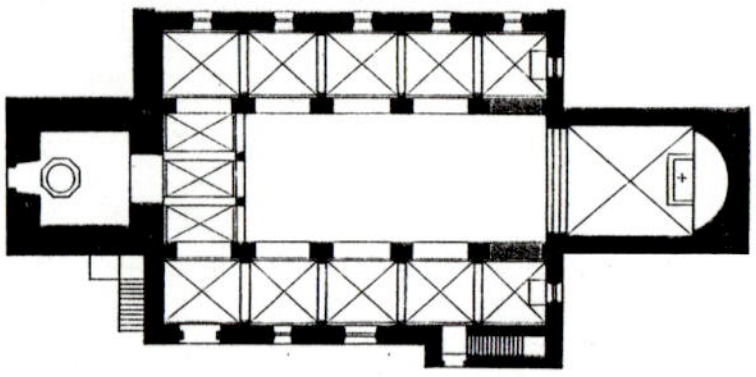

oben: Mutter Gottes im Turmuntergeschoss, um 1500. unten: Innenansicht nach Westen mit den Turmgeschossen.

Grundriss.

der Nordostseite des Langhauses. Er stürzte 1844 ein, nachdem die Kirche 1794 abgebrannt war und als Ruine verblieb. Vermutet wird ein weiterer gleichartiger, jedoch nicht belegter Turm an der Südostseite, die dann als Chorflankentürme in Erscheinung getreten wären. Der Wiederaufbau der 1794 zerstörten Kirche erfolgte 1856/57 unter der Leitung von Richard Görz und Eduard Zais. Dabei wurde das nördliche Seitenschiff neu aufgebaut, der Nordostturm nicht wieder errichtet. 1906 erfolgte der Klosteranbau. Ende des 20. Jahrhunderts stellte man die Farbigkeit des Turms nach mittelalterlichem Befund wieder her.

Das Innere zeigt die typische Form einer romanischen Pfeilerbasilika, allerdings zusätzlich durch ein Emporengeschoss ergänzt. Das Mittelschiff besitzt eine flache Holzdecke, die niedrigeren Seitenschiffe sind kreuzgratgewölbt. Mittel- und Seitenschiffe werden durch je vier Pfeilerarkaden von einander getrennt. Das Emporengeschoss besitzt je drei Rundbögen, in die Vierlingsarkaden eingefügt sind. Der Turm besitzt ein tonnengewölbtes Erdgeschoss und darüber einen kreuzgewölbten Emporenraum, der sich zum Mittelschiff durch ein Drillingsfenster öffnet, vor dem ein Laufgang verläuft. Eine breite Treppe

unten: spätromanischer achtseitiger Taufstein (12. Jh.), Säulchen erneuert.

Niederlahnstein, Klosterkirche St. Johannis der Täufer. links: Inneres nach Osten mit Emporengeschoss und Kassettendecke von 1857, Foto 2003, Innenrestaurierung bis Frühjahr 2004 mit neuer Fassung und Raumgestaltung. oben: Inneres nach Westen.

Sog. Turban-Madonna, um 1470/80.

führt zum hochliegenden kreuzgratgewölbten Chorraum mit Apsisnische. Unter dem Chor befindet sich ein 1961 nach erhaltenen Gewölbeansätzen rekonstruierter kreuzgratgewölbter Raum mit Mittelpfeiler.

St. Johannes der Täufer ist die älteste erhaltene Emporenbasilika am Mittelrhein. Der Bautyp mit Emporen wird später z. B. auch in Boppard, in Koblenz (Liebfrauenkirche) und in Köln (St. Ursula) ausgeführt (vgl. auch St. Martin in Bad Ems und St. Lubentius in Dietkirchen). Das Turmdachwerk des Turms (um 1136) ist heute das älteste am Mittelrhein.

Lahnstein, Allerheiligen-Kapelle, 1895–1901.
unten: Chorturm mit großen Strebepfeilern. Vorbild für den Turmhelm war die Pfarrkirche in Münster-Sarmsheim bei Bingen. Der massive Turm verleiht der Kapelle ein wuchtiges Aussehen mit guter Fernwirkung. Kreuzigungsgruppe von Caspar Weiß aus Lahnstein.
unten rechts: Pieta, um 1901, von Caspar Weiß, davor Büste des hl. Eugen von Mazenod, Gründer der Obladengemeinschaft.

LAHNSTEIN (NIEDERLAHNSTEIN): KATH. ALLERHEILIGEN-KAPELLE

Weithin sichtbar liegt die stattliche Kirche auf am Allerheiligenberg über dem Lahn- und Rheintal. Ihr Vorgängerbau war 1671 als Kapelle mit einer Eremitage erbaut und der Allerheiligsten Dreifaltigkeit geweiht worden. Nach dem deutsch-französischen Krieg 1870/71 entschloss sich der Kirchenvorstand von Niederlahnstein zum Bau einer prächtigen Kirche, die als Ehrenmal für die Gefallenen des Krieges 1870/71 gedacht war. Als 1895 mit dem Bau begonnen wurde, konnte auch Kaiser Wilhelms II. als Förderer gewonnen werden.
Die sehr ansprechende Kirche wurde 1895–1901 nach Plänen des Limburger Diözesanbaumeisters Max Meckel, der

unter anderem auch die Rochuskapelle bei Bingen entwarf, in den Formen der rheinischen Spätgotik errichtet. Seit 1919 wird die Kirche von den Patres des Oblatenklosters neben der Kirche betreut.

oben: Saalraum mit Netzrippengewölbe und farbiger neugotischer Raumbemalung.
rechts: Im Chorbogen hängt das noch aus dem Vorgängerbau stammende barocke Gnadenbild der Madonna im Rosenkranz – eine Doppelmadonna als Muttergottes mit Kind (Vorderseite) und als Unbefleckte Empfängnis.

In der Felsenhöhle (links oben) bei der Kreuzigungsgruppe befindet sich die Darstellung der Grablegung Christi (links).
oben: Fatimamadonna.
rechts: Neugotische Stifterfigur mit dem Modell der Allerheiligen-Kapelle, um 1901.

Pieta, 18. Jh.
Hl. Sebastian, 18. Jh.

LAHNSTEIN (NIEDERLAHNSTEIN): KATH. PFARRKIRCHE ST. BARBARA

Die Kirche liegt etwas abseits des Ortszentrums. Sie wurde 1937–38 nach Plänen von Martin Weber aus Frankfurt a. M. im Monumentalstil errichtet und nach Kriegsschäden 1950 wiederhergestellt. Es handelt sich um einen mächtigen Saalbau, der – vergleichbar dem Neubau der kath. Pfarrkirche in Rüdesheim in den 1950er Jahren – mit romanisierenden Stilelementen (Rundfenster, Rundbogennischen, Flachdecke) spielt. Die Architektur beeindruckt durch ihre Größe und Weite. Die Schmuckformen sind reduziert, das Rundbogennischen-Motiv zum bestimmenden Schema gemacht. In der Krypta stehen Skulpturen, darunter eine alte Anna Selbtritt.

Lahnstein, St. Barbara, 1937–38, Wiederherstellung nach Kriegszerstörung, 1950er Jahre, Außenansicht (oben), Innenansicht (rechts oben und rechte Seite oben), Taufkapelle mit Ausstattung von Waldemar Kolb (unten) und Glasmalerei von Waldemar Kolb (rechts).

Lahnstein, St. Barbara.

LAHNSTEIN (NIEDERLAHNSTEIN): EV. KIRCHE

Am Hang mit Blick auf den Rhein erbaut, liegt die 1962 von Heinz Schell erbaute Kirche mit seitlichem schlanken Glockenturm zwischen Niederlahnstein und der neuen Siedlung Am Allerheiligenberg. Der kastenförmige Baukörper, der nur über einen schmalen Fensterstreifen Licht bezieht, war ursprünglich materialsichtig und ist heute schwarz verkleidet. Das Innere der Kirche wird 2004 neu gestaltet.

unten: Lahnstein, ev. Kirche, 1962, Ansicht um 1963 (Foto: Kirchengemeinde) und 2003.

Koblenz-Horchheim, Pfarrkirche St. Maximin, Pieta (15. Jh., oben) und Westturm (12. Jh. unten).

KOBLENZ – RECHTE RHEINSEITE

Der größte Teil des Stadtgebiets von Koblenz auf der rechten Rheinseite gehört zum Welterbegebiet: Horchheim, Pfaffendorf, Asterstein, Ehrenbreitstein, Arzheim, Niederberg und Arenberg. Die städtebauliche Situation ist wesentlich durch die gebirgige Topographie bestimmt. Zum Rheinufer nimmt die Bebauungsdichte und damit auch die Anzahl der Kirchen zu. In den Neubaugebieten stehen moderne Kirchen, die nicht mehr wie in früheren Jahrhunderten an städtebaulich exponierter Stelle, sondern abseits, fast versteckt errichtet wurden.

KOBLENZ-HORCHHEIM: KATH. PFARRKIRCHE ST. MAXIMIN

Eine Kirche wird für Horchheim erstmals 1130 erwähnt. Der erhaltene Westturm aus dem 2. Drittel des 12. Jahrhunderts lässt darauf schließen, dass zu dieser Zeit bereits ein großer romanischer Kirchenbau bestand. Diese Kirche wurde wegen Einsturzgefahr geschlossen und zwei Jahre später abgebrochen. Der Nachfolgebau von 1819–21 wurde von dem späteren Bauinspektor Carl Maeber (1785–1823) und seinem Schwager Johann Claudius v. Lassaulx (1781–1848) entworfen.
Da die Kirche für die gestiegene Einwohnerzahl zu klein geworden war, erfolgte 1916–18 nach Plänen von Richard van Broek aus Duisburg die Errichtung der heutigen Kirche. Dabei wurde der romanische Westturm, der eine neobarocke Zwiebelturm-Haube erhielt,

in den neobarocken Neubau integriert. Die Kirche zeigt sich als typischer später Neobarock-Bau als Basilika mit halbrund abschließendem Chor, sehr breitem Querhaus, Nebenchören und Mansarddach. Typisch für die Bauzeit sind die breit gelagerten Proportionen, die Bevorzugung von gedrückten Rundbögen und Thermenfenstern (=Halbkreisfenster) sowie die Reduzierung der Dekorformen, die wenig später noch deutlicher in Erscheinung tritt (vgl. kath. Pfarrkirche St. Goarshausen). Der Innenraum wirkt ansprechend. Er enthält Aussattungsstücke aus verschiedenen Epochen, die gut in die Architektur integriert sind. Auch die ornamentale Ausmalung im Stil des Neobarock mit Jugendstilelementen unterstützt den harmonischen Gesamteindruck.

Koblenz-Horchheim, kath. Pfarrkirche St. Maximin, Chorfresko mit derAnbetung des heiligen Lammes von Willy Stucke aus Bonn. Hochaltaraufsatz aus der Koblenzer Karmeliterkirche von 1677, dem Koblenzer Bildhauer Johannes Heinrich Neuß zugeschrieben. Orgelprospekt und Kanzel, Mitte 18. Jh.
unten: Zelebrationsaltar und Plastik des Kirchenpatrons Maximin von Tier mit Bär, 2003, von Josef Welling aus Koblenz-Horchheim.

Koblenz-Horchheim, kath. Pfarrkirche St. Maximin, Seitenaltar mit dem Rokokoaltaraufsatz aus der Kapelle des Eysschen Hauses, um 1761, qualitätvolle Bildwerke hl. Joseph und hl. Therese, die aus derselben Koblenzer Werkstatt stammen wie die Figuren in der Liebfrauenkirche in Koblenz und in den Kirchen von Cochem und Kempenich.

KOBLENZ-PFAFFENDORFER HÖHE: ST. MARTIN

In der Mitte des modernen Stadtteils steht zurückgesetzt von der Straße die Kirche St. Martin. Sie wurde 1969–71 nach Plänen von J. A. Klein und später Dietrich Zillinger (beide aus Koblenz) erbaut. Der Kirche ist ein Gemeindesaal und ein Kindergarten angeschlossen. Das Kreuz im Inneren ist eine Kopie des Werdener Bronzekruzifixus (Original um 1060). Die Glasfenster schuf Dieter Domes aus Kressbronn/Bodensee. Altar, Tabernakel und Taufstein stammen von J. B. Lenz aus Oberkail bei Wittlich.

unten: Koblenz-Pfaffendorfer Höhe, St. Martin, 1969–71, Pflasterung der Außenanlagen und Baukörper sowie der Schrein des Tabernakels in Sechseck-Form.
links: Eingangsbereich.
rechts: Innenansicht mit Wandbehang von Irmgard Thome aus Schönecken/Eifel.

KOBLENZ-HORCHHEIM: EV. LUTHERKIRCHE

Nur wenige Meter vom Rhein entfernt steht wenige hundert Meter nördlich der kath. Pfarrkirche St. Maximin ein Seniorenheim, in dem eine kunst- und kulturhistorisch bedeutsame Kapelle integriert ist, die 1922 von der ev. Gemeinde Pfaffendorf erworben worden war.
Die heutige Kapelle wurde um 1830 nach Plänen von Johann Claudius von Lassaulx als Garten- und Teehaus für die Berliner Bankiersfamilie Mendelssohn erbaut. Das Gebäude war Teil der ursprünglich großen Parkanlage, die von der Emser Straße bis zum Rheinufer reichte. Das Gebäude war ursprünglich freistehend. Die symmetrische Fassade ist im Rundbogenstil unter Verwendung romanischer Detailformen (Rundbogenfries) ausgeführt. Der Innenraum besitzt ein Kreuzrippengewölbe mit sechs älteren aus der Barockzeit stammenden Schlusssteinen und farbige Rundbogenfenster.

Koblenz-Horchheim, ev. Lutherkirche, im Volksmund „Synagoge" genannt, um 1830 von Lassaulx erbaut, ehem. freistehendes Garten- und Teehaus, 1922 als Lutherhaus eingeweiht, 1956 nach Süden von Friedhelm Worm aus Koblenz erweitert, 1962 Seniorenheim angebaut, dadurch der Charakter des Gebäudes sehr beeinträchtigt.
unten: Kreuzgewölbter Innenraum des Lutherhauses.

KOBLENZ-HORCHHEIMER HÖHE: GEMEINDESAAL

Versteckt neben dem Kindergarten steht der als Kirche genutzte Gemeindesaal, der 1976 eingeweiht wurde und zur Gemeinde St. Martin gehört.

KOBLENZ-PFAFFENDORFER HÖHE: EV. HOFFNUNGSKIRCHE

Die Kirche, die Teil des Gemeindezentrums und im Zusammenhang mit der Militärseelsorge entstanden ist, wurde nach Plänen von Wolfgang Schumacher aus Koblenz 1964–66 als würfelförmiger Bau in Betonskelettbauweise mit seitlich stehendem Glockenturm erbaut. Der Innenraum ist mit Werken Eugen Kellers gestaltet, der u. a. die bunten Glasfenster und das stilisierte Abendmahl-Relief aus Keramik schuf.

Koblenz-Pfaffendorfer Höhe, ev. Hoffnungskirche, 1964–66 von Wolfgang Schumacher.

unten: Koblenz-Asterstein, ev. Kirche.

KOBLENZ-ASTERSTEIN: EV. KIRCHE

Das ev. Gemeindezentrum Asterstein wurde 1980–81 nach Plänen von Helmut Möller aus Bensberg erbaut. Den Kirchen-Innenraum dominiert ein über die gesamte Wandfläche laufendes Kreuz aus reliefierten Keramikplatten des Koblenzer Töpfermeisters Horst Seitert.

KOBLENZ-PFAFFENDORF: KLOSTER BETHLEHEM

Das Kloster Bethlehem liegt heute in einem Wohngebiet nahe des Rheins. Es wurde 1904 von den Nonnen der Klarissen-Kapuzinerinnen auf der Anhöhe erbaut und 1944 kriegszerstört. Die Beschädigungen sind dem Außenbau heute kaum noch anzusehen. Ansprechend ist die neoromanische Fassade mit Klosterkirche, die sich durch den Dachreiter, den Rundbogenfries und die Fensterrose an der Giebelseite auszeichnet. Der Innenraum besitzt einen offenen Dachstuhl. Der Nonnenchor ist durch einen neoromanischen Lettner von der übrigen Kirche abgetrennt. Qualitätvoll ist auch die neoromanische Ausstattung.

Koblenz-Pfaffendorf, Kloster Betlehem, um 1904, neoromanische Klosterkirche mit offenem Dachstuhl und Lettner, Ausstattung um 1904, darunter die Antonius von Padua-Figur (links) und die Madonna (rechts).

KOBLENZ-PFAFFENDORF: KATH. PFARRKIRCHE ST. PETER UND PAUL

Die kath. Pfarrkirche St. Peter und Paul liegt an der Hauptstraße von Pfaffendorf und bildet mit seinem hohen Turm von der anderen Rheinseite den Hauptakzent innerhalb des Stadtteils.

Eine Kirche wird für Pfaffendorf 1310 erstmals genannt. Doch ist der Gründungsbau deutlich älter. Die heutige Pfarrkirche wurde 1901–03 nach Plänen des Koblenzer Regierungsbaumeisters Leopold Schweitzer errichtet und nach Kriegszerstörungen von 1944 teils verändert wiederhergestellt. Die stattliche neugotische Säulenbasilika mit Querhaus und Westturm gehört zu den historistischen Bauwerken, die sich eng an den mittelalterlichen Vorbildern orientiert.

unten: Koblenz-Pfaffendorf, Pfarrkirche St. Peter und Paul, 1901–03, von Leopold Schweitzer.
oben: Hauptportal.
rechts und unten: Ansicht von Süden und Südosten.
S. 285: Innenansicht.

Koblenz-Pfaffendorf, Pfarrkirche St. Peter und Paul.
oben links: Kerzenständer mit figürlichen Motiven, 2001, von Josef Welling aus Koblenz-Horchheim.
oben Mitte: Hängekreuz über dem Altar, 2001, von Josef Welling aus Koblenz-Horchheim.
oben rechts: Neugotischer Hochaltar mit den Kirchenpatronen Peter und Paul.

Der Innenraum besitzt ein Holzgewölbe, das das steinerne, 1944 nach Kriegsschäden zerstörte ersetzt. Qualitätvolle Kapitellplastiken und Gewölbeanfänger prägen neben den dreibahnigen Obergaden- und den langen Chorfenstern den Raumeindruck. Die Ausstattung wurde z. T. im Jahr 2001 durch den Koblenzer Künstler Josef Welling geschaffen.

KOBLENZ-PFAFFENDORF: EV. KIRCHE

Ein erster Versuch, in Ehrenbreitstein eine rechtsrheinische Gemeinde zu gründen, scheiterte 1811 am Veto der Nassauer Landesherren. Erst 1899 wurde dann die Verbindung von der Muttergemeinde Koblenz gelöst. Ein Gottesdienst fand jedoch bereits seit 1858 in der Militärhilfskapelle statt, die zunächst im ehemaligen Marstall und seit 1881 im benachbarten Dikasterialgebäude in Ehrenbreitstein untergebracht war.

1900 begannen die Planungen zu einer eigenen ev. Kirche unter Leitung des Koblenzer Architekten Ehrhardt Müller. Die 1901/02 erbaute neugotische Saalkirche zeigt eine malerische Baukörpergruppierung, da der schlanke Turm seitlich im Winkel zwischen Chor und Querhaus angeordnet ist und die Hanglage eine asymmetrische Gestaltung mit über eine Treppe errichbaren westlichen Eingangsbereich förderte. Die Kirche ist mit einheimischem Tuffstein verblendet und erhält seine Farbigkeit durch die unterschiedlichen Baumaterialien von hellgrauem Tuff und rotem Sandstein sowie heimischer Schieferdeckung. Der hohe, helle Saalraum ist ein Zentralbau über kreuzförmigem Grundriss mit im Norden eingezogenem Chor, massiven Maßwerk-Emporen in den Querarmen. Auch die Innenarchitektur ist in frühgotischen Formen mit beachtenswerten Steinmetzarbeiten (z. B. Kapitelle) ausgeführt. Als zentrales Motiv besitzt die Kirchen eine neugotische Kanzel aus der Erbauungszeit. Die Orgel baute die Firma E. P. Walcker aus Ludwigsburg. Verloren sind jedoch die Dekorationsmalerei und die farbige Verglasung.

Koblenz-Pfaffendorf, ev. Pfarrkirche, 1901/02, von Ehrhardt Müller, Ansicht (oben) und Innenansicht (unten) mit Kanzel und massiven Emporen aus der Erbauungszeit.

Koblenz-Ehrenbreitstein, Kapuzinerklosterkirche, Fassade, 1655.

KOBLENZ-EHRENBREITSTEIN: KATH. KAPUZINERKLOSTERKIRCHE

An der verkehrsreichen Bundesstraße B 42 im Koblenzer Ortsteil Ehrenbreitstein, der von der gewaltigen Festungsanlage überragt wird, liegt am südlichen Rand des barocken Ortskerns an einem kleinen Platz die Kapuzinerkirche mit sich anschließenden Klostergebäuden. Das Kloster wurde 1627 als Stiftung des Trierer Kurfürsten Philipp Christoph von Soetern gegründet. Mit dem Bau der Anlage begann man ein Jahr später, um die kleine Kirche bereits 1629 zu vollenden. Infolge der Belagerung der Festung Ehrenbreitstein 1636 während des Dreißigjährigen Kriegs wurde das Kloster gänzlich zerstört. Den Wiederaufbau Mitte des 17. Jahrhunderts förderte der Trierer Kurfürst Karl Caspar von der Leyen, so dass die heutige Klosterkirche 1657 ihre Weihe erhalten konnte. Infolge der Säkularisation löste man 1813 auch das Kloster auf. Die Klosterbauten wurden bis auf die Kirche abgebrochen. 1861 erfolgte die Wiederbegründung des Kapuzinerklosters. Dafür entstanden südlich der Kirche neue Klostergebäude.

Zur kleinen Platzanlage liegt die fast schmucklose Fassade von 1655 der Klosteranlage. Sie wird aus drei einheitlichen, gestaffelten Giebeln gebildet, hinter denen sich die Loretokapelle (links), der breite und hohe Kirchenraum mit dem barocken Eingang und der Figurennische mit der Muttergottes von 1655 (Mitte) sowie ein Klosterflügel (rechts) verbergen.

Der Innenraum ist ein Saal mit eingezogenem Rechteckchor. Das Kirchenschiff besitzt eine hölzerne

Segmentbogentonne. Der Chor ist flach gedeckt. Die Ausstattung ist qualitätvoll und stammt aus der Mitte des 18. Jahrhunderts. Hofarchitekt Johannes Seiz entwarf die holzsichtigen Altäre 1753. Sie wurden mit Gemälden des Venezianers Vincentius Daminii ausgestattet. Von ihm ist das beachtenswerte Hauptbild des Hochaltars erhalten.

Koblenz-Ehrenbreitstein, Kapuzinerklosterkirche, Innenraum mit Ausstattung des 18. Jahrhunderts, Ansicht nach Osten (oben), Hochaltar (rechts) und Ansicht nach Westen (unten).

Koblenz-Ehrenbreitstein, Kapuzinerklosterkirche, Loretokapelle: Gesamtansicht, Franziskaner-Altar, 1737, Altar der Schmerzensmutter, 1747, und Detail des Rokokostucks (unten).

Es stellt das Geheimnis der Menschwerdung des Gottessohnes dar: Maria empfängt das göttliche Wort. Die drei oberen Bilder zeigen den hl. Fidelis von Sigmaringen. Als Assistenzfiguren stehen seitlich die hll. Petrus und Felix von Cantalice und neben dem Hochaltar die Apostel Philippus und Jakobus. Die Kanzel stammt von 1755. Die Hauptbilder der Seitenaltäre wurden wohl im 19. Jahrhundert durch die Figuren der heiligen Franz von Assisi und Antonius von Padua ersetzt.
Beachtenswert ist die nördlich gelegene Loretokapelle. Der Altar von 1739 zeigt als zentrale Figur den hl Br. Konrad von Parzham, die 1934 anlässlich seiner Heiligsprechung aufgestellt wurde. Auch die übrigen Franziskanerheiligen des Altars wurden teilweise erst nachträglich in dem Altar eingebracht. Der Altar der Schmerzensmutter ist eine Stiftung des Trierer Kurfürsten Franz Georg von Schönborn von 1747.

KOBLENZ-EHRENBREITSTEIN: KATH. PFARRKIRCHE ZUM HEILIGEN KREUZ

Koblenz-Ehrenbreitstein, kath. Pfarrkirche Zum Heiligen Kreuz, 1962–64, Krypta mit Resten der barocken Gruft, 1702–07, mit der Grablege der Trierer Erzbischöfe im 18. Jh.

Am Berghang mit Blick zur Festung Ehrenbreitstein bzw. auf Koblenz steht die Pfarrkirche zum Heiligen Kreuz. Ihr Vorgängerbau war 1702–07 nach Plänen des Hofarchitekten Ravensteyn errichtet worden. Die Kreuzkuppelkirche wurde 1944 bis auf die Gruft zerstört. Sie wurde nicht wieder in alter Form wiederaufgebaut, sondern 1962–64 durch einen Neubau nach Entwürfen des Koblenzer Architekten Martin Ufer ersetzt. Er integrierte als Krypta die Reste der barocken Gruft, die im 18. Jahrhundert Grabstätte der Trierer Erzbischöfe war.

Koblenz-Ehrenbreitstein, kath. Pfarrkirche Zum Heiligen Kreuz, 1962–64, Krypta mit Resten der barocken Gruft, 1702–07.
oben: Fenster mit der Darstellung der Heilig-Kreuz-Kapelle „1709-1944" (Datierung nach Inschrift der Glasmalerei).
oben: Außenansicht der zeltförmigen Kirche.
rechts: Innenraum in Blickrichtung Altar mit moderner Innenausstattung.
unten: Innenraum mit großen dreieckigen Glasflächen, Entwürfe der Fenster von Prof. Schreiter.

Koblenz-Asterstein, Maria Himmelfahrt, 1959.
oben: Kanzel, um 1970.
unten: Türgriff, 1959, in der Form des Grundrisses als Heiliger Rock.
rechts und unten links: Außenansichte.
unten rechts und rechte Seite: Innenansichten.

KOBLENZ-ASTERSTEIN: KATH. PFARRKIRCHE MARIA HIMMELFAHRT

Im Neubauviertel, zwar erhöht an der Hauptstraße, jedoch durch die Bäume versteckt gelegen, ist die große Maria Himmelfahrt-Kirche die originellste moderne Kirche im Welterbe Mittelrheintal. Sie wurde 1959 im Jahr des Heiligen Rocks nach Entwürfen des Architekten Christensen aus Fallenda bei Koblenz im Grundriss jenes Heiligen Rocks erbaut. So verjüngt sich das Langhaus zum Altar. Das sich T-förmig anschließende Querhaus ist wie kurze Ärmel angefügt. Der Chorbereich schwingt leicht nach außen. Neben der Grundrissform überrascht der Bau durch die sich nach unten verjüngenden Sichtbeton-Pfeiler, die durch Bögen miteinander verbunden sind und im Kontrast zum gelben Verkleidungsmaterial stehen. Die Fenster schuf 1959 der Künstler Bettendorf, das Kreuz die Abtei Maria Laach.

KOBLENZ-ARZHEIM: KATH. PFARRKIRCHE ST. ADELGUNDIS

Koblenz-Arzheim, St. Adelgundis, Ansicht von Südwesten mit gotischem Turm und ehem. Chor, neugotischem Langhaus und modernem Anbau von 1970/71.

Pieta, 18. Jh.

Am Ortsrand steht neben dem Friedhof die Pfarrkirche St. Adelgundis, die um 1200 in Urkunden nachweisbar ist. Die ältesten erhaltenen Bauteile (ehem. Chor und vier Geschosse des Westturms) stammen aus der 1. Hälfte des 15. Jahrhunderts. Ein Schlussstein des Chorgewölbes zeigt das Wappen von Hermann v. Helfenstein († um 1440) und seiner Gemahlin Anna Boos von Waldeck. 1900/1901 wurde das einschiffige Langhaus durch ein dreischiffiges Hallenlanghaus in neugotischen Formen nach Plänen von Josef Kleesattel aus Düsseldorf, Architekt der Koblenzer Josefs-Kirche, ersetzt. Gotischer Chor und der Turm wurden in die Planungen mit einbezogen. 1970/71 erfolgte eine Vergrößerung nach Süden. Damit erhielt der Bau eine zusätzliche Nord-Süd-Ausrichtung. Die Kirche ist ein gelungenes Beispiel der Verbindung von moderner Beton-Architektur der 1970er Jahre mit historischer, traditioneller Architektur.

Übergang vom Alt- zum Neubau (ganz oben) und Anbau von 1970/71.

Hl. Dreikönig, Glasfenster, um 1901, in der Seitenkapelle.

Ehem. Chor, 15. Jh.

S. 294 unten links: 90 cm hohe Steinfigur der hl. Adelgundis als Äbtissin mit Mitra, Buch und Hirtenstab, zu Füßen knieend ein kleines Stifterpaar, um 1480, ursprünglich außen am Chorstrebepfeiler, heute im neuen Bauteil.
S. 294 unten rechts: Neugotischer Adelgundis-Altar, um 1900, mit Szenen aus dem Leben der Heiligen und Kirchenpatronin.
oben: Blick durch das neugotische ehemalige Hallenlanghaus zum heutigen Hochaltar im Neubau.
rechts: Blick auf den ehemaligen Chor (1. Hälfte 15. Jh.) und den neugotischen Kapellenanbau, 1900/01.

Koblenz-Niederberg, Pfarrkirche St. Pankratius, Ostturm im Kern 12. Jh., Langhaus 1804–06, Kreuzwegstationen neben der Kirche (oben), Eingangsbereich mit klassizistischem Portal, 1806 (rechts), Ansicht von Südwesten mit Saalbau, 1804–06, und dem im Kern mittelalterlichen Ostturm.

KOBLENZ-NIEDERBERG: KATH. PFARRKIRCHE ST. PANKRATIUS

An der Hauptstraße des Koblenzer Ortsteils Niederberg steht traufständig die Pfarrkirche St. Pankratius. Sie wird durch den wehrhaften, fünfgeschossigen Ostturm geprägt, bei dem die romanischen Schallarkaden der alten Kirche teilweise wiederverwendet wurden. 1804–06 wurde unter Verwendung der alten Umfassungsmauern von Schiff und Chor nach Plänen des Baudirektors J. Seiz die heutige Kirche errichtet. Eine Erweiterung erfolgte 1959 nach Plänen von Gottfried Böhm. Die vierachsige Saalkirche besitzt einen eingezogenen Rechteckchor und einen Hochaltar aus der alten Kirche in Güls (Ende 17. Jahrhundert). Die dekorreiche Kanzel aus der Koblenzer Franziskanerkirche

wurde in der 2. Hälfte des 17. Jahrhunderts geschaffen.

Koblenz-Niederberg, Pfarrkirche St. Pankratius, Innenraum mit Hochaltar, aus der alten Kirche in Güls 1842 erworben, Altar Ende 17. Jh. mit Madonna, 18. Jh., und Ölgemälde mit der Darstellung des hl. Pankratius über der Niederberger Kirche, 1847, von J. J. Verflassen im oberen Teil; Kanzel Mitte 17. Jh. aus der Franziskanerkirche in Koblenz.

KOBLENZ-ARENBERG: EV. VERSÖHNUNGSKIRCHE

Das Gemeidezentrum von 1960/61, in einer Seitenstraße des Neubaugebiets gelegen, entwarf der Arenberger Architekt Walter Madlener. Es wurde 1987 umgestaltet, der Turm 1997 erneuert. Der Kirchenraum besitzt an der Altarwand, das Bibelwort „Jesus Christus ist die Versöhnung für unsere Sünden, nicht allein aber für die unseren, sondern auch für die der ganzen Welt" rahmend, zwei in Kunststein gegossene Reliefs von Renate Golla aus Rödermark. Sie zeigen biblische Szenen (links Schöpfung, Auszug aus Ägypten, Mirjamlied, Gleichnis vom verlorenen Sohn; rechts Kreuzigung Jesu, offenes Grab, Pfingsten und Abendmahl, an dem Menschen aus Völkern aller Erdteile teilnehmen). An der Seitenwand befinden sich Keramikarbeiten von Horst Seifert mit der Abendmahlszene.

Koblenz-Arenberg, ev. Versöhnungskirche, 1960/61, Kirchensaal, Außenansicht, Kunststeinreliefs von Renate Golla (oben).

Koblenz-Arenberg, Pfarr- und Wallfahrtskirche, 1860–68, Taufkapelle (oben) und Außenansicht (unten).

KOBLENZ-ARENBERG: KATH. PFARR- UND WALLFAHRTSKIRCHE ST. NIKOLAUS

Im äußersten Nordosten des Welterbegebiets Mittelrhein liegt der Koblenzer Stadtteil Arenberg. Hier stößt der Besucher auf eine außergewöhnliche Kirche und eine dazugehörige Meditationsanlage – die Pfarrer-Kraus-Anlage von 1845–92. Initiator der heutigen Anlage war der aus Vallendar stammende Pfarrer Johann Baptist Kraus (1805–93), der – vom romantischen und erzieherischen Geist um Joseph von Görres und Clemens Brentano geprägt – „im heiligen Tempel der Natur" die Heilstaten Gottes, Ereignisse aus dem Leben Jesu und seiner Mutter sowie aus dem Leben der Heiligen in einer anschaulichen Darstellungsweise vermitteln wollte. 1845 begann er mit der Verwirklichung einer „Landschaftsbilderbibel", um den Leidensweg Jesu den „kleinen, ungebildeten" Leuten zu erschließen. In den folgenden Jahren entstanden im sakralen Landschaftspark über 50 Bildstöcke, Grotten, Stationen und Kapellen. Als Schmuck wurden die unge-

Koblenz-Arenberg, Pfarr- und Wallfahrtskirche, 1860–68, Ausstattung und Ausschmückungen mit ungewöhnlichen Materialien.
Beichtstuhl (oben links), nördliches Seitenschiff (oben links unten), Mittelschiff nach Osten (oben rechts) und Geburt Christi in der Taufkapelle (rechts).

wöhnlichsten Materialien verwendet: Muscheln, Kristalle, Steine, Hochofenschlacke. Die Kirche wurde 1860–68 nach einem von Pfarrer Kraus selber aus Wachs geformten Modell und unter Leitung von Joseph Mündnich und Sohn Peter aus Koblenz als neoromanische Basilika mit Doppelturmfassade erbaut. Die Kirche sollte das Himmlische Jersalem, einen Tempel der Natur und den geistlichen Tempel Christi in sich vereinigen.

oben: Koblenz-Arenberg, Pfarr- und Wallfahrtskirche, Kreuzigungsgruppe auf der Chorkapelle.
links: Tod des hl. Josef im Inneren der Josefskapelle. Maria und der segnende Jesus stehen an seinem Sterbebett. Die Figuren schuf Heinrich Feige.
rechts: Erlösungskapelle in der Pfarrer-Kraus-Anlage.
unten: Gebäude im sogenannten Antoniusgarten.

SCHLUSSWORT

von Michael Imhof

Die Darstellungen der zahlreichen Kirchen im Mittelrheintal in diesem Kirchenführer mögen den Lesern, Besuchern und Betern Hilfe und Anregung geben und bewusst machen, in welcher Vielfalt seit etwa 1500 Jahren bis heute die Kirchen ein Haus des Friedens, der Stille, der Freude, der Trauer, der Hoffnung und des Trostes, der Gemeinschaft, der Hilfsbereitschaft, des Glaubens und des Gebets für die Menschen sein wollen. Das Wort „Kirche" kommt aus dem griechischen „kyriakón" und meint: dem Herrn gehörig, von ihm gerufen – Haus Gottes. Das heißt, dass Kirche zunächst nicht das Haus meint, sondern diejenigen, die es besuchen, es füllen und gemeinsam lebendige Steine sind.

Kirchen sind also nicht nur ein Gebäude, ein Bau- oder Kultur- und Kunstdenkmal, sondern wirklich wichtig sind die Menschen, die sich darin versammeln und Gast Gottes sein dürfen.

Ich danke allen, die an diesem Buch mitgewirkt oder es unterstützt haben, vor allem Marga und Wolfgang Imhof, Edith Parzeller, den Autoren Andreas Metzing und Stephan Weyer-Menkhoff sowie den Herausgebern Herbert Gräff und Wolfgang Krammes, aber auch den zahlreichen Pfarrern, Küstern und anderen den Pfarreien nahestehenden Personen, die die Kirchen für das Fotografieren öffneten, Informationen lieferten, teilweise die Texte korrigierten, insbesondere Herrn Grundmann in Koblenz. Unterstützung erfahren wir durch die Evangelische Kirche im Rheinland, die Evangelischen Kirche in Hessen und Nassau sowie die katholischen Bistümer Trier, Limburg und Mainz – ebenso durch die Firma Sebapharma. Außerdem danke ich den Herren Karbach, Krautkremer, Schwarz und Köhn sowie der Abtei St. Hildegard in Eibingen und der ev. Kirchengemeinde in Niederlahnstein für die überlassenen Fotos und meinen Mitarbeiterinnen im Verlag sowie dem Grafischen Centrum Cuno in Calbe für die gute Zusammenarbeit.

ADRESSENVERZEICHNIS DER PFARREIEN

Assmannshausen
Kath. Pfarrei Heilig Kreuz, Lorcher Str. 4, 65385 Rüdesheim-Assmannshausen (Tel.: 06722-2680)

Aulhausen
Kath. Pfarrei St. Petronilla, Ludwig-Glaser-Str., 65385 Rüdesheim-Aulhausen (Tel.: 06722-2330)

Bacharach
Ev. Kirchengemeinde Bacharach-Steeg, Koblenzer Str. 8, 55422 Bacharach (Tel: 06743-1219), e-mail: ev.kgm.bacharach-steeg@gmx.de
Kath. Pfarrei St. Nikolaus, Langstraße 2, 55422 Bacharach (Tel.: 06743-1221), e-mail:kath.kirchebont@gmx.de

Bardenhard
Ev. Kirchengemeinde Emmelshausen-Pfalzfeld, Kirchweg 4, 56291 Pfalzfeld (Tel: 06746-343)

Bingen
Ev. Christuskirchengemeinde Bingen, Dormersheimer Chaussee 1, 55411 Bingen
Ev. Johanneskirchengemeinde Bingen, Kurfürstenstraße 4, 55411 Bingen
Bingen – Basilika St.0 Martin, Basilikastraße 1, 55411 Bingen (Tel.: 06721-990740)
Rochusberg - Oplatenkloster, Rochusberg 3, 55411 Bingen (Tel.: 06721-14225)
Kath. Pfarrei St. Rupert und Hildegard, Gutenbergstr. 1, 55411 Bingen (Bingerbrück), siehe Münster-Sarmsheim
Hildegard Forum der Kreuzschwestern, Rochusberg 1, 55411, Bingen, 06721-18100-0, www.hildegard-forum.de

Bingerbrück
Ev. Kirchengemeinde Bingerbrück, Gustav-Adolf-Str. 12, 55411 Bingen (Tel: 06721-992640), e-mail: Bingerbrueck@nahe-glan.de
Kath. Pfarramt, Kirchstraße 5, 55424 Münster – Sarmsheim (Tel.: 06721-43093), e-mail: pfarramt@pfarreien.com

Boppard
Ev. Kirchengemeinde Boppard, Pastorsgasse 9 d, 56154 Boppard (Tel: 06742-2343), e-mail: info@ev-kirche-boppard.de
Kath. Pfarrei St. Ägidius, St. Ägidiusstr. 6, 56154 Boppard-Bad Salzig (Tel.: 06742-6209), e-mail: st.aegidius@t-online.de
Kath. Pfarrei St. Batholomäus, Probsteistr. 2, 56154 Boppard – Hirzenach, siehe Boppard St. Severus
Kath. Pfarrei St. Severus, Rheinallee 44, 56154 Boppard (Tel.: 06742-2315), e-mail: pfarramt@st-severus.de

Bornich
Ev. Kirchengemeinde Bornich, Rathausstr. 18, 56348 Bornich

Braubach
Ev. Kirchengemeinde Braubach, Wilhelmstr. 8, 56338 Braubach
Heilig Geist, Gartenstr. 16, 56338 Braubach (Tel.: 02627-974106), e-mail: kath.kirchengemeinde.Braubach@freenet.de

Dachsenhausen
Ev. Kirchengemeinde, Im Rosberg, 56340 Dachsenhausen (Tel.: 06776-333)

Dahlheim
St. Jakobus der Ältere, Mittelstr. 49, 56348 Dahlheim (Tel.: 06771-7837)

Damscheid
St. Johannes d. T., 55432 Damscheid, siehe Oberwesel

Dausenau
Ev. Kirchengemeinde Dausenau, Lahnstr. 63, 56132 Dausenau

Eibingen siehe Rüdesheim

Filsen
Kath. Pfarrei St. Margaretha, Kirchstr. 1, 56341 Filsen (Tel.: 06773-272), e-mail: Margaretha@VR-web.de

Kamp-Bornhofen
St. Nikolaus, Erzbischof-Roos-Str. 2, 56341 Kamp-Bornhofen (Tel.: 06773-279), e-mail: kath_kirche_kamp_bornhofen@hotmail.com
Franziskaner Kloster Bornhofen, Am Kirchplatz 2, 56341 Kamp-Bornhofen (Tel.: 06773-959780), e-mail: kloster-bornhofen.ofm@t-online.de

Karbach
Kath. Pfarrei Halsenbach-Dörth, Hinter dem Rathaus 2, 56283 Halsenbach (Tel.: 06747-6216)

Kaub
Ev. Kirchengemeinde Kaub, Schulstr. 27, 56349 Kaub
St. Nikolaus, 56346 Kaub, siehe St. Goarshausen

Kestert
St. Georg, Kirchstr. 32, 56348 Kestert (Tel.: 06773-915756)

Koblenz
Ev. Kirchengemeinde Koblenz-Karthause, Moselring 2-4, 56068 Koblenz (Tel.: 0261-40403-0), e-mail: karthause@kikche-koblenz.de
Ev. Kirchengemeinde Koblenz-Mitte, Moselring 2-4, 56068 Koblenz (Tel.: 0261-40403-0), e-mail: mitte@kirche-koblenz.de
Ev. Kirchengemeinde Koblenz-Pfaffendorf, Moselring 2-4, 56068 Koblenz (Tel.: 0261-40403-0), e-mail: pfaffendorf@kirche-koblenz.de
Kath. Pfarrei St. Menas, Waldweg 3, 56075 Koblenz-Stolzenfels (Tel.: 0261-53779)
Kath. Pfarrei Herz Jesu, Löhrrondell 1 a, 56068 Koblenz (Tel.: 0261-37759), e-mail: herz-jesu-koblenz@t-online.de
Kath. Pfarrei Liebfrauen, Florinspfaffengasse 14, 56068 Koblenz (Tel.: 0261-31550), siehe Herz-Jesu
Kath. Pfarrei St. Josef, St.-Josef-Platz 3, 56068 Koblenz, (Tel.: 0261-31553), e-mail: pfarramt@sankt-josef-koblenz.de
Kath. Pfarrei St. Kastor, Kastorhof 8, 56068 Koblenz (Tel.: 0261-31446)
Kath. Pfarrei Hl. Kreuz, An der Kreuzkirche 5, 56077 Koblenz-Ehrenbreitstein (Tel.: 0261-73397)
Kath. Pfarrei St. Maximin, Emser Str. 333, 56076 Koblenz-Horchheim (Tel.: 0261-73323), e-mail:Pfarramt-St-Maximin@t-online.de
Kath. Pfarrei St. Peter u. Paul, Emser Str. 68, 56076 Koblenz-Pfaffendorf (Tel.: 0261-73370), e-mail: St.PeterPaul@t-online.de

Lahnstein
Ev. Kirchengemeinde Niederlahnstein, Allerheiligenbergstr. 2, 56112 Lahnstein
Ev. Kirchengemeinde Oberlahnstein, Lahneckstr. 8, 56122 Lahnstein

Kath. Pfarrei St. Barbara, J.-B.-Ludwig-Str. 6, 56112 Lahnstein-Niederlahnstein (Tel.: 02621-7096 u. 7095), e-mail: lahnstein.pfarrei.stbarbara@t-online.de
Kath. Pfarrei St. Martin, Pfarrgasse 6, 56112 Lahnstein-Oberlahnstein (Tel.: 02621-40007), e-mail: lahnstein.pfarrei.St.Martin@t-online.de

Lierschied
siehe Nochern

Lorch
Kath. Pfarrei St. Martin, Oberweg 13, 65391 Lorch (Tel.: 06726-9479), e-mail: st.martinlorch@t-online.de

Lorch-Lorchhausen
Kath. Pfarrei St. Bonifatius, Rheinallee 7, 65391 Lorch-Lorchhausen (Tel.: 06726-2301), e-mail: st.BonifatiusLorchhausen@t-online.de

Niederburg
Kath. Pfarrei St. Stephan, 55432 Niederburg, siehe St. Goar

Niederheimbach
Kath. Pfarrei Maria Himmelfahrt, 55413 Niederheimbach, siehe Bacharach

Niederwallmenach
Ev. Kirchengemeinde Niederwallmenach, 56357 Niederwallmenach (Tel.: 06772/8422)

Nochern
Ev. Kirchengemeinde Nochern, Oberdorfstr. 21, 56357 Nochern

Oberdiebach
Ev. Kirchengemeinde Oberdiebach-Manubach, Rheingoldstr. 142, 55413 Oberdiebach (Tel.: 06743-1895)

Oberheimbach
Kath. Pfarrei St. Margaretha, 55413 Oberheimbach, siehe Bacharach

Oberwallmenach
siehe Niederwallmenach

Oberwesel
Pfarrei Liebfrauen und St. Martin, Martinsberg 1, 55430 Oberwesel (Tel.: 06744-94077), e-mail: pfarrei-oberwesel@t-online.de

Osterspai
Kath. Pfarrei St. Martin, Elligstr. 5, 56340 Osterspai (Tel.: 02627-377), e-mail: st.martinO@gmx.de

Patersberg
siehe Bornich

Perscheid
Kath. Pfarrei St. Alban, 55430 Perscheid, siehe Oberwesel

Reichenberg
siehe Bornich

Reitzenhain
siehe Niederwallmenach

Rhens
Kath. Pfarrei St. Theresia, Mainzer Str. 5, 56321 Rhens (Tel.: 02628-987103), e-mail: kontakt@pfarrgemeinde.info

Rüdesheim
Ev. Kirchengemeinde Rüdesheim, Geisenheimer Str. 11, 65385 Rüdesheim
Kath. Pfarrei St. Jakobus, Kellerstr. 1, 65385 Rüdesheim, (Tel.: 06722-906990), e-mail: Ruedesheim.Sankt.Jakobus@t-online.de
Benediktinerinnen Abtei St. Hildegard, Klosterweg, 65385 Rüdesheim-Eibingen (Tel.: 06722-4990), e-mail: Abtei-St.Hildegard@t-online.de
Kath. Pfarrei St. Hildegard, Marienthalerstr. 3, 65385 Rüdesheim-Eibingen (Tel.: 06722-4520), e-mail: St.Hildegard@Eibingen.de

Spay
Kath. Pfarrei St. Lambertus, 56322 Spay, siehe Rhens

St. Goar
Ev. Kirchengemeinde St. Goar, Oberstr. 24, 56329 St. Goar (Tel.: 06741-7470), e-mail: buero@ev-kgm-stgoar.de
Pfarrei St. Goar, Heerstr. 137, 56329 St. Goar (Tel.: 06741-353), e-mail: pfarramt@kath-kirche-stgoar.de

St. Goarshausen
Ev. Kirchengemeinde St. Goarshausen, Dolkstr. 15, 56346 St. Goarshausen
Kath. Pfarrei St. Martin, St. Nikolaus, St. Johannes, Dolkstr. 6, 56346 St. Goarshausen (Tel.: 06771-94000), e-mail: kat-kirche-st-goarshausen@t-online.de

Trechtingshausen
Kath. Pfarramt, Kirchstraße 5, 55424 Münster – Sarmsheim (Tel.: 06721-43093), e-mail: pfarramt@pfarreien.com

Weiler
St. Maria Magdalena,Weiler, Stromberger Str. 41, siehe: Pfarramt: Kirchstraße 1, 55413 Weiler, 55425 Waldalgesheim (Tel.: 06721-32397), e-mail: kathkirchengem@aol.com

Weisel
Ev. Kirchengemeinde Weisel, Kirchgasse 6, 56348 Weisel

Wellmich
St. Martin, 56346 Wellmich, siehe St. Goarshausen

Weyer
siehe Nochern

REGISTER